习近平新时代中国特色社会主义思想的河南实践
系列丛书

HENAN'S PRACTICE OF
EXPLORING THE SOURCE OF
CHINESE CIVILIZATION

中华文明探源的

河南实践

陈建魁 ◎ 主 编

李 龙 师永伟 ◎ 副主编

社会科学文献出版社
SOCIAL SCIENCES ACADEMIC PRESS (CHINA)

“习近平新时代中国特色社会主义思想的河南实践”系列丛书（第三辑）编委会

前 言

习近平总书记和党中央对河南工作高度重视和寄予厚望。党的十八大以来，习近平总书记先后五次亲临河南视察，作出了一系列重要讲话和重要指示，为河南发展指方向、定目标、明方略、绘蓝图。全省上下深入学习贯彻习近平新时代中国特色社会主义思想和习近平总书记对河南工作的重要讲话、重要指示批示精神，砥砺奋进、实干笃行，全面推动习近平总书记重要讲话、重要指示批示和党中央各项决策部署在河南落地落实、见行见效，中国式现代化建设河南实践稳步推进，为全面建设社会主义现代化国家贡献河南力量。

"习近平新时代中国特色社会主义思想的河南实践"系列丛书由河南省社会科学院研创。该系列丛书充分展示了河南贯彻落实习近平新时代中国特色社会主义思想的具体举措和成功经验，既是推动学习贯彻习近平新时代中国特色社会主义思想主题教育走深走实的重要步骤，又是以习近平文化思想为指引落实 2023 年河南兴文化工程文化研究计划的重要抓手，同时也是为锚定确保高质量建设现代化河南、确保高水平实现现代化河南"两个确保"奋斗目标，实施"十大战略"凝聚强大精神力量的重要参考。

"习近平新时代中国特色社会主义思想的河南实践"系列丛书（第三辑）包括《传承弘扬红旗渠精神的河南实践》《制造业高质量发展的河南实践》《农业强省建设的河南实践》《加强和创新社会治理的河南实践》《深度融入"一带一路"建设的河南实践》《中华文明探源的河南实践》6 部。该系列丛书围绕习近平总书记关于河南工作的重要讲话、重要指示批示精神，深刻领会习近平新时代中国特色社会主义思想的精髓要义和丰富内涵，旨在系统梳理和展示习近平新时代中国特色社会主义思想在河南的生动实践，不断总结新经验、探索新路径，奋力推进中国式现代化建设河南实践，向着"两个确保"目标勇毅前行，交出争先出彩的过硬答卷。

目　录

绪　论

一　文明与文化的概念

一般来说，文化与文明的含义在多数情况下是等同的，但有时候文化的内涵比文明要宽泛一些。文化的定义有将近200种，常见的说法是：文化是人类在社会历史发展过程中所创造的物质财富和精神财富的总和，特指精神财富①。文明的定义也有多种，最通常的说法是：文明是指人类所创造的物质财富和精神财富的总和，特指精神财富，如文学、艺术、教育、科学等，也指社会发展到较高阶段表现出来的状态。从文明的这个定义来说，有三层意思。第一层，文明是人类所创造的财富的总和。在这一点上，文明与文化没有差别。第二层，文明特指精神财富。在这一点上，文明与文化也没有差别。第三层，文明指社会发展到较高阶段表现出来的状态。在这一点上，文明和文化产生了差异，这里点到了文明最显著的特质。

为什么要把中国历史、中国文化和中国文明分别列出来说呢？这三个说法所指的事实，其实本来是统一的，就是中华民族以往的总经历。但是当我们说中国历史的时候，比较强调这个总经历中一些主题线索中的次序关系，以明其变迁的因果、次第。当我们说中国文化的时候，比较强调这个总经历中蕴含的精神气质和表现方式。而当我们说中华文明的时候，强调把这个总经历看作人类文明史上发生的一种独具特色的文化社会制度类型，看作人类总的生存和发展经验中一种值得专门了解的大共同体存续传统。所以，中华文明史其实是把中国历史整体地放到人类文明总经历的背

---

① 中国社会科学院语言研究所词典编辑室编《现代汉语词典》（第7版），商务印书馆，2016，第1204页。

景之前，因而衬托出其最突出特色的中国历史。[①] 恩格斯曾提出“国家是文明社会的概括”[②] 的著名论断。国家的出现，是权力强化的结果，这是文明最基本的特征和最基本的标准。

1983 年，夏鼐在《中国文明的起源》一文中提出了文明三要素说：“现今史学界一般把‘文明’一词用来指一个社会已由氏族制度解体而进入有了国家组织的阶级社会的阶段。”“这种社会中，除了政治组织上的国家以外，已有城市作为政治（宫殿和官署）、经济（手工业以外，又有商业）、文化（包括宗教）等各方面活动的中心。它们一般都已经发明文字和能够利用文字作记载（秘鲁似为例外，仅有结绳记事），并且都已知道冶炼金属。文明的这些标志中以文字最为重要。”[③]

20 世纪以来，关于中华文明何时起源，依时序先后，主要有四种观点：东周文明说、殷商文明说、夏代文明说、黄帝时代文明说。

东周文明说，以顾颉刚、钱玄同等为代表。顾颉刚是疑古派（也称“古史辨派”）的创始人，他提出“层累地造成的中国古史”的著名观点。他认为：“时代愈后，传说中的古史期愈长”；“时代愈后，传说中的中心人物愈放愈大”[④]。疑古派认为汉代以前的古书无不可疑，推翻了传统的由“三皇五帝”等概念构成的中国古史系统，得出了“东周以前无史”，到东周（即春秋战国时期）才形成中华文明的结论。

这一观点在 20 世纪 20 年代至 40 年代颇为流行，随着殷墟的多次发掘，甲骨文和商代青铜器大量出土，此说不攻自破。

殷商文明说，代表人物是中国第一代考古学家李济，提出于 20 世纪 50 年代。李济在其所著《中国文明的开始》一书中对此说进行了系统的分析概括：商朝的年代约为公元前第二千年的中期至晚期，从中国田野考古中发现的商朝遗址所表现的中国文明来看，“不但相当进步，而且已臻成熟”。它具备熟练的铸铜技术、独立发展的文字体系和一种复杂而有效的军事和政治组织。这个文化表现出的物质生活的富庶、装饰艺术的高度成熟，以

---

① 赵轶峰主编《中华文明史》，陕西师范大学出版总社，2012，“前言”，第 1 页。

② 中共中央马克思、恩格斯、列宁、斯大林著作编译局译《家庭、私有制和国家的起源》，人民出版社，1972，第 162 页。

③ 夏鼐：《中国文明的起源》，文物出版社，1985，第 81 页。

④ 顾颉刚：《古史辨》一，上海古籍出版社，1982，第 60 页。

及明确的社会组织和对祖先极度崇拜的神权政治，说明这是一种充满了活力和生命力的文明。这个文明也为后来的以孔子及其学派所代表的人文主义哲学奠定了基础。①

李济先生曾领导考古组在1928年到1937年的十年间，对安阳殷墟进行了多达十五次考古发掘。作为一线考古工作者，他的观点具有一定的权威性，对西方学者也产生了一定影响。

夏代文明说，代表人物是夏鼐等人，提出于20世纪80年代。夏鼐在其所著《中国文明的起源》一书中说："解放后三十多年的考古发掘工作，对于中国文明的起源可以从殷墟文化向上追溯。第一步可以追溯到郑州二里岗文化。而二里头文化现已确定比郑州二里岗文化更早。至少二里头的晚期，已达到了文明的阶段。"②

黄帝时代文明说，代表人物是考古学家苏秉琦等人，提出于20世纪80年代末90年代初。苏秉琦在其所著《中华文明的新曙光》一文中指出，新中国成立以来众多的考古发现，说明我国早在五千年前，已经产生了"植基于公社、又凌驾于公社之上的高一级的社会组织形式"。这一发现把中华文明史提早了一千年。但这还不是我国文明的起点，下一步工作的重点，是寻找比这还早的文明。③

苏秉琦还在《中国考古学的黄金时代即将到来》一文中提出了"重建中国古史"的框架构思。中国超百万年的文化根系，从氏族到国家，国家起源、形成与发展曾经历了三部曲。一、距今一万年前到六千年前，从氏族到国家的起步；约距今六千年前到四千年前，古文化古城古国。二、距今约四千年前到两千多年，方国—中国，史书记载的夏、商、周三代。三、两千多年前以来，中华一统实体。④

二 中华文明史有多久

说到中国的历史，我们常用的一句话是"上下五千年"。当然中国的历

① 李济：《中国文明的开始》，载刘梦溪主编《中国现代学术经典：李济卷》，河北教育出版社，1996，第393页。

② 夏鼐：《中国文明的起源》，文物出版社，1985，第82页。

③ 苏秉琦：《华人·龙的传人·中国人——考古寻根记》，辽宁大学出版社，1994，第80页。

④ 苏秉琦：《华人·龙的传人·中国人——考古寻根记》，辽宁大学出版社，1994，第139页。

史不止五千年，云南发现的元谋人，传统说法是有 170 万年的历史；北京猿人有 69 万年的历史；而重庆巫山人更早，距今有 200 万年左右。

《史记》以《五帝本纪》开篇，确立了以黄帝为始祖的华夏族谱系。先秦时期，已有“黄、炎之后”这类说法，到了清末，尽管当时改良派、革命派所称的“黄帝子孙”“炎黄子孙”等词的内涵起初与现在有所不同，但这样的说法流行起来。刘师培认为“炎黄之裔，厥惟汉族”①，孙中山称“我汉人同为轩辕之子孙”②。

当时，全体中国人、中华民族全体成员都是炎黄子孙的认识逐渐成为当时社会各界共识，人们在各种场合和著作、讲话中纷纷使用“炎黄子孙”“黄帝子孙”等称谓，指出中华民族本出一源，炎帝和黄帝是中华民族的共同始祖。1936 年“西安事变”发生，抗日民族统一战线开始形成，“黄帝子孙”“炎黄子孙”逐步成为国共两党共同认可的中华儿女的别称、中华民族的符号标志。1937 年 2 月，中共中央致电国民党五届三中全会，文中称：“我辈同为黄帝子孙，同为中华民族儿女，国难当前，惟有抛弃一切成见，亲密合作，共同奔赴中华民族最后解放之伟大前程。”③ 1937 年 4 月 5 日，国共两党共祭黄帝陵，毛泽东在其起草的《祭黄帝陵文》中说：“以鲜花束帛之仪致祭于我中华民族始祖轩辕黄帝之陵：赫赫始祖，吾华肇造，胄衍祀绵，岳峨河浩。”

“上下五千年”的说法由何而来？这与司马迁的《史记》有关。晋人张辅称：“迁之著述，辞约而事举，叙三千年事唯五十万言。”④ 也就是说，西汉司马迁以前的中国有着 3000 年历史，而司马迁以后到今天，又过了大约 2000 年，于是，20 世纪初中国史学界的一些学者达成了共识，一是中华民族为炎黄子孙，二是将中国文明史取其整数，确定为“上下五千年”。所以 1912 年 3 月，孙中山派团参祭黄帝陵，亲笔书写了祭黄帝陵文，其中说：“中华开国五千年，神州轩辕自古传。创造指南车，平定蚩尤乱。世界文

① 刘师培：《攘书》，载李妙根编选《国粹与西化——刘师培文选》，上海远东出版社，1996，第 69 页。

② 孙中山：《中国同盟会革命方略》，载《孙中山全集》第 1 卷，中华书局，1986，第 298 页。

③ “中华民国”史事纪要编辑委员会编《中华民国史事纪要（初稿）》［中华民国二十六年（一九三七）一月至六月］，“中华民国”史料研究中心，1971，第 327~328 页。

④ 房玄龄：《晋书·张辅传》，中华书局，1974，第 1640 页。

明，唯有我先。”①

五帝纪年有多少年，很难确定。辛亥革命时曾经启用黄帝纪年，以黄帝即位的年份为元年，而当时各家所用，有以公元 1911 年为黄帝 4622 年、4609 年、4402 年等说，取整数是上下五千年。1939 年 12 月，毛泽东在《中国革命和中国共产党》一文中指出：“我们中国是世界上最大国家之一……从很早的古代起，我们中华民族的祖先就劳动、生息、繁殖在这块广大的土地之上。”② 这里所说的“很早的古代”，就是一个较为笼统的说法。

近几十年考古发现与研究，尤其是河南省以贾湖、裴李岗、双槐树、青台、汪沟、大河村、唐户、黄山、王城岗、瓦店等为代表的新石器时代人群所创造的文明极富张力，证实了中国有着百万年的人类史、一万年的文化史、五千多年的文明史。漫长的文明发展史中，文明的形成由多元到一体，从中原的夏王国建立，到后来的秦汉帝国时代，再到近现代，为人类文明进步事业做出了重大贡献。

考古发现和研究成果在党和国家的重要文件中也可以看出，关于中华文明 21 世纪以前说的都是“五千年”，党的十二大报告指出：“台湾回到有五千年历史、十亿人口、九百六十万平方公里面积的不可分割的伟大祖国的怀抱，是全国同胞的共同要求，是历史发展的必然归宿，任何党派和个人都无法抗拒。”③

党的十五大报告：“有中国特色社会主义的文化，是凝聚和激励全国各族人民的重要力量，是综合国力的重要标志。它渊源于中华民族五千年文明史，又植根于有中国特色社会主义的实践，具有鲜明的时代特点；它反映我国社会主义经济和政治的基本特征，又对经济和政治的发展起巨大促进作用。”④

---

① 孙中山：《唯有我先》，《黄陵文史资料》第 1 辑，黄陵县政协文史资料研究委员会，1986，第 1 页。

② 毛泽东：《中国革命和中国共产党》，《毛泽东选集》第 2 卷，人民出版社，1991，第 621 页。

③ 胡耀邦：《全面开创社会主义现代化建设的新局面——在中国共产党第十二次全国代表大会上的报告》（1982 年 9 月 1 日），共产党员网，https：//fuwu. 12371. cn/2012/09/27/ARTI1348712095996447. shtml。

④ 江泽民：《高举邓小平理论伟大旗帜，把建设有中国特色社会主义事业全面推向二十一世纪——在中国共产党第十五次全国代表大会上的报告》（1997 年 9 月 12 日），共产党员网，https：//fuwu. 12371. cn/2012/09/27/ARTI1348726215537612. shtml。

中国共产党是一个与时俱进的党。在“夏商周断代工程”的基础上，21世纪启动的中华文明探源工程，一开始就取得了不少成绩，如在郑州西山遗址发现了仰韶时代晚期的城墙等，使公众对中国文明的认识大大加深，所以在21世纪以后，2002年党的十六大报告、2017年党的十九大报告中，关于中华文明史和中华民族发展史的说法都是“五千多年”。

十六大报告指出：“在五千多年的发展中，中华民族形成了以爱国主义为核心的团结统一、爱好和平、勤劳勇敢、自强不息的伟大民族精神。”①十九大报告所见有三处：“中华民族有五千多年的文明历史，创造了灿烂的中华文明，为人类作出了卓越贡献，成为世界上伟大的民族。”②“中国特色社会主义文化，源自于中华民族五千多年文明历史所孕育的中华优秀传统文化，熔铸于党领导人民在革命、建设、改革中创造的革命文化和社会主义先进文化，植根于中国特色社会主义伟大实践。”③“站立在九百六十多万平方公里的广袤土地上，吸吮着五千多年中华民族漫长奋斗积累的文化养分，拥有十三亿多中国人民聚合的磅礴之力，我们走中国特色社会主义道路，具有无比广阔的时代舞台，具有无比深厚的历史底蕴，具有无比强大的前进定力。”④

2023年6月2日，习近平在文化传承发展座谈会上指出：“中华民族具有百万年的人类史、一万年的文化史、五千多年的文明史。……只有全面深入了解中华文明的历史，才能更有效地推动中华优秀传统文化创造性转化、创新性发展，更有力地推进中国特色社会主义文化建设，建设中华民族现代文明。”

长期以来，青铜器、古文字、城墙作为文明起源的三要素的说法几乎统治了整个西方学术界，很多西方学者由此认为，中国最早的文明出现在

① 江泽民：《全面建设小康社会，开创中国特色社会主义事业新局面——在中国共产党第十六次全国代表大会上的报告》（2002年11月8日），共产党员网，https://fuwu.12371.cn/2012/09/27/ARTI1348734708607117.shtml。

② 习近平：《决胜全面建成小康社会，夺取新时代中国特色社会主义伟大胜利》，《习近平著作选集》第二卷，人民出版社，2023，第11页。

③ 习近平：《决胜全面建成小康社会，夺取新时代中国特色社会主义伟大胜利》，《习近平著作选集》第二卷，人民出版社，2023，第34页。

④ 习近平：《决胜全面建成小康社会，夺取新时代中国特色社会主义伟大胜利》，《习近平著作选集》第二卷，人民出版社，2023，第57~58页。

距今 3500 年左右的商代。20 世纪 20 年代以后，受中国文化西来说的影响，也有一些国内专家认为，只有殷商时代的青铜器和殷墟的甲骨文才是文明的要素，殷商文明被认为是“中国最早的文明”。后来发现了偃师二里头遗址，又有人说距今 3700 多年的二里头文化才是中国文明史的开端。夏商周断代工程的探索和中国的发展，使大量古文化遗址显露于世，屡有震惊世界的考古发现。

我们写作《中华文明探源的河南实践》一书，也是为了从中华文明起源的核心地区入手，实证中华五千多年的文明史，探索中华文化和中华文明的无穷魅力，更好地建设中华民族现代文明。

三 我们的目标和任务

河南是中华民族和华夏文明的重要发祥地。5000 多年前，由巩义双槐树遗址，郑州西山遗址、大河村遗址，荥阳青台和汪沟遗址形成的城市群，标志着中华文明在河南曙光初现，历经夏、商、周、秦、汉、魏、晋、隋、唐、至北宋达到鼎盛，河南成为支撑中华文明绵延至今的主要文化坐标。

1921 年，瑞典地质学家安特生和我国地质学家袁复礼等人在三门峡市渑池县仰韶村考察时，发现了中国新石器时代重要的考古学文化——仰韶文化，中国现代考古学的序幕由此拉开。

近年来，河南省广大考古工作者以“中华文明探源工程”所取得的成果为基础，握紧“中原地区文明化进程研究”和“夏文化研究”两个抓手，有序开展考古调查、勘探、发掘和研究工作，“考古中国”重大项目取得诸多成果，与全国其他地区的考古成果交相辉映，共同实证了中华文明起源、形成、发展的重要时空节点。①

一种文明结果的产生，除了地理环境等根本的制约因素外，还有各种看似分散的因素在发生长期的综合作用。② 在仰韶文化之前，或仰韶文化时代，中国有多个文化圈。中原文化圈，裴李岗文化—磁山文化—仰韶文化—中原龙山文化；长江下游文化圈，河姆渡文化—宁（波）绍（兴）平

① 郭歌：《从河南出发 探寻中华文明之源——“行走河南 · 读懂中国”文明探源集中采访活动综述》，《河南日报》2023 年 5 月 23 日，第 2 版。

② 周春生：《文明史概论》，上海教育出版社，2006，第 43 页。

原滨海文化；长江下游文化圈，马家浜文化—崧泽文化—良渚文化；湖北文化圈，大溪文化—屈家岭文化—湖北龙山文化；山东文化圈，大汶口文化—山东龙山文化；北方文化圈，红山文化—夏家店文化—燕山文化—北方龙山文化；陕甘文化圈，大地湾文化—马家窑文化—陕西龙山文化。这几个文化圈，开始的时候文化面貌差异较大，到后来除长江下游文化圈消失之外，其他文化圈都发展和归类为龙山文化圈。各地域的龙山文化虽有差别，但大体上属于一个大的文化类型。这里面，地理环境起到了很大的作用。中原位处天下之中，而且黄土平原有着肥沃的土壤和便于开垦的土地。此外还有一个关键的因素：战争。战争是权力强化最有效的方式，而且五帝时期部落战争是非常普遍的，所以陈建魁在一篇文章中提出了一个观点：战争是文明的催化剂。①

而河南从新石器时代末期巩义双槐树河洛古国、三门峡庙底沟二期文化、洛阳王湾三期文化、郑州花地嘴遗址、新密古城寨遗址、辉县孟庄遗址，到夏代的河南登封王城岗城址、淮阳平粮台遗址、新密新砦遗址、偃师二里头遗址、荥阳青台遗址、郑州洛达庙遗址等，都出现了整体和持续繁荣的趋向。直到商周，河南地区的文明进程一直都居于领先地位。这就是考古学研究提供的中华文明“多元一体”形成的物质文化背景。

在仰韶文化晚期，河南巩义双槐树遗址是文明发展程度最高的典型代表，而河南偃师二里头都城遗址则是中华文明由多元到一体的重要实证。从双槐树到二里头的文化遗存，见证了双槐树古国到夏朝 1500 年左右的历史发展进程，实证了中华文明起源的多元一体格局。

大约 5300 年前至 5000 年前，浙江良渚古城、巩义双槐树古城、湖南城头山古城、甘肃南佐古城以及城址内连成一片的几十万、甚至数百万平方米的都邑性村落，特别是河南双槐树遗址及其周围规模巨大的聚落群和城址群，已经初步建立起一个以双槐树古国为核心的邦国联盟，成为具有区域王权的早期国家，标志着中华文明的形成。

目前，学界多把中国历代国家体制分为古国、王国和帝国三种类型，而距今 5300~5000 年前的双槐树遗址已经具备古国的要素，有专家学者称

---

① 陈建魁：《部族战争与中国文明的起源——兼论大禹时期国家的形成》，《河南理工大学学报》（社会科学版）2017 年第 2 期。

其为“河洛古国”或“黄帝古国”。双槐树遗址面积达 117 万平方米，遗迹遗物众多，其中三重大型环壕、大型院落式基址、祭坛、“北斗九星”、牙雕家蚕等遗迹遗物最为引人关注。

双槐树古城与分布其周围的郑州西山古城、大河村古城，荥阳青台、汪沟等古城，组成一个联合体，创造着方国文明。“北斗九星”与彩陶星座图案反映了先民的宗教观念。F12 房址前面发现 9 个陶罐摆放而成的疑似“北斗九星”的遗迹。荥阳青台遗址也发现有 9 个陶罐摆放而成的“北斗九星”遗迹。这种星象遗迹与双槐树、大河村彩陶图案中的太阳纹、月亮纹、星座纹等相互呼应，或代表当时人日、月、年等时间概念，是先民观察和利用天文知识的体现。双槐树遗址出土一枚牙雕家蚕，荥阳青台、汪沟遗址的瓮棺内发现多处使用丝绸的痕迹和丝绸遗物，加上大量彩陶、石器、骨器以及炭化的农作物种子的出土，充分证明了 5300 年前的郑州地区已经进入较为完备的农桑文明社会。

二里头遗址是王国伊始的代表性城址，被确认为夏代中晚期都城遗址。二里头文化已经进入青铜时代。二里头遗址中大型宫殿遗址、青铜礼器的发现等，显示了王权与神权等的有机结合。二里头玉器、铜器、陶器承上启下，是同一文化的发展和延续，表现出自二里头至东周发展的一贯性、连续性、系统性和传承性。二里头王都中轴线上，顺序排列有宫殿区、手工业作坊区、祭祀区，构成了王都的核心内涵，代表着国家的三大支柱——王权、神权和技术支配权的统一。二里头礼制进一步发展和完善，在玉器之外，出现了新的礼器类型——青铜礼器与陶礼器。同时，玉礼器又与当时社会的巫术、祭祀等原始宗教有密切关系。

仰韶文化晚期，双槐树等若干个地域中心古国，经过战争的洗礼和文化的融合，发展成为二里头文化，成为当时中华文明由满天星斗向一枝独秀转化的中心，确立了以礼乐文化为根本的中华文明的基本特质。

河南作为中华文明多元一体的地域和文化中心，实证五千多年的中华文明，是我们义不容辞的责任、使命和担当。中国历史由远而近、由模糊到清晰，犹如中国的山水画，近处树影婆娑、山石嶙峋，远处则是云山交映、水天一色。廓清历史的迷雾，呈现清晰的中华文明史，展现中华民族五千多年的奋斗史和创新史，是我们的责任和目标。

2019 年，习近平总书记在全国民族团结进步表彰大会上指出，我们伟大的祖国，幅员辽阔，文明悠久。一部中国史，就是一部各民族交融汇聚成多元一体中华民族的历史，就是各民族共同缔造、发展、巩固统一的伟大祖国的历史。我们辽阔的疆域是各民族共同开拓的，我们悠久的历史是各民族共同书写的，我们灿烂的文化是各民族共同创造的，我们伟大的精神是各民族共同培育的。中华民族多元一体是先人们留给我们的丰厚遗产，也是我国发展的巨大优势。[①] 我们要充分发扬中华文明的创新和包容精神，和全国人民一道，把中国特色社会主义建设得更加美好。

① 《坚持共同团结奋斗共同繁荣发展 各民族共建美好家园共创美好未来》，《人民日报》2019年9月28日，第1版。

第一章　缘起：中华文明探源的核心要义

中华文明是世界上唯一一个绵延五千多年而从未中断的文明。习近平总书记在文化传承发展座谈会上指出，中国文化源远流长，中华文明博大精深。只有全面深入了解中华文明的历史，才能更有效地推动中华优秀传统文化创造性转化、创新性发展，更有力地推进中国特色社会主义文化建设，铸牢中华民族共同体意识。中华文明探源工程的任务是厘清中华文明起源、形成、发展的历史脉络，研究中华文明多元一体格局形成和发展的过程，揭示中华文明的特点及其形成原因。河南地处中原，是中华文明重要的发祥地，河洛文化、中原文化是中华文化的根源和主脉，河南在中华文明探源中肩负重要责任和使命，要为完成这一任务贡献自己的力量。

第一节　中华文明探源的背景

中国特色社会主义进入新时代 10 多年以来，党和国家的事业取得了历史性成就、发生了历史性变革。党团结带领全国各族人民迈上了全面建设社会主义现代化国家新征程，正向第二个百年奋斗目标进军。我们党成功开创了一条中国式现代化道路，正以中国式现代化全面推进中华民族伟大复兴，推动构建人类命运共同体，创造人类文明新形态。当前，意识形态领域存在不少挑战，社会文明程度尚需提高，中华文化国际传播力和影响力与我国国际地位还不相称，建设中华民族现代文明任重道远，深入推进中华文明探源研究可谓正当其时。

一　中华文明探源是树立现代文明大国形象的需要

当前世界正经历百年未有之大变局，国际格局和国际体系正在进行深刻调整，国际力量对比发生革命性的变化，总的演变趋势是“东升西降”，由此引发的意识形态领域的斗争日趋激烈。

1. 当代国际格局的演变

发达国家经济增长乏力，新兴经济体和发展中国家在世界经济中所占比重越来越大，世界格局从单极世界向协同共治的多极世界加速转变。西方国家内部金融危机持续发酵，贫富差距不断扩大，催生出了政治极化、民粹主义、种族冲突等一系列社会问题，“西方之乱”不断上演。西方主导下的国际治理体系也乱象丛生，单边主义、保护主义、霸权主义抬头，极端主义和恐怖主义蔓延，网络安全、气候变化、重大传染病等全球性挑战不断出现。与“西方之乱”形成鲜明对比的是“中国之治”。进入新时代，中华民族伟大复兴持续推进，我国日益走近世界舞台中央。当代中国不再是国际秩序的被动接受者，而是积极的参与者、建设者、引领者，中华民族伟大复兴成为世界格局演变背后的主要推动力量。中国已发展成为世界第二大经济体，对世界经济增长的贡献越来越大。中国在全球治理中发挥的作用日益增大，成为真正的多边主义的积极倡导者。中国实现了社会长期稳定和长期发展，中国式现代化的成功实践让世界刮目相看，中华文明在世界上的影响力与日俱增。中国特色社会主义不断取得成功，使社会主义的优越性得到彰显。

2. 反对西方各种谬论的需要

看到成绩的同时，也要看到我们面临的风险挑战。中华民族的伟大复兴绝对不是轻轻松松、敲锣打鼓就能实现的，我们必须准备经受风高浪急甚至惊涛骇浪的重大考验。越是接近复兴的目标，困难和矛盾会越多。在意识形态领域，西方制造了种种谬论来抹黑我们。比如，西方制造了所谓“中国威胁论”。中华民族自古就是爱好和平的民族，我们没有称霸世界的基因。我们坚定地走和平发展道路，中华民族的伟大复兴完全是和平崛起。但西方国家戴着有色眼镜反复炒作所谓“中国威胁论”，唯恐中国的复兴会挑战其霸权地位，这本质上是过时的冷战思维、零和博弈逻辑在作怪，他们根本不懂中华文明“和为贵”的伟大智慧。

中国自古就是一个统一的多民族国家，中华民族和中华文明多元一体。而一些西方学者出于自己的文化背景和利益需要，虚构了一个所谓“中国本部”的概念，把长城以内的中原地区称作“中国本部”，把中原与广大的边疆地区对立起来，妄称“长城以北非中国”“崖山之后无中华”，以此挑拨中国各民族关系，在文化上搞“去中国化”。他们宣扬“民族主义”的国家观，妄图以此来西化、分化中国。他们完全不懂得中国各族人民在共同生活、共同生产、共同斗争中形成了牢不可破的中华民族共同体意识，不懂得只有中华民族才能代表中国。对于西方学者的错误观点，我们需要从中华文明起源、形成、发展史的角度进行批驳。

在文明观上，中华民族尊重世界文明的多样性，主张美美与共、天下大同。我们坚持平等、互鉴、对话、包容的文明观，积极推进构建人类命运共同体。而西方国家在文明观上，坚持形而上学的观点，把各种文明对立起来，坚持“文明优越论”“文明冲突论”。他们宣扬只有西方文明才叫文明，西方的价值观是“普世价值”，西方的发展模式是放之四海而皆准的唯一模式，并以此为理由把自己的价值观和发展模式强加于人，故意挑起意识形态对抗，从中牟利。他们看不到中华文明已经有五千多年的悠久历史，而西方的现代文明才只有短短几百年的历史，还伴随着血腥的殖民主义。为同西方错误的文明观作斗争，我们要以正确的文明观为指导来研究中华文明发展史、人类文明发展史，重新书写符合客观实际的文明史，以文明交流、互鉴、包容超越文明隔阂、冲突、优越。

西方国家制造的谬论还有“历史终结论”“中国崩溃论”，他们认为社会主义制度不如资本主义制度优越，历史会终结于资本主义，他们认为中国实行社会主义制度也不会长久，但他们的预言最终都破灭了。中国特色社会主义道路符合中国实际，这条路走得对、走得通、走得稳、走得好。中国特色社会主义的成功实践，宣告了“历史终结论”的终结、“中国崩溃论”的崩溃。尽管如此，这些谬论还是有很大的迷惑性，国际社会对我们的误解也不少，出于无知、傲慢和偏见，一些西方媒体仍然热衷于“唱衰”中国。中华文明走向世界、发扬光大，依然任重道远。

3. 加强文化软实力建设的需要

西方国家炮制的错误言论之所以能够谬种流传、混淆视听，根本原因在于西强我弱的国际舆论格局还没有得到根本扭转。落后就要挨打，贫穷就要挨饿，失语就要挨骂。新中国成立以来，我们实现了从站起来、富起来到强起来的转变，“挨打”“挨饿”的问题已经基本得到解决，但“挨骂”问题还没有得到根本解决，现在我们还处在“有理说不出，说了传不开”的境地。中国作为一个政治大国、经济大国的地位与形象已经树立起来了，建设中华民族现代文明，树立我国文明大国的形象还需要继续努力。必须下大力气加强国家软实力建设，让中华文明的传播力、影响力更加充分地展示出来。完成这个任务，哲学社会科学工作者有义不容辞的责任。习近平总书记指出："我们要建立中国特色、中国风格、中国气派的文明研究学科体系、学术体系、话语体系"，"要讲清楚中国是什么样的文明和什么样的国家，讲清楚中国人的宇宙观、天下观、社会观、道德观，展现中华文明的悠久历史和人文底蕴，促使世界读懂中国、读懂中国人民、读懂中国共产党、读懂中华民族。"[①] 习近平总书记的讲话为中华文明探源工程深入推进指明了方向，我们要贯彻好、落实好，为树立中国现代文明大国的形象贡献力量。

二　中华文明探源是中华文化实现自觉自信的需要

实现中华民族伟大复兴，必须坚定中国特色社会主义道路自信、理论自信、制度自信、文化自信。习近平总书记特别重视文化自信，他反复强调文化自信是更基础、更广泛、更深厚的自信，是更基本、更深层、更持久的力量，强调道路自信、理论自信、制度自信本质上是建立在五千多年文明传承基础上的文化自信。民族复兴既需要强大的物质力量，也需要强大的精神力量。中国特色社会主义文化源于中华民族五千多年文明史所孕育的中华优秀传统文化，中华优秀传统文化是中华民族的根和魂，是中国特色社会主义植根的文化沃土。中华文明探源是中华文化实现自觉自信的需要。

1. 古史辨派对中国古史传说的解构

要实现文化自觉自信，首先要在学术层面把中华五千多年文明史的起源、形成和发展脉络搞清楚。文化自信必须建立在科学之上，建立在信史之上。这就要求我们构建中国特色哲学社会科学，建设中国特色中国风格中国气派的考古学，在唯物史观指导下为中华民族修一部信史，更好地认识源远流长、博大精深的中华文明。这项工作从五四新文化运动就开始提上了日程。

---

① 习近平：《把中国文明历史研究引向深入 增强历史自觉坚定文化自信》，《求是》2022 年第 14 期。

五四新文化运动提出了“打倒孔家店”的口号，以儒家“道统”为核心的封建文化受到批判。梁启超提出了“史学革命”的口号，要以“民统”取代“君统”，建设“新史学”。1923年以顾颉刚为首的古史辨学派正式出现，他们认为传世文献史料中关于远古人物和事件的记载都是后代人虚构的，是不可信的。这种观点可谓石破天惊，对儒家精心构建的“三皇五帝”的道统谱系无疑是釜底抽薪。顾颉刚提出要打破民族向来一元、地域向来一统的观念，打破古代为“黄金时代”的观念，重建上古信史。顾颉刚主张用科学方法甄别上古史料，以理性精神对待神话传说，为建设现代史学扫清了道路。但是，古史辨派批判多、建设少，对中国古史的解构也埋下了历史虚无主义的隐患。

2. 现代考古学对中华文明起源的初步探索

重建古史，考古学负有重要责任。1921年，瑞典地质学家安特生在河南渑池县仰韶村进行考古发掘，发现了影响深远的仰韶遗址，这个新石器时代遗址以彩陶文化而闻名，被命名为“仰韶文化”。仰韶遗址的发掘，拉开了中国现代考古学的序幕。仰韶遗址的发掘探索了中国现代考古学的一些方法，为中国田野考古尤其是史前考古奠定了基础。1928年开始，以李济、梁思永为代表的中国考古学者对殷墟进行独立的考古发掘，先是寻找甲骨文和其他文化遗物，后来转向宫殿遗址和陵墓遗址的发掘。截至抗日战争爆发，对殷墟共进行了15次发掘。对殷墟的发掘是由中国人自己主持的、大规模的、有目的的科学考古发掘，在发掘过程中建立了一整套科学的发掘和研究方法，现代考古学的“地层学”理论逐步成熟，“类型学”理论开始出现并初步得到应用，中国第一批考古学者得到锻炼并成长起来。更为重要的是，殷墟发掘的目的非常明确，那就是到地下寻找殷商历史的新材料，建立“新史学”，以重建中国古史。殷墟的发掘标志着中国现代考古学的正式诞生。[①] 探索中华文明的起源，弘扬民族精神，实现中华文明的伟大复兴，可以说是中国现代考古学的初心使命。

随着现代考古学的发展，中国史学家开创了把文献史料与考古资料结合起来研究中国古史的方法。王国维提出了古史研究的“二重证据法”，把传世文献与出土的甲骨文结合起来研究殷商史，考证出了《史记》所记载

---

① 张新斌、李龙、王建华：《河南考古史》，大象出版社，2019，第92页。

的商王世系基本可靠可信，并指出殷墟是商代后期的都城。郭沫若利用甲骨文和金文，在唯物史观指导下进行古史研究，于1930年出版了《中国古代社会研究》，奠定了中国马克思主义史学研究的基础。

3. 新中国成立后的文明探源

新中国成立后，考古学发展进入了新阶段，对早期中华文明的探索不断有新成果出现。1953年，在河南陕县（今河南三门峡市陕州区）发现了仰韶文化庙底沟类型，后又发掘出庙底沟二期文化。庙底沟二期是介于仰韶文化和河南龙山文化之间的过渡类型，“这一发现解决了仰韶文化与龙山文化的过渡环节，填补了中国古代文明起源的空缺”[①]。1959年，徐旭生到豫西地区寻找“夏墟”，发现了二里头遗址。二里头遗址对于中华文明的起源与形成、国家的产生和发展、夏商历史研究等课题，具有重要学术价值，被称为夏商考古的“圣地”。夏鼐通过对安阳殷墟遗址、郑州二里岗遗址和偃师二里头遗址的综合研究，指出中国文明是“在中国土地上土生土长的”，“中国文明有它的个性，它的特殊风格和特征”。[②] 中国文明本土起源说成为共识。

1981年，苏秉琦发表《关于考古学文化的区系类型问题》一文，正式提出了考古学文化的区、系、类型理论，主张把中国的新石器文化划分为六大区系。他认为不同区系的文化是相对独立的，都对中华文明起源做出了独特贡献，中华文明起源是“满天星斗”的模式。苏秉琦又提出了“国家产生典型道路的三历程、国家形态发展的三部曲和国家形成的三模式”[③]理论，提出了“重建中国史前史”的口号，要从古史中寻找中华民族的灵魂和精神支柱。“满天星斗”说突出了中华文明起源的多元性，打破了中原中心说，但客观上对中原文化的独特作用有所忽视。严文明在《中国史前文化的统一性与多样性》一文中强调了史前多元文化的统一性，认为“形成了一个以中原文化为核心，包括不同经济文化类型和不同文化传统的分层次联系的重瓣花朵式的格局”[④]。

---

① 张新斌、李龙、王建华：《河南考古史》，大象出版社，2019，第108页。

② 夏鼐：《中国文明的起源》，《文物》1985年第8期。

③ 苏秉琦：《中国文明起源新探》，生活·读书·新知三联书店，2019，第186页。

④ 严文明：《中国史前文化的统一性与多样性》，《文物》1987年第3期。

4. “夏商周断代工程”推动文明探源走向深入

1996年，国家启动“夏商周断代工程”，发挥社会主义制度集中力量办大事的优势，举国家之力解决长期困扰学术界的夏商周三代的年代学问题。时任国家科委主任宋健作了题为《超越疑古，走出迷茫》的动员报告，强调了本课题研究的旨趣和重要性。2000年，课题结项，初步建立起了夏商周三代比较准确的年代学框架。

截至20世纪末，中国现代考古学建立80年以来，对中华文明起源的研究虽然取得了很大成绩，但仍然有许多问题没有搞清楚。比如学术界对中华文明何时形成、如何形成、早期特点等没有达成共识，对中华文明形成和发展的背景、机制、道路、模式等深层次问题研究较少。因此，夏商周断代工程完成后，2002年春国家又启动了更大规模的科技攻关项目——“中华文明起源与早期发展综合研究”，简称“中华文明探源工程”。该工程的深入推进，必将为实现中华文化的自觉自信打下坚实的学术基础。

三　中华文明探源是创造人类文明新形态的需要

党的二十大报告提出要以中国式现代化全面推进中华民族伟大复兴，创造人类文明新形态。中国式现代化既有各国现代化的共同特征，也有中国自己的特色。中国式现代化打破了“现代化=西方化”的迷思，为发展中国家走符合自己国情的道路实现现代化提供了新的选择和借鉴。中国式现代化展现了截然不同于西式现代化的新图景，为构建人类命运共同体指明了方向，是一种全新的人类文明形态。中国式现代化是五千多年中华文明所滋养出来的现代化，中华文明赋予中国式现代化以深厚底蕴。中华文明探源就是要从源头上搞清楚中华文明形成的过程、本质特征和丰富内涵，为不断丰富和发展人类文明新形态打牢基础。

1. 中国式现代化是人口规模巨大的现代化

中国有14亿人口，比发达国家的人口总和还要多，人口多是中国的独特国情。地大物博、人口众多，这是历史上形成的，是值得骄傲的优势。中国是一个有政治智慧的民族，能够把这么多人团结起来，形成一个民族命运共同体，国家不分裂，历史不断裂，创造出了灿烂的古代文明，这是其他民族做不到的事。虽然近代以来我们落后了，但悠久的历史文明是我们民族复兴的坚实基础。中国这么一个大国要实现现代化，没有现成的道路可走，必须根据自己的国情走符合中国实际的道路。中国式现代化的本质特征，是中国共产党领导下的社会主义现代化，必须走中国特色社会主义道路。中国式现代化必须坚持以人民为中心的发展导向，发展为了人民，发展依靠人民，发展成果由人民共享，不断满足人民对美好生活的需要。

2. 中国式现代化是全体人民共同富裕的现代化

共同富裕是中华民族的千年梦想，也是社会主义的本质要求。共同富裕是人类社会发展中的难题，西方社会虽然实现了现代化，社会财富总量巨大，但分配不均，贫富悬殊、两极分化。走西方现代化道路的发展中国家都陷入了“中等收入陷阱”，收入差距越来越大，发展不可持续。中国式现代化目标是全体人民共同富裕，而不是只有少数人富裕。我们已经打赢了脱贫攻坚战，全面建成了小康社会，正在实现第二个百年奋斗目标。中国的发展以人民富裕为目标，超越了以资本为中心的导向，超越了“国强必霸”的逻辑，是人间正道。共同富裕是一个长期的发展过程，要有定力、有耐心，脚踏实地、久久为功，最终一定能实现目标。

3. 中国式现代化是物质文明和精神文明相协调的现代化

中国式现代化是社会主义现代化，不仅要物质上富裕，也要精神上富裕。我们把共产主义远大理想和中国特色社会主义共同理想结合起来，用社会主义核心价值观凝心铸魂。传承创新中华优秀传统文化，弘扬红色文化，发展社会主义先进文化。在革命、建设和改革的伟大实践中涌现出了大批英雄模范人物，形成了中国共产党人的精神谱系。正如习近平总书记所强调的，当高楼大厦在我国大地上林立时，中华民族精神的大厦也应该巍然耸立。

4. 中国式现代化是人与自然和谐共生的现代化

生态兴则文明兴，生态衰则文明衰。地球是人类赖以生存的唯一家园，人类是自然的一部分，必须敬畏自然、顺应自然。中国自古有“天人合一”的思想，注重顺应自然、保护自然。中国式现代化是社会主义现代化，保护生态、绿色发展、建设美丽中国是我们一以贯之的发展理念和战略目标。西方式现代化以无限制追逐利润为目标，导致对自然生态的无节制索取，在创造出巨量物质财富的同时，也对生态环境造成了巨大伤害。西方现代化模式创造的财富由垄断财阀独享，而其造成的生态灾难却由全球共同承担，这是一种不可持续的发展模式，必须加以改变。

5. 中国式现代化是走和平发展道路的现代化

中华民族自古就是一个热爱和平的民族，崇尚和平是我们的文化基因。一方面，我们懂得“国虽大，好战必亡”的道理，所以从不侵略他国，从不穷兵黩武，这也是中华文明能够延续五千多年而不中断的一个重要原因。近代以来我们遭受了帝国主义的侵略，山河破碎、人民蒙难，我们深知和平的可贵，绝不会把自己遭受的苦难强加于别人，走和平发展道路是我们内生的真诚选择，我们发展的初心是国泰民安、人民幸福。另一方面，中国的繁荣强盛离不开世界的和平、发展，所以我们要为世界谋大同，高举和平、发展、合作、共赢的旗帜，同世界人民一道共建人类命运共同体。“国强必霸”从来不是我们的选择，建立在殖民主义、霸权主义之上的世界旧秩序终将被人类文明新形态所取代。

6. 中华优秀传统文化是中国式现代化植根的文化沃土

中华优秀传统文化是中华民族的根和魂，是中国特色社会主义和中国式现代化植根的文化沃土。正如习近平总书记所指出的，中国式现代化，深深植根于中华优秀传统文化，体现科学社会主义的先进本质，借鉴吸收一切人类优秀文明成果，代表人类文明进步的发展方向，展现了不同于西方现代化模式的新图景，是一种全新的人类文明形态，我们走的中国特色社会主义道路，它内在的基因密码就在这里，有中华优秀传统文化这个基因。所以我们现在就是要理直气壮、很自豪地去做这件事，去挖掘、去结合中华优秀传统文化，真正实现马克思主义中国化时代化。中国式现代化要顺利推进，必须传承创新优秀传统文化，把马克思主义基本原理同中国实际相结合、同中华优秀传统文化相结合。

中华五千多年文明史中有三千多年在先秦时期，这是中华文明的奠基期，也是文献记载最缺乏的时期。我们要以中国式现代化推进中华民族伟大复兴，创造人类文明新形态，必须把中华文明的起源、形成和早期发展搞清楚。只有把中华文明的起源搞清楚，才能深刻认识中华文明突出的连续性、创新性、统一性、包容性、和平性，才能切实做好“两个结合”，这就需要我们深入推进中华文明探源研究。

第二节　中华文明探源的进程

中华文明探源工程是国家科技攻关项目，是迄今为止规模最大的多学科共同参与的研究人文社科重大问题的国家级研究项目。参加探源工程的研究人员有近400位，来自70多家科研机构，涉及的学科有近20个。中华文明探源工程于2002年春正式启动，迄今经历了5个阶段的研究，取得了显著的成绩。中华文明探源工程实证了我国百万年的人类史、一万年的文化史、五千多年的文明史，探索了中华文明多元一体的形成过程，提出了判断进入文明社会标准的中国方案，但仍然有很多问题需要继续探索、深入研究。

一　中华文明探源工程的阶段划分

中华文明探源工程是“多学科、多角度、多层次、全方位”的综合性研究项目，这样大型的项目实施起来难度大，需要有比较强的组织能力，需要分阶段进行研究。工程立项后，从2002年春至2003年底先进行了预备性研究，2004年起项目开始正式研究，共分5个阶段：第一阶段（2004~2005年）、第二阶段（2006~2008年）、第三阶段（2009~2012年）、第四阶段（2013~2018年）、第五阶段（2020~2024年）。[①]

1. 中华文明探源工程预备性研究

中华文明探源工程预备性研究，主要是为该工程的顺利推进探索路径和方法。预备性研究共设置了9个子课题，分别是“历史文献与古史传说研究”“关键遗址的测年技术研究”“文明形成时期聚落与社会研究”“天文考古学研究”“冶金术研究”“史前符号汇集及其与文字关系研究”“文明形成时期的资源与贸易研究”“文明形成时期的经济状况研究”“环境变迁与文明演进关系研究”。[②] 经过两年的预备性研究，各个子课题分别取得初步成果和一些重要线索，摸索出了多学科协同研究文明起源的技术路线

---

① 王巍：《中华文明探源工程——揭示中华文明起源、形成、发展的历史脉络》，《人民日报》2022年7月4日，第9版。

② 王巍：《中华文明探源工程——揭示中华文明起源、形成、发展的历史脉络》，《人民日报》2022年7月4日，第9版。

和实施方案，为正式开展研究奠定了基础。

2. 中华文明探源工程研究的五个阶段

2004 年开始中华文明探源工程第一阶段研究。本阶段研究的时间范围是公元前 2500 年到公元前 1500 年，地域范围是黄河中游的中原地区。主要进行相关考古学文化的谱系研究和年代测定、自然环境变迁研究，包括农业畜牧业手工业在内的经济技术发展状况研究、聚落形态所反映的社会结构研究、文明形态研究等。之所以把第一阶段的研究选在中原地区，是因为中原地区考古研究起步早、基础好，考古学文化谱系已经建立，该地区五帝和夏商时期的古史传说和文献资料也比较多。

2006 年中华文明探源工程进入第二阶段研究。本阶段研究的时间范围是公元前 3500 年至公元前 1500 年，地域范围是黄河上中下游、长江中下游和辽河流域。主要研究各地区的都邑和中心聚落遗址，以及各地区的考古学文化的年代、自然环境变化、经济技术发展和社会结构变化。之所以把时间向前推了 1000 年，是因为这个时期各地区出现了明显的社会复杂化的倾向，各个文化圈之间的交流逐渐增多，出现了阶级分化现象，中国早期文明初露端倪。

2009~2012 年是中华文明探源研究的第三阶段。本阶段研究的时间和地域范围与第二阶段相同，主要课题有黄河、长江及西辽河流域的考古学文化年代谱系的完善和文明化进程中重大事件的年代学研究，自然环境变化与文明演进关系研究，技术和生业的发展及其与文明演进的关系研究，都邑性聚落和各个区域中心性聚落的综合研究，精神文化的发展状况研究和中华文明形成和早期发展的整体性研究，另外还启动了“中华文明探源工程中现代科学技术应用与支撑研究”“文物保护与展示关键技术研究”① 等课题。

2013~2018 年进行中华文明探源工程第四阶段的研究。本阶段主要对第三阶段设置的年代学问题、自然环境变化、技术和生业发展、都邑和聚落发展及整合研究等课题继续开展研究，在研究成果的基础上形成阶段性结项报告。

2020~2024 年是中华文明探源工程研究的第五阶段。本阶段延续了前四

---

① 王巍：《追问中华文明五千年探源工程十年回顾》，《中国文化遗产》2012 年第 4 期。

阶段的理论、方法和技术路线，把近几年新发现的重要遗址纳入中华文明探源工程中，加大了理论阐释的力度。

3. 中华文明探源工程的主要成果

通过中华文明探源工程五个阶段的研究，明确了中华文明起源、形成和发展的历史脉络，实证了中华五千多年的文明史。概括起来就是："距今万年奠基，八千年起源，六千年加速，五千多年进入（文明社会），四千三百年中原崛起，四千年王朝建立，三千年王权巩固，两千两百年统一多民族国家形成。"① 距今10000年前后，北方先民发明了以粟和黍为主的旱作农业，南方先民发明了稻作农业，农业的出现为文明的起源奠定了物质基础。距今8000年前时，全球气候变暖，旱作农业和稻作农业得到了大面积传播和普及，人口增长，农业、手工业发展，村落增加，社会开始出现分化，文明起源正式启动。距今6000年前左右，文明起源的进程明显加快，表现在不同文化圈之间的交流增多，旱作技术向长江流域传播，稻作技术向黄河流域传播，手工业技术取得长足进步，出现了桑蚕业。在社会结构方面，出现了聚落群和中心聚落，出现了战争，出现了统治阶层。

距今5500年至5000年前是中华文明正式诞生的时期。经济方面，在长江流域出现了大规模的农田水利系统。手工业方面出现了高技术含量的手工业品，比如精美的玉器、漆器、陶器、绿松石饰品等。社会方面，出现了礼器和礼制，最重要的是出现了大型的都邑、宗教建筑和高等级墓葬。"距今5300年前后，在黄河中下游、长江中下游及西辽河流域，都出现了面积达100多万平方米的中心城市和原始宗教圣地。长江下游超大型的都邑良渚古城，内城面积近300万平方米，外城630万平方米，是当时世界上规模最大的都邑。"② 高等级墓葬中出土的精美随葬品有数百件之多，部落首领蜕变为具有生杀予夺之权的国王。这些都是文明诞生的标志。

距今4300年前后，良渚、红山、石家河等周边的早期文明先后衰落，黄河中游的中原文明强势崛起，山西陶寺和陕西石峁两座都邑是其中的代表。"陶寺城址的年代、位置、规模、等级都与文献记载的尧都平阳较为吻

① 王巍：《中华文明探源研究主要成果及启示》，《求是》2022年第14期。
② 王巍：《中华文明探源研究主要成果及启示》，《求是》2022年第14期。

合。”① 石峁是由石头砌成的山城，由外城、内城、皇城构成，面积达 400 万平方米，有多种防御设施，军事防御色彩浓厚。

距今 4000 年前后，夏朝建立。登封王城岗和新密新砦城址是夏朝早期、中期的都城，距今 3800 年的二里头城址是夏朝后期都城。“夏王朝的存在不仅在先秦以降的文献中有丰富的记录，也得到了考古学的证明。”② 夏朝建立标志着以中原为核心的多元一体的广域王权国家建立，标志着“最早的中国”诞生。

距今 3000 年的西周是夏商周三代王权制度的集大成时期，分封制、礼乐制、宗法制成熟而完备，王权制度得到巩固，为秦汉时期实行中央集权制度奠定了基础。公元前 221 年，秦始皇统一全国，郡县制度建立，标志着统一的多民族国家进入新阶段。

二　中华文明探源工程的理论和方法

中华文明探源工程能够顺利推进，取得预期的成果，有科学的指导思想和方法是重要原因。

1. 坚持多学科综合研究中华文明起源

中华文明探源工程坚持的宗旨是“多学科、多角度、多层次、全方位”进行研究。“多学科”是指多种学科合作、协同、综合研究文明起源，“多角度”是指从自然环境、科学技术、生产力、精神生活、社会结构等多角度研究文明起源，“多层次”是指不仅研究统治阶级的生活状况，也要研究劳动人民的生活状况，“全方位”是指要研究早期文明中的经济、政治、文化、社会等各方面的发展变化以及各因素之间的互动。

2. 坚持以马克思主义为指导研究中华文明起源

坚持以辩证唯物主义和历史唯物主义为中化文明探源工程研究指引方向和路径，保障了中华文明探源工程的顺利推进。马克思主义认为人类文明的本质是社会实践，社会是一个不断发展、普遍联系的整体，所以在文明探源研究中，学者把社会作为一个有机的整体，“坚持多角度、全方位地开展研究，即从政治、经济、文化与社会的方方面面对文明起源形成发展

① 王巍：《中华文明探源研究主要成果及启示》，《求是》2022 年第 14 期。

② 王巍：《中华文明探源研究主要成果及启示》，《求是》2022 年第 14 期。

进行考察，尤其注重各个方面之间的联系与相互作用”①。这样的研究更能揭示文明的本质和发展规律。反观西方的文明起源研究，他们只重视文明中的一些要素，比如判断进入文明社会标准的三要素：文字、冶金术和城市，这些要素是文明社会的有机组成部分，如果把这些要素从社会有机体中抽离出来，不从整体上考察文明的起源和发展过程，那么就不能对文明的本质属性有科学的认识，而只能对文明的外在表现有一些零碎的、直观的认识。中华文明探源工程提出了判断文明标准的中国方案，这正是在马克思主义科学理论指导下做到的。

另外，中华文明探源工程注重研究史前时期的生产力发展状况，研究自然环境的变化，研究各个地区农业、畜牧业、手工业发展状况，研究生产力提高基础上发生的社会分工、社会分化，研究生产力和生产关系、经济基础和上层建筑的相互作用，研究阶级分化和王权的产生等，这都是在马克思主义科学理论指导下的研究路径。这种科学的研究路径为最终得出符合客观实际的文明起源研究成果提供了保障。

3. 坚持运用自然科学技术研究中华文明起源

中华文明探源研究的时间范围大部分在史前时期，文献记载匮乏，研究对象又以考古遗址、遗迹、遗物为主，这就决定了该工程要大量采用自然科学的研究方法。在参与该工程的近 20 个学科中，大部分属于自然科学，比如天文学、地质学、地理学、生物学、遗传学、环境科学、气象学、物理学、化学、数学与电子计算机科学等。自然科学的广泛参与在研究中发挥了巨大的作用，比如应用卫星遥感技术研究遗址的波谱特性、几何特征及空间分布规律，应用锶同位素分析研究二里头遗址和墓葬出土的人骨，“判断二里头文化时期古人类迁移的比例高达 38.9%”②。应用古 DNA 测试研究表明，原产于西亚地区的小麦、绵羊、黄牛等在距今约 5000 年前已传入我国。此外，应用的自然科学技术手段还有高精度 ^{14}C 测年，用硅酸盐技术研究陶器的烧制工艺，用金属学的技术分析铜器的成分及制造工艺，用碳氮同位素分析古人类的饮食，用土壤学、生物学技术分析古代自然环境

---

① 王巍：《坚持以马克思主义指导中华文明探源研究》，《光明日报》2022 年 6 月 6 日，第 14 版。

② 汪永基：《“科技支撑中华文明探源”成果初现》，《新华每日电讯》2012 年 5 月 23 日，第 2 版。

的变化，用 GIS 技术研究各地区聚落的分布状况，运用地质学知识研究古代金属、玉石等重要矿产资源的产地，等等。自然科学技术的运用在中华文明探源研究中发挥了至关重要的作用。在下一步的探源研究中，考古学要进一步加强与人文社会科学的合作，比如与经济学、政治学、社会学、人类学、法学等学科的融合。

4. 坚持用聚落考古的方法研究中华文明起源

聚落形态的考古学研究在中华文明探源中具有很重要的地位。聚落形态就是古代人群的居住安排方式，聚落形态能够反映当时社会的组织和结构，通过分析研究聚落形态的发展变化，可以了解当时的社会分工、阶层分化、阶级出现、王权产生等情况，从而为文明探源提供证据支撑。聚落考古不仅要研究中心聚落，而且要研究中心聚落周围的中小聚落群的情况。社会是分层的，“我们不仅要研究居于阶级社会金字塔顶端的王者和高级贵族的情况，还要研究社会中下层的状况”，“研究社会的各个阶级和阶层之间的互动关系，即要探索这些王者权贵与社会中下层人们之间的关系”①。利用聚落考古的理论和方法，中华文明探源工程对陶寺、新砦、二里头等遗址聚落形态的研究取得了重要成果。

5. 坚持用考古学与文献资料相结合的方法研究中华文明起源

考古学主要通过田野发掘，利用实物资料来研究历史文化，历史学主要通过传世文献资料研究历史文化。二者手段虽然有别，但目的是相同的，完全可以结合起来研究历史文化。中华文明探源工程研究的时代处在史前传说时代，所以主要靠考古学的方法去探索，但也不能拒绝历史文献和古史传说资料，历史文献和传说可以为考古发掘指引方向、提供佐证。甲骨文的发现，证实了《史记》所记载商王世系基本正确。徐旭生根据文献记载和传说到豫西地区寻找“夏墟”，结果发现了夏都二里头遗址。襄汾陶寺遗址的发掘与尧都平阳的传说可以互相印证，登封王城岗遗址可以与禹都阳城的传说相互印证。把考古资料与历史文献结合起来是中国考古学的一大特色，这个方法在中华文明探源工程中发挥了很大作用。

---

① 王巍：《聚落形态研究与中华文明探源》，《文物》2006 年第 5 期。

三　河南在中华文明探源工程中的独特作用

河南地处中原，是中华文明的重要发祥地，中原文化是中华文化的核心和主根主脉，在中华文明探源工程中地位特别重要。

1. 中原文化具有开创性

中原文化的重要性首先表现在具有开创性。仰韶遗址的发掘拉开了中国现代考古学的序幕，仰韶文化是中国第一个被命名的考古学文化，仰韶文化鼎盛期向周边区域辐射在中国第一次形成了“中华文化圈”。殷墟的发掘是中国考古学者第一次有目的、有组织的考古发掘，奠定了中国现代考古学的基本理论和范式。中国第一个统一的王朝夏朝鼎盛期的都城在河南偃师二里头，中华文明探源工程第一阶段的研究选在中原地区开展，充分证明了河南在中华文明起源中的重要性。

2. 中原文化发展谱系完整

河南在中华文明起源中的重要性还表现在中原文化一脉相承、没有断裂。在中华文明起源的过程中，无论是10000年奠基、8000年起源，还是6000年加速、5000多年进入，更不要说4300年中原的崛起、4000年前统一王朝的建立，每个阶段中原文化都能跟上时代的变化，在一些关键阶段，中原文化还起到了引领作用。河南新密李家沟遗址发现了距今10000年前的定居村落，出土了原始的陶器残片。裴李岗文化距今9000~7000年，当时农业发展，人口增加，村落数量增加。河南舞阳贾湖遗址距今8000年，遗址面积达5万多平方米，出土了大量的石器、陶器、骨器、炭化稻、家猪的骨头。在墓葬中还出土了数十件骨笛，音色优美、音阶完备，可以演奏七声音阶的乐曲。[①] 这些发现表明当时人们的精神生活已很丰富，社会分工初露端倪，社会分化尚不明显，文明起源进程开始启动。

在三门峡灵宝发现了200余处仰韶文化遗址群，其中铸鼎塬地区有50余处大小不等的遗址，距今大约5800~5500年。其中西坡遗址面积为40万平方米，北平阳遗址和五帝遗址面积达70万平方米。遗址周围有宽达10米的壕沟环绕，遗址中心是一个广场，广场周围有四座大型房屋环绕，房屋室内加上室外回廊等设施，总面积达500多平方米，如此大的建筑，一定是

① 王巍、赵辉：《“中华文明探源工程”及其主要收获》，《中国史研究》2022年第4期。

权贵人物居住和从事政务活动的场所。在聚落壕沟外面有大型墓葬，其中一个墓葬长 5 米、宽 3.5 米，随葬有玉石钺和十余件陶制“明器”。这样大型的聚落和聚落群聚集在一起在全国范围内是前所未见的，“反映出当时中原地区人口显著增长并异乎寻常地集中于此地的现象”①，大型建筑和墓葬反映出阶级分化已经比较严重。仰韶文化所分布的地区恰好是炎帝黄帝集团活动的区域，所以这些聚落很有可能是炎黄所在邦国活动的场所。

仰韶文化中期的庙底沟类型，以花、鸟图案为代表的彩陶文化颇具特色，这种彩陶文化向四周辐射，影响范围不断扩大。到距今 5300 年前后，其影响北抵河套，南到江汉，东到鲁西，西至甘青，“在中国史前时期第一次出现了以中原地区为中心的文化圈”②，这应该是炎黄集团对周边地区产生影响的反映。

距今 5300 年前后，豫西地区以铸鼎塬遗址为代表的仰韶文化衰落，河南中部的双槐树、青台、汪沟等聚落群兴起。2013~2020 年，考古工作者在巩义双槐树村发掘出了属于仰韶文化中晚期的双槐树遗址，李伯谦称之为“河洛古国”。双槐树遗址是当时河南中部规模最大、等级最高的遗址，王巍认为双槐树遗址的发现，“填补了中华文明起源关键时期、关键地区的关键材料”，遗址入选“2020 年度全国十大考古新发现”。

双槐树遗址是由三重环壕围绕的大型聚落，东西长 1500 米、南北宽 780 米，面积 117 万平方米。内壕北部有大型中心居址，面积 18000 平方米。大型建筑共有三排，中间一排面阔五间，两侧房屋面阔三间，基本对称分布，整个布局已呈现出中轴线理念。建筑前有两重围墙，有错位设置的门道，是后世瓮城的雏形。整个内城的布局开后世宫城制度的先河。在中心建筑群南面，还有两座单体大型建筑，其中一座建筑前有“一门三道”遗迹，后来中国礼仪性宫殿建筑样式与其一脉相承。③

双槐树遗址的建筑布局与铸鼎塬的建筑布局完全不同，铸鼎塬的大型建筑是以广场为中心的向心式布局，而双槐树遗址是以贵族居住的建筑为中心，几座建筑同一方向，前后递进，面南背北，中轴线贯穿。以中轴线

---

① 王巍、赵辉：《“中华文明探源工程”及其主要收获》，《中国史研究》2022 年第 4 期。

② 王巍、赵辉：《“中华文明探源工程”及其主要收获》，《中国史研究》2022 年第 4 期。

③ 袁广阔：《定鼎河洛：郑州双槐树考古新发现》，《中国社会科学报》2022 年 8 月 4 日，第 6 版。

为中心的建筑布局，开启中国传统都城宫殿建筑制度的先河，影响深远。建筑布局的变化反映了政治核心从以公共事务为中心转变为以王权为中心，表明双槐树时期阶级分化更严重，王权大大加强。青台遗址出土了丝织品残片，双槐树遗址出土了牙雕家蚕，说明当时中原地区已经有了桑蚕业。这些遗址的发现，表明距今5300年左右，河南中部已形成了早期文明。

3. 广域王权国家首先在中原地区形成

距今5000年前后，浙江的良渚文化已具备了国家的基本特征，进入了文明社会。与此同时，湖北的石家河文化和西辽河流域的红山文化、黄河下游的海岱文化也先后进入文明社会，中华文明起源呈现“满天星斗”态势。但这些文化在距今4300年前时都先后衰落下去了。而中原文化却以其优越的地理位置和包容性强的文化特性绵延不绝，不断发展壮大。当周围区域文化强大的时候，中原地区积极吸收周边先进的文化，当周边文化衰落的时候，中原文化逆势崛起。

距今4300年前，被认为是尧都平阳的襄汾陶寺文化兴起。登封王城岗、新密新砦被认为是夏代早期都城。距今3800年前，夏代中晚期都城二里头文化兴起。二里头文化已经不再是初期文明了，而是成熟的广域王权国家。二里头先进的礼仪、制度、思想理念辐射四方，“不仅是再一次改变了中国文明进程的格局，还开启了中原为主导的、整合其他地方文明的政治和历史进程，中华文明遂进入新的阶段——王朝时代”①。

第三节　中华文明探源的意义

中华文明探源工程提出了判断人类进入文明社会标准的中国方案，发展了马克思主义关于文明的理论，实证了5000多年的中华文明史。中华文明探源工程研究了早期中国各地域文明化的过程、各地域文明之间的交流融合以及中华文明多元一体格局的形成，探讨了中华文明“大一统”政治格局的形成，有利于增强人们的历史自信、文化自信。

① 王巍、赵辉：《“中华文明探源工程”及其主要收获》，《中国史研究》2022年第4期。

一　实证了五千多年的中华文明史

中华文明有五千年的历史，这是有史书为证的，本来是毋庸置疑的。近代科学的传入让这个结论受到了质疑。胡适写《中国哲学史大纲》从老子、孔子写起，认为由此向前的历史夹杂着神话传说，不足为据，这是疑古派的观点。认为中国从“家天下”的夏朝开始正式形成国家，进入文明时代，五帝时代是部落联盟时期，属于原始社会的末期，这是以前史学界通行的观点。认为殷商时代中国凑齐了文明“三要素”——文字、冶金术、城市，所以文明时代应从商代开始，这是西方考古学的观点。种种错误观点的流行，要求我们必须进行中华文明探源研究，为中华文明写一部信史。

1. 要坚持把考古材料与传世文献结合起来的优良传统

中国考古学从殷墟发掘开始，就形成了把考古材料与传世文献结合起来的优良传统。而西方学者认为这不科学，他们认为考古就是靠发掘出来的文物说话，不能把考古与文献联系起来，否则就是迷信传统史学。这种观点是错误的，西方考古学发掘的都是死去的文明、断裂的文明，所以他们只能依靠考古发掘，没有文献可作参照。中国是唯一延续至今没有断裂的古老文明，我们考古就是为了寻找中华文明的源头，为民族立传。用文献材料为考古发掘提供线索，用考古材料去除文献材料中的神话色彩，二者是互补的关系，共同的目的是写一部建立在科学基础之上的中华文明史。所以，把文献资料与考古学结合起来是中国特色考古学的一大优势，我们要坚持这个优良传统。

2. 要破除西方考古学文明“三要素”说的束缚

自古以来世界上的文明就是多样的，多样的文明既有共性，也有各自的个性。多样的文明各有自己的优缺点，没有完美无缺的文明，也没有定于一尊的文明模式。多样的文明就会有多样的文明起源路径，西方考古学界把进入文明社会的标志归结为文字、冶金术、城市这三个要素，其实这是从古埃及文明和古代两河流域文明归纳出来的标准，并不是普遍适用的。美洲的玛雅文明就没有掌握金属冶炼技术，印加文明也没有发现文字，所以完全没有必要把这“三要素”作为金科玉律，来束缚自己的手脚。

文明“三要素”说的错误还在于见物不见人。文明的本质是人类的社会实践，所以文明是活的，是不断向前发展的。文明是一个包括经济、政治、社会、文化、生态等不同方面的有机整体，而不是一些孤立的要素。“三要素”是人们在社会实践中总结出来的，“三要素”是文明的产物而不是文明的本源。把文明中的一些元素从生动活泼的社会有机体中抽离出来作为文明的本质，这是本末倒置的做法。我们应该从先民的实践中，从文明的发展过程中去探寻文明的起源。中华民族是一个有着悠久历史和深厚文化积淀的民族，我们的民族走了一条独特的道路，创造出了灿烂的文明成果，理应在文明理论方面有所建树。

3. 提出了进入文明社会标准的中国方案

马克思主义认为“国家是文明社会的概括”，中华文明探源工程从国家产生的过程中去探寻文明的起源，取得了显著成绩。中华文明探源工程提出了进入文明社会标准的中国方案：农业、手工业生产的大发展，引起人口大量增加，出现了中心聚落、都邑、城市；社会分工的细化，出现了手工业世家，出现掌握精神生产的神职人员、掌握军事指挥权的首领，社会阶层分化导致阶级产生；阶级出现导致阶级斗争越来越激烈，暴力和战争成为日常现象，最后出现王权和国家。[①] 中华文明探源工程围绕良渚、陶寺、石峁、二里头等重要遗址展开研究，从中原地区开始，把探源的范围逐步扩大到黄河全流域、长江流域、辽河流域。时间范围从原来的公元前2500年至公元前1500年，扩大到公元前3500年至公元前1500年。这次文明探源研究是大规模、综合性、广泛而深入的研究，基本搞清楚了中华文明起源、形成和早期发展的历史脉络。

文明起源首先要有生产的发展。距今5000多年前，农业生产技术得到发展，生产工具改进，农业生产效率提高。良渚文化普遍使用了犁耕，灌溉系统完备，水田规模很大。北方旱作农业和南方稻作农业在生产技术方面都积累了比较丰富的经验，促进了农业的发展。手工业方面，技术有了显著进步，专业化程度大大提高。山东龙山文化时期制作的蛋壳黑陶非常精美，最薄的陶器厚度只有0.3毫米。良渚文化的玉器制作工艺精湛，在一个体型很大的玉琮上刻有复杂的图案，1毫米的宽度内刻了五条线。这些精美的工艺品都是统治阶级掌握的礼器，反映了社会分工程度之高。农业、手工业的发展，促进了人口的增加，大型聚落数量明显增多。面积达百万

① 王巍：《中华文明探源研究主要成果及启示》，《求是》2022年第14期。

平方米的聚落内部，有了明确的功能分区，这些中心聚落带有都邑的性质，属于早期的城市。

生产发展和技术进步使社会阶层分化加剧，贫富分化、社会等级分化严重，形成了掌握大量财富和政治、军事权力的统治阶级。良渚的高等级墓葬中随葬有大量玉石制作的贵重礼器。陶寺的墓葬中随葬有陶制、石制、木制和玉石礼器。山东龙山文化的大墓中有多重木制棺椁并随葬精美的陶制酒器。中原铸鼎塬遗址、双槐树遗址的墓葬中没有随葬大量器物，显示了另外一种发展路径。良渚、陶寺、石峁、双槐树等遗址都有高等级建筑——宫殿，这是王权形成的重要标志。二里头的宫殿坐北朝南，东西两侧建筑基本对称，已经有了最初的中轴线理念。都城内有方正的网格状功能分区，宫殿区、居民区、作坊区、祭祀区、墓葬区，层次分明，秩序井然，形成了成熟的制度和模式，呈现出“大一统”王朝气象。

暴力和战争是文明社会的产婆。作为王都的中心聚落一般都有大规模的防御设施，墓葬中随葬有象征军事指挥权的石钺、玉钺。大墓中随葬有数量巨大的石镞、骨镞，殉葬的人数也在不断增加，表明了这个时期暴力和战争成为常见的社会现象。暴力和军事权力是王权和国家不可缺少的坚强后盾。

4. 距今5000多年前中国已进入文明时代

根据马克思主义的文明观，国家的出现是进入文明社会最根本的标志。中华文明探源工程的研究表明，在距今5000多年前的古国时代，也就是传说中的五帝时代，在中华大地上已经普遍产生了王权和国家。国家产生的标志有作为政治中心的都邑、王居住和办公的场所宫殿、王死后埋葬的高等级墓葬、国家的礼制和礼器、战争和暴力的物化形式等。① 这些研究成果实证了5000多年的中华文明史。中华文明探源工程提出进入文明社会标准的中国方案，丰富和发展了马克思主义的文明理论。

二　实证了中华文明多元一体格局的形成

1988年，费孝通发表了题为“中华民族的多元一体格局”② 的演讲，

---

① 王巍、赵辉：《“中华文明探源工程”及其主要收获》，《中国史研究》2022年第4期。

② 费孝通：《文化与文化自觉》，群言出版社，2016，第52页。

从民族学的角度回顾了中华民族多元一体格局的形成过程。这个观点正确地总结了中华民族、中华文明起源、形成和发展的过程及其规律，因而得到了学术界的广泛认同。今天，“多元一体”已经成为人们谈论中华民族、中华文化的一个高频词。不过，对“多元一体”的科学内涵，对中华文明多元一体格局形成过程、动力、机制进行严肃学术探讨的论著并不多，以致人们对多元一体的理解有颇多歧义。中华文明探源工程把这一问题的研究向前大大推进了一步。

1. 对多元一体格局的认识是不断深入的

人们对中华民族格局、形态的认识经历了一个曲折的过程。中国自古以来就是一个多民族“大一统”的国家，多民族共同组成一个统一的国家，这本来是天经地义、毋庸置疑的。五四新文化运动以来，科学思潮传入，出现了疑古思潮。顾颉刚提出了“打破民族出于一元的观念”，认为中国的民族是多元的，并非都是黄帝的后裔。继而又提出了“打破地域向来一统的观念”，认为中国的疆域并非从黄帝以来都是一统的。这种观点有它的合理性，因为中华民族多元一体的格局有一个发展的过程，并非从一开始就是这个样子并且5000年没有改变。“疑古派”的观点对于打破封建“道统”有积极意义，对开创新史学也有功劳。但打破了旧观念，又不能迅速建立起新的符合科学的民族观，在人们的头脑中造成了一定的混乱，不利于民族团结。

随着现代考古学的创立，对仰韶遗址、殷墟的发掘，20世纪50年代以后庙底沟文化、郑州商城、偃师商城、偃师二里头文化的发现，人们对中华文明的本土起源有了比较深入的认识。由于这个时期的考古发掘地点主要集中在中原地区，所以又产生了“中原中心论”。这一观点认为黄河是中华民族的摇篮，中原地区从文明起源开始就一直先进，中原文化产生后向全国其他地区传播，所以“中原中心论”本质上是一种中华文明单一起源论。随着考古发掘在全国范围内广泛开展，“中原中心论”到20世纪80年代就开始受到质疑。苏秉琦提出要打破两个怪圈，一是中华“大一统”观念，二是把马克思主义的社会发展规律等同于历史发展本身。他把中国早期的考古学文化分为六大区系，提出了“满天星斗”的文明多元起源模式，向以中原为中心、以汉族为中心、以王朝为中心的传统观念提出挑战。苏秉琦的观点和顾颉刚的观点有相似之处，都是要打破民族和文明起源的

“大一统”观念，都强调文明的多元性，有合理之处。但强调文明起源的多元性，客观上会对中原的中心地位、对大一统的作用有所消解，对中华文明的一体性有所忽视，这也是需要纠正的。

2. 要正确理解“多元”与“一体”的关系

在中华文明多元一体格局中，“多元”与“一体”是什么关系，从“满天星斗”到“多元一体”，中间经历了怎样的发展过程，中华文明探源工程对这些问题都有了比较明确的答案。正确理解中华文明多元一体的内涵，首先要反对以下两种倾向：一是认为中原文化从起源开始就先进，而且一直先进、处处先进，这种认识会导致否定中华文化的多样性；二是绝对平均主义，认为各地文化都很先进，中原文化也没有什么特别之处，这种观点会导致否定中华文化的一体性，会导致文化虚无主义。随着全国各地地域文化研究的深入推进，特别是中华文明起源“满天星斗”模式的提出，“中原中心主义”在学术界已经没有多大市场了。现在主要是反对虚无主义，为此就要重点谈谈中原文化的独特性，明白了中原文化的独特地位和作用，也就能够理解中华文明的连续性、创新性、统一性、包容性、和平性等突出特性。

3. 中原文化在多元一体格局中的重要地位

中原文化的引领性。在中华文明起源的过程中，中原文化的引领性特别突出。距今6000年前开始，仰韶文化鼎盛期的庙底沟类型开始向全国辐射，截至5300年前，北到内蒙古、南到长江中游、西到甘青、东到山东，都成为彩陶文化区。在这个时期的广阔地域范围内，形成了崇尚“龙”、崇尚“玉”的文化圈，这是最早的中华文化圈。这个时期是黄帝族群兴起的时期，也是灵宝铸鼎塬聚落文化兴盛的时期，是中原文化引领全国文化的第一个高峰。正是因为有仰韶文化的辐射和引领，所以从距今5300前到4300年前间，中原周围出现了一批灿烂的区域文化，比如红山文化、良渚文化、大汶口文化、石家河文化、凌家滩文化、大地湾文化等，呈现出“满天星斗”的态势。当四周的区域文明纷纷兴起的时候，中原文化进入相对的沉寂时期。当4300年前周边文化纷纷衰落时，中原文化再次崛起，中原真正成为中华文明的核心，多元一体的中华文明正式形成。

中原文化的连续性。中原文化并不是各方面都先进，也不是一直都处于领先地位。但中原文化韧性强，即使在相对的低谷期也没有断裂。中原文化擅长学习，在周边区域文明大放异彩的时候，中原先民通过积极吸纳先进文化发展壮大自身。比如中原文化学习大汶口文化先进的制陶技术和墓葬文化，学习红山文化、良渚文化先进的治玉技术，学习长江流域连间式建筑，学习周边文化中的刻划字符，等等。对这些先进文化的广泛吸纳、消化，积累了巨大的文化能量，为中原文化再次兴起打下了基础。

中原文化的包容性。中原文化之所以会强势崛起，是因为中原文化吸纳了周边区域文化的精华。中原文化吸收了全国各地的先进文化，所以才发展成为一个坚强的核心，有了这个核心，才能够把全国各区域文化统一起来，形成一个民族共同体、文化共同体。如果没有中原这个核心，那么“满天星斗”式的区域文明就永远处于散漫状态，不能凝聚为一个坚强的共同体。如果不能形成一个整体，形不成合力，中华文明就不可能行稳致远，成为一个绵延5000多年而不中断的伟大文明。这就是中华文明多元一体格局中“多元”与“一体”的辩证关系。

三 实证了中华文明“大一统”政治格局的形成

中华文明绵延5000多年没有中断，一个重要原因是中华文明形成了多元一体的格局，形成了以中原为核心的“大一统”政治格局。中华文明在起源阶段是多元起源，呈“满天星斗”态势。到中华文明形成阶段，形成了以中原为核心的统一的中华文明，呈“众星捧月”之势，这个“月”就是中原文化。一个文明必须有一个核心，有了核心文明才有凝聚力，文明的发展才具有可持续性，中华文明才能够绵延5000多年而不中断。那么中原文化为什么会成为核心？有了这个核心后会不会抑制多元地域文化的发展？对于这些问题，中华文明探源工程也提供了明确的回答。

1. 宗教色彩浓厚的地域文化走向衰落

为什么良渚、红山、石家河等文化在起源阶段那么辉煌，后来却都衰落下去了，而中原文化经历了一段平静发展后反而能够再次崛起呢？原因当然是多方面的，比如良渚文化的衰落就和气候的变化有关，但最重要的还是发展模式的不同。中原周边的地域文化都有比较浓厚的宗教色彩。比如红山文化有很多祭坛、积石墓、神庙等大型祭祀遗址，在大型墓葬中随葬有玉人、玉龙、玉龟、玉鸟、玉璧、玉玦等带有宗教色彩的玉器，在神庙中有泥塑女神像，牛河梁遗址很可能是一个宗教圣地。安徽含山凌家滩遗址也有大型的墓葬区、祭祀区，高等级墓葬中随葬品有几百件之多，其中有玉人、玉龙、玉鸟、玉龟等带有宗教色彩的贵重玉器。石家河遗址的祭祀区也出土了大量的陶杯、陶塑人物和动物像，宗教色彩浓厚。在这个时期，规模最大的文化遗址当数良渚文化，良渚的高等级墓葬建于专门堆筑的大型祭坛之上，墓葬中随葬有大量贵重玉器如玉钺、玉琮、玉璧等祭祀用的礼器。良渚文化的宗教信仰带有强烈的“一神教”色彩，可以说是原始宗教信仰的集大成者。[①] 这些区域文化带有浓厚的宗教色彩，以宗教作为凝聚人心的手段，其统治属于神权统治。宗教活动是非生产性活动，会消耗大量社会财富，使生产力和军事能力受到严重削弱，最后引起国力衰落、文明衰落。

2. 中原文化属于重民生的政治文化

中原文化属于王权文化、政治文化，而非宗教文化。在铸鼎塬遗址，有大型建筑和大型墓葬，但墓葬中的随葬品很少，随葬的陶器也不是贵重的精品陶器，而是专门为随葬而烧制的低温陶器，是廉价的“明器”，显示了中原文化重实际、轻祭祀的特点。在双槐树遗址，祭坛都比较简陋，大型墓葬中的随葬品与普通墓葬没有明显差别，看不到明显的宗教文化色彩。二里头文化吸收了良渚等地传过来的玉器制作工艺，但二里头的玉器不是宗教祭祀用品，而是政治生活所用的礼器，比如玉璋。二里头文化吸收了大汶口文化的陶制酒器，也用作礼器。二里头的青铜鼎等器物也是礼器。总之，中原文化是重实际、重民生的政治文化、王权文化、礼制文化，以政治制度团结民族、凝聚人心，所以越来越壮大，最后能够形成统一的王权国家。

3. 中原文化是重视祖宗崇拜的宗法文化

中原文化重视血缘关系，重视祖宗崇拜、宗法制度。双槐树遗址发现了四处公共墓地，房屋集中分布和公共墓地的存在，表明当时血缘关系依然是联系人们的重要纽带。在中原文化中，聚族而居、聚族而葬，在都邑中保留血缘关系，血缘关系和地域关系并存，是中原王权很重要的一个特色。王权建立在族权之上，家国同构、家国一体，使社会在进入阶级社会时最大限度保持社会关系的连续性，保持宗族的凝聚力，增强人们对国家的认同感。这

① 王巍、赵辉：《“中华文明探源工程”及其主要收获》，《中国史研究》2022 年第 4 期。

是中华文明的特色和优势，是形成“大一统”政治格局的重要原因。

4. 中原文化坚持以“中”为核心的价值理念

中华文明能够长期保持“大一统”格局，还因为其保持了多元文化和谐共存的局面。中华文明在起源阶段是多元文化、多元起源，多元的地域文化一直保存了下来，并不是国家统一了就只保留中原文化，地方文化就被消灭了。中原政权、中原文化要保持稳定和统一，必须照顾各个地方的文化和利益。反过来，地方文化要好好生存，又必须维护中原政权的统一。中原是全国的中原，代表的是全国各地的利益，而不是中原自身的私利。“大一统”不等于中原一家独大，“大一统”代表的是天下为公、协和万邦。所以“中”和“中原”不仅是一个地理概念，更是一种治国理念，代表统一、公正、平等、包容、和平、团结、和谐等。中国有“择中建都”“择中建宫”“择中建殿”的传统，国都建设也按照中轴线安排布局，这是遵循“中”“中和”理念的具体表现。①

“中”是中华文明的核心价值观，所以我们的国家叫“中国”，我们的民族和文明叫“中华民族”“中华文明”，我们的智慧叫“中庸”，都离不开“中”字。中国是一个有政治智慧的国家，我们按照“中”的理念把个人、家庭、社会、国家、世界都统一了起来，在公元前221年就实现了国家的统一。我们的智慧从哪里来？当然是从历史中来，中国历史悠久，我们重视历史，善于从历史中总结经验教训，我们有强烈的历史自信。我们有5000多年的文明史，其中有3000年都在先秦时期，这是打基础的时期，以“中”为核心理念的多元一体的“大一统”政治格局就是在这前3000年奠定的。正因为基础打得牢，所以发展有后劲，我们的文明才能走得远、走得稳、走得好，才有今天的中国特色社会主义道路，才有中国式现代化，才有中华民族的伟大复兴。

中华文明探源工程就是要搞清楚中华文明是怎么起源、形成和发展的，搞清楚中华文明的特质和内涵，以便增强人们的文化自觉、文化自信，更好地传承创新优秀传统文化，为实现民族复兴提供强大的精神力量。中华文明探源工程取得了显著的成绩，但还有不少深层次问题尚未解决，文明探源任重道远。

---

① 刘庆柱：《中华文明认定标准与发展道路的考古学阐释》，《中国社会科学》2023年第6期。

第二章　起步：现代考古学诞生后的考古发掘与河南文明探源

我国现代考古学诞生与文明探源工作起步与河南息息相关。1921 年瑞典地质学家安特生和我国地质学家袁复礼等到河南渑池县仰韶村进行调查，发掘出土史前陶片。这次发掘既是我国首次有计划有组织开展的田野考古发掘工作，也是我国新石器时代考古的起步。其后一系列调查发掘，有力驳斥了西方学者“中国无石器时代”“中国文化西来说”等谬论，有力推动了我国文明探源工作的进展。“仰韶发掘”被视为我国现代考古学起源的标志性事件，也是我国文明探源工作的发轫。

第一节　旧石器时代考古的发现与研究历程

新中国成立前，河南旧石器时代考古是一个空白，旧石器文化遗物与遗迹几乎没有发现，这项工作也没有受到足够的重视。20 世纪 40 年代，河南确山县曾经发现过哺乳动物化石，但没有得到当时政府部门的重视。新中国成立后河南陆续发现了旧石器文化的线索，从而开始了我国百万年人类史的探索历程。

一　河南旧石器时代考古工作的起步

新中国成立之初到改革开放前，随着社会主义建设事业的开展，河南旧石器时代考古工作也蓬勃开展起来，尤其是在伏牛山与太行山地区，都发现了旧石器时代人类遗迹，勾勒出史前人类在中原地区活动的轨迹。

1954 年，我国在实施淮河治理工程过程中，在新蔡诸神庙晚更新世地层中发现了哺乳动物化石。裴文中在对这批材料进行抽样研究中，发现一件有人工割剁痕迹的鹿角，从而首次在河南境内找到了古人类活动的踪迹，把原始人在河南的活动提前到万年以前，从而揭开了河南省旧石器文化研究的序幕。[①] 1957年中国科学院古脊椎动物研究室太原工作站的王择义在渑池县的任村和青山村发现的石制品，则是河南省首次发现的旧石器时代的石制品，从而把河南境内人类的历史提前到距今10万年以前。[②] 与此同时，中国科学院古脊椎动物研究室配合三门峡水库建设进行了新生代地质、考古调查，在陕县张家湾附近发现两个旧石器地点，年代约为旧石器时代中期，但部分也不排除属于晚期的可能性。[③] 50年代，有人在三门峡附近采集到1枚古人类的臼齿化石，表明豫西一带确有古人类化石的存在。[④] 1960年，中国科学院考古研究所安志敏、傅新民等主持发掘了安阳小南海旧石器时代遗址，这是河南境内首次正式发掘的旧石器时代文化遗址。[⑤] 小南海旧石器时代遗址是新中国成立以来，中国在华北首次发现的旧石器时代晚期的洞穴遗址，为旧石器时代考古研究提供了一份新资料。1963年秋，中国科学院古脊椎与古人类研究所和河南省文物工作队合作，对豫西的渑池、新安等地的旧石器地点进行了调查，黄慰文等人在豫西发现了多个新的旧石器遗址点，并于三门峡郊区的会兴沟、水沟采集到100余件石制品。[⑥] 水沟、会兴沟石器制作工艺与北方旧石器系统的代表丁村文化有相当程度的相似之处，让我们更加清楚地了解到黄土地区远古人类活动轨迹及旧石器文化的面貌。1973年，中国科学院古脊椎动物与古人类研究所工作人员在南阳市淅川县发现13颗古人类牙齿化石，可能分属于直立人和早期智人。[⑦] 其中2颗属于较早的直立人，7颗属于较晚的直立人，2颗属于介于直立人与早期智人之间的人，2颗属于早期智人。以上古人类化石都是在征集的“龙骨”中发现的，无法确认具体的出土地点。

---

① 张森水：《河南省旧石器考古》，载叶万松主编《洛阳考古四十年》，科学出版社，1996，第51~75页。

② 贾兰坡、王择义、邱中朗：《山西旧石器》，科学出版社，1961，第3~5页。

③ 贾兰坡、王择义、邱中朗：《山西旧石器》，科学出版社，1961，第4~8页。

④ 河南省文物考古研究所：《河南文物考古工作五十年》，载本社编《新中国考古五十年》，文物出版社，1999，第247页。

⑤ 安志敏：《河南安阳小南海旧石器时代洞穴堆积的试掘》，《考古学报》1965年第1期。

⑥ 黄慰文：《豫西三门峡地区的旧石器》，《古脊椎动物与古人类》1964年第2期。

⑦ 吴汝康、吴新智：《河南淅川的人类牙齿化石》，《古脊椎动物与古人类》1982年第1期。

二　河南旧石器时代考古工作的初兴

改革开放初到20世纪末，河南的旧石器时代考古工作全面展开，成果丰硕，在豫西、豫北、豫南多地都发现了旧石器文化遗址，构成了较为清晰的旧石器文化遗存链条，相关研究逐步推进。

1978年9月，考古工作者在南召杏花山首次发现人类牙齿化石，专家认为是一枚猿人右下第二前臼齿化石。同年10月又发现了同时期的21种哺乳动物化石。同年在卢氏发现2枚人牙化石和枕骨碎片，经鉴定属于智人化石。[①] 1979年，在卢氏县横涧乡锄沟峪发现2颗古人类牙齿化石和4块人类头骨碎片，距今约有10万年，"很可能是晚更新世后期的智人化石"，这是河南旧石器时代晚期一大重要考古发现。[②] 1979年，洛阳博物馆文物工作队在洛阳市凯旋路附近发现了一批动物骨骼化石，裴文中、张森水在鉴定化石过程中，发现数十件旧石器制品。基于其重要性，张森水两次到化石地点考察，并对化石和石器做了研究。[③] 他们的调查研究填补了洛阳旧石器时代考古中大时间段的缺环。1982年，张维华在西峡、镇平和临汝等县市发现多处旧石器地点，并采集到石制品和少量动物化石。[④] 1980年和1987年考古工作者分别在南召小空山下洞和上洞进行发掘，确认其分属于旧石器时代早期与晚期[⑤]。1989年4月、5月间，河南省文物研究所和灵宝县文管会在灵宝营里发现一处旧石器地点，出土的打制石器与丁村出土的同类器物具有更多的共性，反映了文化上北方旧石器系统的亲缘关系，而某些部位的制作工艺，明显受汉水流域石器制作工艺的影响，呈现出旧石器时代南北文化交汇的一些特点。1995年9月，河南省文物考古研究所等单位在豫西进行第四纪古环境与古人类文化调查时，在卢氏县县城以西相关地层中发现了18件旧石器时代的石制品，确证了古人类在卢氏盆地活动的踪迹。1998年在洛阳北窑发掘一处旧石器地点，获石器制品800余件。经鉴定其

---

① 王建中、叶万朝：《南召县发现猿人牙齿化石》，《河南文博通讯》1979年第2期。

② 季楠、牛树森：《河南省卢氏县发现人类化石》，《人类学学报》1983年第4期。

③ 张森水等：《洛阳首次发现旧石器》，《人类学学报》1982年第2期。

④ 张维华：《河南省新发现的旧石器和人类化石》，《中原文物》1986年第2期。

⑤ 南阳地区文管会：《南召县小空山发现旧石器时代文化》，《中原文物》1982年1期；小空山联合发掘队：《1987年河南南召小空山旧石器遗址发掘报告》，《华夏考古》1988年第4期。

年代从距今3万年至10万年不等，地层叠压关系清楚，这是河南旧石器时代考古的重大发现。[①]

细石器文化处于旧、新石器时代之间，是二者的过渡环节。细石器文化研究是史前考古的重要内容，是文明探源的重要环节。20世纪六七十年代在许昌灵井发现了细石器，然而灵井细石器缺乏地层根据和测年数据，阻碍了对其更进一步的研究。1989年舞阳大岗发现的细石器则弥补了上述不足。河南省文物研究所于1989~1990年两次对细石器地点进行发掘，部分石器显示了比旧石器更为先进的磨制技术。[②] 大岗文化继承了华北细石器文化的传统，代表了细石器文化的最高发展阶段，对于研究新、旧石器文化的交替过程尤为重要。

三　河南旧石器考古时代工作的兴盛

进入21世纪，河南旧石器时代考古工作全面开花，在各个领域取得了巨大成就。除了发现完整的古人类地点之外，在河南省的许多地方发现了古人类化石。古人类化石的发现，对于寻找旧石器时代遗址具有重要的指示性意义，同时对于体质人类学的研究也具有相当大的价值。

2004~2005年，郑州市文物考古研究所在郑州地区进行考古学调查。郑州地区旧石器地点考古调查分两个阶段进行。第一阶段主要调查新密、登封、荥阳境内的溱水、洧水流域，颍河流域，汜水、索河流域等区域的河岸台地。第二阶段主要对贾鲁河流域及双洎河上游的溱水、洧水等支流的河岸台地进行调查。调查面积近2000平方公里，发现200余处旧石器地点，其中苇园、小庙咀、老奶奶庙、上田河等旧石器地点较为典型。这批遗存时代跨度较大，主要为更新世中期和晚期，年代距今约五六十万年至两万年之间。通过调查，进一步确立了郑州地区有丰富的旧石器文化遗存，为下一步进行考古发掘及对中原地区早期人类起源与文化发展模式的研究提供了翔实的第一手资料。[③] 其中老奶奶庙遗址新发现的数量众多的文化遗

---

① 刘富良、杜水生：《洛阳北窑黄土旧石器遗址1998年发掘报告》，《人类学学报》2011年第1期。

② 张居中、李占扬：《河南舞阳大岗细石器地点发掘报告》，《人类学学报》1996年第2期。

③ 张松林等：《郑州地区旧石器地点》，载中国考古学会编《中国考古学年鉴（2006）》，文物出版社，2007，第264页。

物，尤其是以灰烬堆积为中心的活动面遗迹的发现，填补了过去中原地区以及东亚大陆这一阶段旧石器文化发现的空白，为认识中国境内及东亚地区现代人类及其文化起源与发展等一系列重要史前考古的关键课题，提供了非常重要的新资料。[①]

嵩山地区是中华文明重要的起源地，史前文化辉煌发达。嵩山周边分布有众多的裴李岗文化遗址，但其源头，特别是与旧石器晚期文化的关系不甚明朗，二者之间曾一度存在明显缺环。2009 年秋季至 2010 年春季，郑州市文物考古研究院联合北京大学考古文博学院发掘新密市李家沟遗址，发现了不同时期的文化堆积，下层文化层是细石器与局部磨制石锛、陶片共存的细石器文化层，中间文化层是以压印纹粗夹砂陶与石磨盘等为代表的早期新石器文化层，上部文化层是典型的裴李岗文化层。这一发现，建立了嵩山周围比较完整的史前文化链条，清楚地展示了中原地区从旧石器时代末期向新石器时代发展的历史进程，为认识该地区及我国旧、新石器时代发展等提供了十分重要的考古学证据。[②]

许昌地区也是旧石器时代人类密集活动的地区之一。许昌灵井遗址的重大发现是 21 世纪河南考古的重要组成部分。灵井遗址位于河南许昌市西北约 15 公里的灵井镇西侧，是我国首次发掘的以水井为中心的旧石器文化遗址。1965 年，古人类学家周国兴首次在灵井发现了细小石器、打制石器及动物化石，引起了考古界的重视，灵井遗址被认为是“中石器时代”的代表遗址，后公布为许昌市文物保护单位。进入 21 世纪，灵井遗址经过了多次发掘，获得丰硕的考古成果。2007 年 12 月 17 日，发现 1 个较完整的人类头骨化石，头骨化石保存和石化程度均较好，未见变形。[③] 2014 年再次发现了类似人类化石，成为发现人类头骨化石最多的旧石器遗址。“许昌人”头盖骨化石时代距今 10 万至 12 万年，这一发现，填补了中国现代人类起源的重要环节，为探索东亚现代人类起源提供了重要线索。灵井遗址文化底蕴深厚，除了人类头骨化石，还出土了品类众多的打制石器和细石器，

① 方燕明：《2011 年度河南省五大考古新发现》，《华夏考古》2012 年第 3 期。

② 郑州市文物考古研究院、北京大学考古文博学院：《新密李家沟遗址发掘的主要收获》，《中原文物》2011 年第 1 期。

③ 李占扬：《河南许昌灵井旧石器遗址出土人类头盖骨化石》，《中国文物报》2008 年 1 月 25 日，第 6 版。

显示了旧石器时代发达的石器制造工艺。令人惊叹的“灵井鸟雕”是我国目前已知的最古老的雕塑品，体现出活动在中原地区的人类先祖原始的艺术意识，将东亚雕塑艺术的起源提前了8000多年。

河洛地区是我国史前人类活动的重要区域。近年来洛阳栾川发现了较多的旧石器地点。龙王洞是洛阳地区近年来正式发掘的首个属于长江水系的洞穴，它的发现对于研究过渡区域动物群面貌、动物地理区系演化、古环境变迁和南北方古人类文化的交流有重要作用。① 孙家洞遗址发掘出土人牙化石6颗、大量的打制石器、制作石器的河卵石以及丰富的动物化石等。孙家洞遗址发掘发现的材料丰富，意义重大，对研究古气候环境变迁、古生态环境、人类起源及演化有着重要的科学价值，对于研究中国中更新世时期该过渡区域动物群的种类及特征有着重要的作用，同时为动物地理区系演化提供了重要的信息。②

河南旧石器考古成就丰硕，为探索我国百万年人类史，一万年文化史奠定了学术基础。从新中国成立伊始，旧石器考古发现就吸引了学术界的注意力。贾兰坡、黄慰文等人早在20世纪五六十年代就关注到河南三门峡地区的旧石器文化遗存。张森水、张维华、李占扬等人对河南地区的旧石器文化进行了长时期跟踪研究。张森水在《河南省旧石器新线索及管窥》一文对河南省几十年来的古人类化石、旧石器文化研究进行了较为系统的总结：“河南地处我国中部，是旧石器文化交流的重要地区，南来北往，东播西传，都难以越过中州沃野。最早的人类及其文化是由南向北传播的。难以想象，猿人历尽艰险，越秦岭而北传，而可能是经南阳通道而北来，这是一条有利于人类文化扩散的‘坦途’。人类进入旧石器时代中期，有向西发展的趋势，豫西和八百里秦川无疑是这个时期文化发展和传播的重要地区，由此不难看出，河南旧石器文化研究，在我国旧石器文化研究中，特别是时空相互关系的研究，有着何等重要的地位！”③ 杜水生等人重新研究了洛阳北窑遗址的地层序列，并测定了黄土—古土壤序列的磁化率曲

① 李璇、顾雪军：《栾川县龙王洞旧石器洞穴》，载中国考古学会编《中国考古学年鉴（2014）》，文物出版社，2015，第301页。

② 史家珍：《河南栾川孙家洞旧石器洞穴遗址》，《中国文物报》2013年1月4日，第5版。

③ 张森水：《河南省旧石器新线索及管窥》，《中原文物》1986年第2期。

线。[①] 周立等人对栾川龙泉洞遗址的石制品进行了研究，认为它的发现为我们全面认识中国旧石器晚期文化的面貌和现代人行为特征提供了重要资料。[②]

第二节 新石器时代考古的发掘与研究历程

河南新石器时代考古几乎与中国现代考古学同步，在河南考古史乃至中国考古史上占有举足轻重的地位。随着西方近代科学的传播，在五四运动的推动下，经过西方有关学者与中国考古先驱的不断努力和实践，河南新石器时代考古学拉开了序幕。

一 河南新石器时代考古工作的源起

20 世纪 20 年代到新中国成立之前的这段时间，是河南新石器考古的源起阶段。从安特生在渑池县仰韶村进行首次考古发掘起，河南进行了较为广泛的新石器时期的考古调查和初步发掘，其文化遗存主要集中在仰韶文化和龙山文化时期。

1921 年，瑞典地质学家安特生作为我国政府地质顾问，和我国地质工作者组团到在豫西一带进行地质调查，无意间在渑池县仰韶村一带发掘出红色彩陶片，遂首次对该遗址进行了具有标志意义的发掘，从而使渑池县仰韶村成为“仰韶文化”的命名地。仰韶村发掘影响深远，成为世界范围内人们认识中国史前文化的起点，同时也拉开了我国现代考古学的序幕。2001 年“河南渑池仰韶新石器时代遗址的发掘”被列入“中国 20 世纪 100 项考古大发现”。1931 年，梁思永在安阳后岗进行发掘，首次发现了彩陶、黑陶、灰陶所代表的仰韶、龙山与商文化的地层叠压关系，后称为“三叠层”。后岗“三叠层”的发现为我国现代考古理论发展奠定了基础，为黄河流域尤其是黄河中游考古文化建立起时代编年的轮廓，这是中国现代考古学史上的重大转折和发展新起点的标志。张忠培曾经指出：“这一中国考古

① 杜水生等：《洛阳北窑遗址年代再研究》，《第四纪研究》2011 年第 1 期。

② 周立等：《河南栾川旧石器时代晚期龙泉洞遗址石制品初步研究》，《第四纪研究》2011 年第 6 期。

学发展史上的转折点的出现，当不能简单地归因于机遇，而首先应归之于思永先生的科学方法。”[①] 可以说，后岗“三叠层”及其年代序列的发现，是考古地层学在我国首次有影响的成功运用，是仰韶文化考古研究深入发展的基础，新中国成立前我国新石器时代考古方面最大的学术成就，在我国现代考古学发展史上具有里程碑意义。其后考古学者郭宝钧、刘耀（尹达）、吴金鼎、王湘、石璋如、赵青芳、韩士哲等人运用相似的理论方法，对安阳侯家庄高井台子、浚县大赉店史前遗址、浚县刘庄、浚县辛村、安阳后岗、安阳同乐寨、巩县塌坡、马峪沟、造律台、黑堌堆、曹桥等遗址进行考古发掘，获得了新石器遗址的大量一手资料。其中石璋如在安阳后岗的发掘过程中，继续清理龙山时期的夯土城墙遗址，逐渐搞清了龙山夯土城墙遗址的大小和大致分布范围。[②] 后岗夯土城墙是河南境内最早发现的龙山文化的夯土城墙，对当时研究龙山时代中原文化面貌具有重要价值。李景聃等先后对豫东造律台和黑堌堆龙山文化遗址进行了试掘，发现了龙山文化灰坑及大量的文化遗物。[③] 新中国成立前的豫东考古调查与发掘，是河南省文物考古机构首次进行的独立考古活动，具有非常的意义，开启了河南省文物研究机构对辖区内新石器时代考古发掘和研究的新开端，为河南龙山文化考古研究做出了应有贡献。

新中国成立前这段时间，我国现代考古学刚刚起步，相关理论研究也是奠基的、稚嫩的。在河南进行的新石器考古活动奠定了我国现代考古学的理论基础，安特生、李济、梁思永等人做出了突出贡献。安特生首次把西方地质学中的地层学等理论引入我国。李济、梁思永等人对现代考古学中地层学、类型学进行了具有中国特色的改造和实践，尤其是梁思永对“三叠层”的发现，标志我国田野考古逐渐标准化、科学化，使得“那时的田野考古，就组织及训练上说，均渐臻完备”[④]。针对发掘和发现的新石器时代遗址，安特生与李济、梁思永等人进行了初步研究。安特生就仰韶村

① 张忠培：《梁思永先生与中国现代考古学》，载氏著《中国考古学：走进历史真实之道》，科学出版社，1999，第 10 页。

② 石璋如：《河南安阳后冈的殷墓》，《历史语言研究所集刊》第十三本，1948。

③ 李景聃：《豫东商丘永城调查及造律台、黑堌堆、曹桥三处小发掘》，《中国考古学报》1947 年第 2 期。

④ 李济在 1947 年第 2 期《中国考古学报》前言中所语。

遗址的面貌、性质、特征、年代及其与中华文明的联系等问题，做了比较具体的研究与分析，虽然其结论大部分都有局限性，但不能否认其作为我国现代考古先行者所做出的贡献。李济对仰韶文化内容、性质及与龙山文化的关系进行了对比研究工作，并对安特生提出的“仰韶文化西来说”提出质疑。梁思永对仰韶、龙山与小屯关系进行了深入的研究，搞清了三者的不同时空范围。[①] 徐中舒等人甚至认为，仰韶文化与夏关系紧密。这些前辈考古学者的研究，实际上迈出了我国文明探源工作的第一步。

二　河南新石器时代考古工作的发展

新中国成立以后到20世纪八九十年代之交，是河南新石器考古大发展时期。这一时期，新石器考古成为考古成果最为丰硕的领域，构建了史前文化谱系，仰韶文化、龙山文化年代编年、文化谱系、社会性质、生产水平、文化艺术等成为研究的重点。

20世纪五六十年代，仰韶文化等文化遗址大量发现。1951年4月，夏鼐率中国科学院考古研究所河南调查团，会同河南省文物管理委员会，包括安志敏、王仲殊、马得志等人在郑州一带调查了白庄、青台、点军台、敖顶（陈沟）、秦王寨、牛口峪、池沟寨等几处史前遗址，并对点军台和青台遗址进行了发掘。[②] 其后河南文物工作队第二队相继做了一些工作，提出了郑洛地区仰韶文化分期的可能性，认为存在仰韶期、仰韶晚期两类遗存。[③] 1951年5月，夏鼐、安志敏等又对河南省渑池县仰韶村遗址进行了试掘。1956年，由中国科学院和中华人民共和国文化部联合组成的黄河水库考古工作队在河南陕县发掘了庙底沟和三里桥遗址。[④] 作为新中国成立初期在河南首次发掘的新石器时期大型遗址，遗址内容丰富典型，具有地方特色，为考古工作区系划分、年代界定树立了典范，因此先后被命名为仰韶文化庙底沟类型、庙底沟二期和龙山文化三里桥类型。1958年，中国科学院考

---

① 梁思永：《小屯、龙山与仰韶》，载《梁思永考古论文集》，科学出版社，1959，第91~96页。

② 中国科学院考古研究所河南调查团（夏鼐）：《河南成皋广武区考古纪略》，《科学通报》1951年第7期。

③ 河南文物工作队第二队孙旗屯清理小组：《洛阳涧西孙旗屯古遗址》，《文物参考资料》1955年第9期。

④ 中国科学院考古研究所编著《庙底沟与三里桥》，科学出版社，1959，第1页。

古研究所安阳队在河南安阳发掘后岗、大司空村遗址，结合新中国成立前的调查与发掘，发现二者的仰韶文化面貌有很大的差异。发掘者提出将豫北地区的仰韶文化划分为“后岗类型”和“大司空类型”两个类型。[①] 1959~1960 年，北京大学考古实习队对洛阳王湾遗址进行了两次发掘。首次从地层上确立了洛阳及其周围地区各类仰韶文化的相互关系与相对年代，为深入研究郑洛地区的仰韶文化打下了基础。20 世纪 70 年代以来，仰韶文化考古研究专题化研究深入发展。1971~1974 年，河南省博物馆等单位对淅川下王岗遗址进行了发掘，发现仰韶、屈家岭、龙山文化等遗存。[②] 1972~1975 年，郑州博物馆等单位对大河村遗址进行了 7 次发掘，新石器时代遗存可分为六期，前四期为仰韶文化，后二期为龙山文化。[③] 大河村遗址发掘在地层学和类型学上，既是对新中国成立以后考古学方法实践的一次大检阅，也为河南地区仰韶文化断代研究树立了一个典型的分期标尺。1978 年，在对临汝阎村遗址进行调查过程中，发现了一些仰韶文化的彩陶，其中最著名的是仰韶文化时期的鹳鱼石斧缸。[④] 1989 年河南省文物研究所在汝州洪山庙遗址发掘出了仰韶文化最大的瓮棺合葬墓。[⑤] 1987~1989 发掘的濮阳西水坡遗址，发现仰韶文化时期三组用蚌壳摆塑的龙虎等图案，具有不可低估的学术意义。[⑥] 裴李岗文化是因 1977 年起发掘的河南省新郑县裴李岗遗址而得名。1977 年，文物工作者在裴李岗遗址中发现了泥质红陶双耳壶和舌形石铲等典型器物，并初步意识到这些文化遗物有别于仰韶文化。同年，文物工作者开始对裴李岗遗址进行第一次小型发掘。[⑦] 1978 年又进行了一次发掘。邻近的密县（今新密市）莪沟遗址也有相同情况。早在 1965 年该遗址中也发现了石磨盘和陶片。1979 年上半年中国社会科学院考古研究所又对裴李岗遗址进行了发掘，进一步肯定了对裴李岗文化面貌的认识。[⑧] 1979

---

① 中国科学院考古研究所安阳发掘队：《1958—1959 年殷墟发掘简报》，《考古》1961 年第 2 期。

② 河南省文物研究所等：《淅川下王岗》，文物出版社，1989，第 134~149 页。

③ 郑州市博物馆：《郑州大河村遗址发掘报告》，《考古学报》1979 年第 3 期。

④ 临汝县文化馆：《临汝阎村新石器时代遗址调查》，《中原文物》1981 年第 1 期。

⑤ 河南省文物考古研究所：《汝州洪山庙》，中州古籍出版社，1995，第 24 页。

⑥ 濮阳市文物管理委员会、濮阳市博物馆、濮阳市文物队：《濮阳西水坡遗址发掘简报》，《华夏考古》1988 年第 1 期。

⑦ 开封地区文管会等：《河南新郑裴李岗新石器时代遗址》，《考古》1978 年第 2 期。

⑧ 中国社会科学院考古研究所河南一队：《1979 年裴李岗遗址发掘报告》，《考古学报》1984 年第 1 期。

年开封地区文物管理委员会等发掘巩县（今巩义市）的铁生沟遗址，发现类似的裴李岗文化遗存。[①] 1978~1980年长葛石固遗址的发掘，首次发现仰韶文化叠压裴李岗文化的层位关系。[②] 舞阳贾湖遗址是20世纪80年代以来新发现的最重要的新石器时代遗址，文化面貌整体上与裴李岗文化相同，但地域特点明显，发掘者将其称为裴李岗文化"贾湖类型"。庙底沟二期文化的发现是20世纪五六十年代河南乃至全国新石器时代考古的重要收获，它承袭仰韶文化而来，发展成为河南地区介于仰韶文化与龙山文化之间的一种过渡期文化，而河南的龙山文化，则在庙底沟二期文化基础上发展而来。这一发现解决了仰韶文化与龙山文化的过渡环节，填补了中国古代文明起源的空缺。王湾二期、三期的发现更加有力地证明了庙底沟二期文化为仰韶文化与龙山文化的中间环节。20世纪70年代发掘的洛阳矬李[③]、孟津小潘沟[④]、临汝煤山[⑤]等龙山文化遗址，文化面貌与王湾三期都有较多的相似性。尤其是临汝煤山遗址，被认为是河南龙山文化晚期的文化遗址。一般认为煤山遗址是河南龙山文化向二里头文化的过渡阶段。[⑥] 豫西南和豫东南的新石器时代考古发掘工作在新中国成立以后的20年左右时间内，所做工作一直不多，直到70年代这一局面才改观。淅川下王岗龙山文化遗址出土的器物代表了豫西南龙山文化的特色，称之为下王岗类型比较合适。20世纪70年代中期，河南发掘的最有影响力的龙山时代遗址是登封的王城岗遗址。这是新中国成立以来首次发现河南龙山文化晚期的城址。除此之外，河南地区已发现大量的屈家岭、大汶口文化遗存，体现出中原文化多元一体的包容性。

新石器时代考古研究在这一时期全面展开。裴李岗文化研究曾经是新石器时代考古的一个热点，有关裴李岗文化的命名、文化面貌、特征、性质、分期、来龙去脉是讨论的热点，也是探索中华文明起源的重要时间节点。夏鼐、严文明、安志敏、许顺湛、陈旭、张居中等前辈学者为裴李岗

① 开封地区文管会等：《河南巩县铁生沟新石器早期遗址试掘简报》，《文物》1980年第5期。
② 河南省文物研究所：《长葛石固遗址发掘报告》，《华夏考古》1987年第1期。
③ 洛阳博物馆：《洛阳矬李遗址试掘简报》，《考古》1978年第1期。
④ 洛阳博物馆：《孟津小潘沟遗址试掘简报》，《考古》1978年第4期。
⑤ 洛阳博物馆：《河南临汝煤山遗址调查与试掘》，《考古》1975年第5期。
⑥ 中国社会科学院考古研究所编《新中国的考古发现与研究》，文物出版社，1984，第74页。

文化研究做出了诸多努力与贡献。仰韶文化是此一时期研究重点，文化类型、分期、发展脉络、社会性质等成为研究热点，苏秉琦、严文明、张忠培、杨建芳、邵望平、许顺湛、丁清贤等从不同角度进行了深入研究。如苏秉琦对半坡、庙底沟类型的内涵做了界定，认为两个类型是大体同时的并存关系，还全面讨论了仰韶文化的年代和分期、分布和分区、社会发展阶段、与周邻文化的关系等问题。[①] 社会性质方面，学术界也进行了激烈的讨论，“母系社会论”与“父系社会论”各有持者，许顺湛是“父系社会论”的首倡者之一。此外，学术界还从农业起源、制陶工艺、聚落形态、生产工具、埋葬制度、体质人类学、年代学等多方面对仰韶文化进行研究。河南龙山文化研究，除了类型、分区研究之外，登封王城岗龙山晚期城址的发现，引起了学界关注。夏鼐、邹衡、安金槐等一批著名专家学者对王城岗城址的性质进行了热烈讨论。城址地望近于“禹都阳城”“禹居阳城”的范围。因此王城岗城址的考古发现，对于探索夏王朝统治中心区域的文化，可算是一次突破。[②]

三　河南新石器时代考古工作的兴盛

20 世纪 90 年代至今，是河南新石器考古的兴盛期。除了已发现的遗址上有了更多新的发现，又发现了更多新的遗址，尤其是大汶口文化、屈家岭文化、石家河文化等在中原地区的发展脉络逐渐清晰化。多学科联合考古进行了有益的探索，中华文明探源工程启动。

1991～1996 年渑池班村遗址发掘，由全国十余家单位组成联合考古队，发现了裴李岗、仰韶、庙底沟二期文化等多时期遗存，对遗存进行了古植物、古环境、文化人类学、古动物、体质人类学、古化学等多学科综合研究，开创了中国考古工作中由多单位联合、多学科参加的发掘与研究工作的新模式。[③] 同一时期，发掘邓州八里岗遗址，发现仰韶、屈家岭和石家河文化遗存，在仰韶文化层中，发现成组分布的房址。1992～1996 年，国家文物局先后在西山遗址举办第七、八、九期“考古领队培训班”，经过 4 年发

① 苏秉琦：《关于仰韶文化的若干问题》，《考古学报》1965 第 1 期。

② 河南省文物研究所等：《登封王城岗与阳城》，文物出版社，1992，第 214 页。

③ 蒋迎春：《班村遗址发掘获重大成果》，《中国文物报》1993 年 2 月 21 日，第 4 版。

掘的西山城址是迄今为止中原地区最早的史前城址，开启了后代大规模城垣建筑规制的先河，对于研究中华文明起源、发展及中原史前文化在中华文明形成过程中的作用都具有非常重要的意义。2006~2009年，三门峡市借全国第三次文物普查的东风，以灵宝市为重点，对辖区内的新石器时代遗址进行了较全面的调查，取得了丰硕成果，发现了以西坡遗址为代表的大量聚落群，了解到区域呈现出多层级聚落结构。中华文明探源工程启动之后，灵宝铸鼎塬周围聚落考古成为重点研究项目。2008年淅川龙山岗（原称黄楝树）遗址，发现丰富的仰韶、屈家岭以及石家河等文化遗存。2009年、2010年发掘的新密李家沟遗址，发现旧石器时代晚期、新石器时代早期和中期遗存的三叠层，其中新石器早期遗存被命名为李家沟文化，是确认的河南这一时期第一支考古学文化。[①] 2020年十大考古新发现中的河南巩义双槐树遗址，被确认是目前已知最大的仰韶文化遗址。遗址核心区是多排大型房址组成宫城性质的居住区，附近是深厚夯土筑成的大型广场，外围由半围墙和壕沟等组成三重，并带有三重环壕。遗址区文化内涵丰富，除了种类繁多的陶器、石器之外，还发现了"北斗九星"天文文化遗迹和象牙蚕雕。双槐树遗址是河洛地区同时期的中心聚落，被誉为"河洛古国"，可能进入了文明时代。此时河南龙山文化考古发现、发掘了淇县王庄、汤阴白营、濮阳程庄、辉县孟庄、杞县鹿台岗、郑州旮旯王等遗址，更重要的是发掘了辉县孟庄、新密古城寨、新密新砦、温县徐堡、平顶山蒲城店龙山城址、濮阳戚城龙山城址、博爱西金城龙山城址等。这些城址的发现与考古发掘，既为聚落考古提供典型材料，又为研究我国建筑技术、城市起源、城市布局演化提供线索。

20世纪90年代以后，河南新石器时代考古研究进入新阶段。可以说20世纪80年代以前，河南的新石器时代考古研究主要是区域文化谱系与新石器时代编年研究，90年代以后，开始注重农业起源、文明起源、聚落形态、社会性质、生态环境和生业经济等方面的研究。首先是对裴李岗文化时期的聚落形态、源流、地域特点等有了关注。仰韶文化成为文明探源研究领域的重点之一，在分期、谱系方面有了新认识，多学科参加的考古发掘兴起，文化渊源、生态环境、农业生态、社会结构、文化交流等研究逐渐深

---

① 北京大学考古文博学院等：《河南新密市李家沟遗址发掘简报》，《考古》2011年第4期。

入。特别是聚落考古工作的开展，在豫西、豫中地区取得了明显成效，而中华文明探源工程的推动，使得西坡遗址、双槐树遗址等聚落发掘与研究形成了较大的突破口，引起了学界的广泛关注。另外大汶口文化、屈家岭文化的分布、聚落形态等相关问题也开始得到长期跟踪研究。河南龙山文化研究主要集中于文化面貌，性质，年代，源流，区域类型，与仰韶文化、夏文化的关系等方面。尤其是龙山文化晚期，成为探索夏文化的主要时间段。学界一般都认为，夏文化的上限明显进入了龙山文化晚期，部分学者认为禹都阳城即为登封王城岗龙山城址，新砦城址也是夏代早期的都城遗址，甚至可能是夏启的都城。

第三节　夏文化的探索与研究历程

夏代上启史前时期，下接殷商，处于中华文明探源的关键节点。夏文化考古研究很早就被学界关注。虽然《史记·夏本纪》对夏代有比较详细的记载，但“文献不足征”，记载模糊甚至相互矛盾，加上 20 世纪初西方史学思想的传入，尤其是“五四”前后新史学的兴起，“疑古派”对层叠式史学古籍记载产生怀疑。事实上以顾颉刚先生为代表的疑古派，并没有怀疑夏王朝的存在，而是挑战有些古籍资料对夏代历史记载的真实性。顾颉刚实际上承认夏的存在，《春秋战国史讲义》明确指出，先秦文献中，特别是周人的文献记载中，明确告诉后人在其前有商与夏的存在，夏在商之前，其疆域范围不见得比商小，甚至明确指出夏的政治中心始终未远离今河南一省。① 夏代考古，虽然还迷雾重重，但现代考古也取得了累累硕果，为探索夏文化开辟了新途径，增强了信心。

一　夏文化考古工作的萌芽

20 世纪初，“疑古派”发起的古史辨运动，其对夏的认知关系到我国整个古史系统的重建。不同的学者对待夏代与夏文化，持有不同的看法。冯友兰曾经将学界分为“信古”“疑古”“释古”三种不同的派别，而在内在

① 顾颉刚：《春秋战国史讲义》第 1 编“民族与疆域”第 6 章“茫昧的夏民族”，《顾颉刚全集》4《顾颉刚古史论文集》卷 4，中华书局，2011，第 120 页。

的文化基因中，信夏、寻夏基本上是学术界的共识。

顾颉刚“疑禹”而不“疑夏”，甚至认为“考古学是探索夏文化的唯一途径”[①]。20世纪30、40年代，随着现代考古学在我国逐渐形成，考古工作有序展开，中原地区在豫西、豫北甚至豫东都发现了仰韶文化、龙山文化等新石器时代遗址。部分学者从中华文明起源的角度，将考古发现的史前遗址有条件地与夏文化联系起来，进行推测性论证。徐中舒就主张仰韶文化是夏文化。其依据是陕县、渑池县交界的崤山有上古帝王之陵墓，其中之一为夏后皋之墓，而仰韶文化恰好首次发现于渑池县仰韶村，所以徐先生断言“仰韶必为夏代遗址无疑”[②]。徐中舒的研究，在现在的考古研究成果的基础上看无疑是错误的，但在其当时所处的时代，我国现代考古学才刚刚起步，考古成果非常有限。徐先生将有限的考古发现与我国传统历史文献相结合，这种探索意识无疑是值得称赞的，可以说推动了考古发现与传统文献相结合的进一步发展。其后翦伯赞撰文认为仰韶文化是夏文化遗存，在《诸夏的分布与鼎鬲文化》论文中，根据渑池县有夏后皋墓等传说记载，认为这“足证仰韶村所发现之史前遗物，属于夏族”[③]。范文澜也认为，“夏朝在东方有不少与国和同姓国……东部地区有比较发展的龙山文化与传说似相符”，又说“特别是夏朝作为根据地的西部地区”龙山文化“日后可能有更多的发现”是夏文化。[④] 这些学者的研究，将现代考古学与历史文献相结合，对夏文化探索进行了初步尝试，是夏文化考古探索的萌芽。

二 夏文化考古工作的初步发展

新中国成立伊始，随着考古工作的展开，我国学者开始有目的地探寻夏文化。到20世纪70年代中期，不同时期的考古遗址都有发现，夏文化考古探索亦成果颇丰。

1950年，考古工作者首次在郑州东南郊的二里岗发现一种新的考古文化遗存，其中出土的遗迹、遗物基本面貌一致，学术界经过探索将之称为

① 顾颉刚：《古史问题唯一的解决办法》，《古史辨》（一），上海古籍出版社，1982，第269~270页。

② 徐中舒：《再论小屯与仰韶》，《安阳发掘报告》1931年第3期。

③ 翦伯赞：《诸夏的分布与鼎鬲文化》，《中国史论集》，大风书店，1947，第48~69页。

④ 范文澜：《中国通史简编》，江苏人民出版社，2020，第11页。

"二里岗文化"①。二里岗文化遗址发现不久，考古工作者又在以郑州为中心的区域发现了文化面貌各异的两种文化，即"洛达庙类型"与"南关外类型"文化。洛达庙类型文化 1953 年首先发现于登封玉村②，1956 年在郑州西郊洛达庙村又有较大规模的发现，考古学界将之定位为龙山晚期的一个地方类型，曾先称之为洛达庙类型文化③，随着偃师二里头文化遗址的发现，因文化面貌相似，其后被改称为"二里头文化"。南关外类型文化是 1956 年在郑州南关外发现的一种早于二里岗的文化。④ 这些遗址的发现，为寻找探索夏文化奠定了基础。以徐旭生为首的"夏墟"调查组，聚焦豫西、晋南地区，在洛阳地区发现了二里头遗址。其后考古工作者经过不懈努力，逐渐发现了宫殿、制陶、青铜器手工作坊等诸多遗存，将之逐步厘清为四期。⑤ 二里头文化遗址的发现，是徐旭生此次考古调查的重要收获之一，也可以说是夏文化考古探索在河南的切入点和新突破。除此之外徐旭生此次考古调查活动本身也具有重要学术意义。尤其是在这次调查中首次将豫西、晋南定位为探索夏文化的两个中心区域，后来的考古成果使得考古工作者在探索夏文化过程中，依旧将这两个区域作为重点关注对象。徐旭生的"夏墟"调查，遵循了中国考古学的传统与特色，传承弘扬了王国维的"二重证据法"，主张田野考古工作应该与文献记载有机结合，出土文物资料和历史文献相互印证，结合运用西方现代考古学方法，有目的、有计划地在特定区域探索夏文化。徐先生的"夏墟"调查法是我国考古学领域的一个创举，为后来考古学人的工作树立了典范，也奠定了考古学中国特色、中国风格、中国气派的基础。其后河南考古工作者发现了汝州煤山遗址并对其进行了发掘，从而完善了河南龙山文化早中晚不同阶段的发展系列，确定其为嵩山周围龙山文化晚期重要的文化遗址，是探索夏文化的又一重要文化遗址，曾被称为"煤山文化类型"。另外这一时期还发现了早于殷墟的

---

① 赵全嘏：《河南几个新石器时代遗址》，《新史学通讯》1951 年第 1 期；赵全嘏：《郑州二里岗的考古发现》，《新史学通讯》1953 年第 6 期；河南省文化局文物工作队：《郑州二里岗》，科学出版社，1959。

② 韩维周等：《河南登封县玉村古文化遗址概况》，《文物参考资料》1954 年第 6 期。

③ 河南省文化局文物工作队第一队：《郑州洛达庙商代遗址试掘简报》，《文物参考资料》1957 年第 10 期。

④ 赵霞光：《郑州南关外商代遗址发掘简报》，《考古通讯》1958 年第 2 期。

⑤ 徐旭生：《1959 年夏豫西调查"夏墟"的初步报告》，《考古》1959 年第 11 期。

郑州二里岗文化、郑州商城及一系列龙山时代晚期文化遗址，对于界定夏文化上下界限大有裨益。豫西的仰韶文化、河南龙山文化与二里头文化逐渐构成了前后相继的考古文化系列，呈现出区域文化连续性特色。考古学界认为，偃师二里头遗址在龙山晚期之后具有都邑性质，为其文化性质的认定奠定了基础。有人指出二里头遗址是夏文化探索的重要线索[①]，有人认为稍柴遗址可能是夏都斟鄩[②]。

关于此一时期发现的龙山文化晚期遗址及二里头文化性质，邹衡总结指出，学界对不同文化遗存的认识各不相同，大致推断为三种。一是认为稍柴遗址为早商文化，进而推测二里头遗址为早商文化。二是认为稍柴遗址为早商文化，二里头遗址则为夏文化。三是认为二里头文化的年代大概跨越夏、商两代，其文化性质也应一分为二：一部分属早商文化，另一部分有可能属夏代的文化。[③] 所有这些论点几乎都没有经过周密的论证，当时在学术界的影响不是很大。这种情况的出现，同当时的客观条件紧密相关，一是 20 世纪 60 年代有关夏文化的文化遗址发现与发掘的并不多，缺少充分的对比材料，二是二里头遗址及相关联遗址新发现的材料来不及消化，研究不够深入，认识不全面。

三　夏文化考古工作的高潮

改革开放伊始到 20 世纪末期，随着社会经济快速发展，配合基建的考古工作大规模开展，中原各阶段考古成果丰富，考古文化谱系日趋完善。而以 1977 年“河南登封告成遗址发掘现场会”为标志，夏文化考古与研究的高潮到来。

20 世纪 70 年代，河南发掘的龙山时代最有影响力的重要遗址是登封的王城岗遗址。王城岗遗址在此前就有所发现，1959 年，为寻找“夏墟”，徐旭生到登封进行考古调查，发现时称“八方遗址”的王城岗遗址。1977 年河南省博物馆文物工作队、中国历史博物馆考古部等单位指派安金槐、李

---

① 安志敏：《试论黄河流域新石器时代文化》，《考古》1959 年第 10 期。

② 许顺湛：《夏代文化探索》，《史学月刊》1964 年第 7 期。

③ 上述观点转引自邹衡《夏文化研讨的回顾与展望》，《中原文物》1990 年第 2 期。

金华等人在此进行大规模发掘，发现一座东西两小城并列的城址。[①] 其他与夏文化有关文化遗存也陆续被发现。二里头遗址宫殿区持续发掘，在1980~1991年，主要发掘铸铜作坊遗址、中小型房址、墓葬与祭祀、制骨、制陶有关的遗存等。1980~1984年，主要发掘宫殿区以南的铸铜作坊遗址等。

登封王城岗遗址发掘后，1977年11月，国家文物局在登封主持召开了一次"河南登封告成遗址发掘现场会"，与会代表围绕王城岗遗址的发掘，就王城岗城堡基址的性质、夏文化的定义、何种文化应为夏文化等议题进行了探讨。这是我国首次在考古发掘现场探讨夏文化的盛会，为今后进一步研究夏文化打下了一个良好的基础，对夏文化的认识形成了不同的观点。[②] 这些观点都认为二里头遗址与夏文化有关，区别无非是全部有关还是部分有关。其中一种以赵芝荃等为代表，主张二里头文化应该以早、晚期即二、三期之间划界，分为夏、商两种文化。另一种意见以邹衡为代表，主张二里头文化基本上是一种文化即夏文化。"河南登封告成遗址发掘现场会"掀起了夏文化研讨的高潮，由于当时考古发现材料的限制，对夏文化的界定还无法取得一致认可的结果。夏鼐指出，要加强合作，多多交换意见，开展百家争鸣，以促进这个问题的早日解决。[③] 夏鼐对现场会进行了总结，指出了其重要意义，概述当时夏文化的研究成果、现状和存在的问题，提出了自己对夏文化定义的见解，并为今后夏文化研究指明了方向。这一次现场会预示着我国夏文化研究春天的到来，奠定了二里头遗址在夏文化探索中的中心地位。现场会之后并没有出版会议论文集，但与会专家夏鼐、邹衡、安金槐等有关夏文化的主要观点都有正式发表[④]，在学术界引起了很大的反响，各家观点均被反复征引[⑤]。

"河南登封告成遗址发掘现场会"后，不同学术观点继续交锋，关于

---

① 河南省文物研究所、中国历史博物馆考古部：《登封王城岗遗址的发掘》，《文物》1983年第3期。

② 郑杰祥：《建国以来的夏文化探索》，《中原文物》1989年第3期。

③ 夏鼐：《谈谈探讨夏文化的几个问题——在〈登封告成遗址发掘现场会〉闭幕式上的讲话》，《河南文博通讯》1978年第1期。

④ 夏鼐：《谈谈探讨夏文化的几个问题——在〈登封告成遗址发掘现场会〉闭幕式上的讲话》，《河南文博通讯》1978年第1期；邹衡：《关于探索夏文化的途径》，《河南文博通讯》1978年第1期；安金槐：《豫西夏代文化初探》，《河南文博通讯》1978年第2期。

⑤ 余波：《国家文物局在登封召开告成遗址发掘现场会》，《河南文博通讯》1978年第1期。

夏、商文化的界限逐渐形成四种观点。即一、二期之间说，二、三期之间说，三、四期之间说，四期与二里岗下层文化之间说。不同观点均有人撰文阐述，他们都认为己说论据充分，相互间无法说服彼此，形成了热烈探讨的局面。由此也带来了盛极一时的关于“郑亳”“西亳”的激烈争论。夏文化探索热潮为“夏商周断代工程”做了很好的铺垫。从1996年到2000年，河南省的夏商周考古发现与研究作为“夏商周断代工程”的重要组成部分，发挥了巨大的作用。“夏商周断代工程”开启了夏文化研究以考古学为核心，跨学科共同研究、多学科联合攻关的新模式，以^{14}C测年与传统文献相结合研究，划分了夏、商王朝的绝对年代，引起了学界的广泛关注，为夏文化研究高潮阶段做了很好的注脚。

四　夏文化考古工作的沉寂

进入21世纪的最初10多年，夏文化探索考古工作依旧有所发现，但研究比较沉寂，受到主、客观因素影响，夏文化考古研究陷入低谷。

此一时期，考古工作者对登封王城岗遗址、新密古城寨遗址、新密新寨遗址进行持续的跟踪发掘，还发掘了大师姑夏代城址、新郑望京楼夏商遗址，二里头遗址发现了目前保存最好的二里头文化早期大型宫殿建筑等。“夏商周断代工程”结论尤其是^{14}C测年的结果引起部分学者对夏商年代划分的质疑与争论，更受到国外学术界尤其是西方学术界批评与攻击。受困于夏文化研究难以有新的突破，夏文化时间范围的上下界线无法统一，“西亳”说抬头。国内部分学者受“疑古派”和西方“否定派”学术思想的双重影响，反思夏文化考古探索与研究的方法和途径，甚至开始怀疑、否定夏文化，认为考古学方法无法找到夏文化。北京大学刘绪教授分析认为，进入21世纪，夏文化探讨失去了原来的热烈氛围，逐渐冷场，其原因有二：一是夏文化研究形成了一定的共识，深入研究细节的难度高、材料少，目前的技术手段有限；二是考古新发现少，没有突破前期的考古工作，缺少研究的动能，甚至回归旧说，主张二里头为商文化的声音重新抬头，或者受到西方学界的影响，从根本上否认夏文化的存在，反对或拒绝探讨夏文化，这就是近年来夏文化探讨发生的新动向。[①]

① 刘绪：《夏文化探讨的现状与任务》，《中原文化研究》2018年第5期。

夏文化考古探索与研究，受上述因素的影响，坚持初心和研究阵地者逐渐减少，曲高和寡，应者寥寥。

五　夏文化考古工作的复兴

党的十八大以来，党和国家高度重视中华优秀传统文化的保护、传承、弘扬，习近平总书记多次就考古与文物保护工作做出重要批示与指示。夏文化考古探索与研究是彰显中华悠久文明的有效手段和重要方法，对增强公民文化自信、提升中华文化软实力有重要作用。

在社会主义文化建设的新时期，“考古中国·夏文化研究”重大项目启动，有力推动了夏文化研究和中华文明探源工作。二里头遗址考古新发现不断，发掘出新的骨、角手工业作坊遗址，尤其是“九宫格”多网格式都邑布局，成功入选“2022 年度全国十大考古新发现”，为以后都城闾里制度、里坊制度布局的沿革奠定了基础。考古发现的淮阳时庄遗址，被认为是我国目前最早的夏代早期粮仓仓城，对了解夏代早期社会生产具有极高的价值。叶县余庄遗址发现大量龙山晚期的高等级墓葬，为研究新石器时代晚期、夏代早期中原地区社会复杂化进程及礼制起源提供了重要实物资料。在考古工作新发现的基础上，河南以二里头遗址发现 60 周年及学习习近平总书记关于二里头遗址考古和夏文化研究指示批示精神为契机，设立夏文化研究专班，重新聚焦夏文化研究。河南省委省政府从编制、财政各方面给予重点支持。考古学界“夏文化考古研究”研修班启动，为夏文化考古与研究培养专业人才。河南夏文化考古研究的振兴期已经来临。“考古中国·夏文化研究”在短时间内已经取得了一定的成果，相关研究必将在不久的将来重现昔日的热潮。河南的夏文化考古探索实践证明，夏文化已经被发现，只待深入研究论证，来揭露其文化全貌。

第四节　商文化的发现与研究历程

河南是殷商统治的中心区域，是商代考古的核心，自 20 世纪初甲骨文的发现，到殷墟的发掘，至今百余年的考古历程，逐渐探索、揭露出商代的政治、经济、文化面貌，考古与历史文献结合，使殷商历史成为信史，这是 20 世纪中华文明探源工作取得的最重大成就。

一　商代考古工作的起步

20世纪初到新中国成立前，是殷商考古的起步与初步发展阶段。甲骨文的发现、新史学思潮的兴起，推动了殷商史学研究的发展，而历时10年的殷墟发掘，推动了我国现代考古学的发展，开启了我国学者独立进行中华文明探源工作的新时代。

1899年，甲骨片在安阳小屯村被首次发现，揭开了商文化探索的序幕。甲骨片的出现，很快引起我国学者的注意，王懿荣被学界公认为最早发现甲骨文的人。刘鹗出版的《铁云藏龟》是我国第一部甲骨文著录书，孙诒让的《契文举例》被认为是第一部甲骨文字考释和研究著作，罗振玉的《殷虚书契考释》首次对大量的甲骨文字进行了考释，王国维发表《殷卜辞中所见先公先王考》，首次以甲骨文作为史料研究商代历史。1936年殷墟一个甲骨文坑出土有字甲骨1.7万余片，为殷商历史研究提供了大量新的文字资料。其后越来越多的学者投身甲骨文研究中，涌现出董作宾、郭沫若、唐兰、胡厚宣、陈梦家、于省吾、李学勤等甲骨学大家，开辟了我国具有国际影响力的史学新领域，使我国有文字可考的历史追溯到公元前1300年前后。

甲骨片在安阳的发现，也为殷墟考古奠定了基础。1928~1937年，中央研究院历史语言研究所在殷墟先后进行了15次考古发掘，除了发掘出大量的甲骨片外，还找到了殷商宫殿遗址以及大量的同时期墓葬。此一时期的考古发掘大致可分为四个阶段：第一阶段为前三次发掘，工作是带试掘性的，主要目的是寻找甲骨与其他文化遗物；第二阶段从第四次发掘开始到第九次发掘，由于发现了殷商时期的建筑遗迹，工作重点转移到寻找宫殿遗迹上；第三阶段是第十至十二次发掘，工作地点转到侯家庄西北冈，重点研究殷代陵墓；第四阶段是第十三至十五次发掘，工作又转回到小屯，大规模地研究遗址，发现了宫殿宗庙基址和杀殉遗迹。[①]殷墟发掘是新中国成立前我国考古学者独立进行的长时间、系统性的田野发掘工作，影响深

---

① 董作宾将殷墟发掘归纳为四个阶段，胡厚宣则总结为五个阶段，实质上并无大的区别。董作宾：《甲骨学五十年》，艺文印书馆，1955，第35~36页；胡厚宣：《殷墟发掘》，学习生活出版社，1955，第48~50页。

远，成绩斐然，奠定了殷商信史的坚实基础。多达15次的发掘成为我国考古学家最初的培养基地。殷墟发掘建立起了我国一整套科学的考古发掘和研究方法，促进了我国考古学基础理论——地层学与类型学的大发展与完善，培养出一大批考古发掘和研究人才，对中国现代考古学的发展起到了重要作用。我国第一批考古学家李济、梁思永、董作宾、郭宝钧、尹达（别名刘耀）、石璋如等都在这里奠定他们学术事业的基础。梁思永、石璋如、高去寻等投身于田野发掘报告的编写，李济潜心于出土的青铜器、陶器的研究，董作宾、胡厚宣致力于出土甲骨文字的研究，成果都十分丰富，他们成为影响中国一个时代的考古学开拓者。

二　商代考古工作的兴起

河南的商代考古兴起是在新中国成立之后到20世纪八九十年代之交。这一时期，河南进行了大量的考古发掘工作，发现了郑州商城、偃师商城等重要文化遗址，对商代考古及历史文化进行了较为系统的研究。

20世纪50年代，郑州首次在二里岗附近发现商代的文化遗迹和陶片，考古发掘证明其文化面貌与殷墟文化既有联系又有区别，其年代早于殷墟，后被称为“二里岗文化”。二里岗文化的发现，拉开了商代早中期考古的序幕。随着考古发掘的深入，发现二里岗文化在郑州及其周边地区有较为广泛的分布，白家庄遗址二里岗文化下层的夯土建筑为发现郑州商城提供了线索。郑州商城位于郑州市区偏东部的旧城及北关一带，规模宏大。城址东北部为宫殿区，东南角为青铜器窖藏区，发现了青铜重器，铭功路和紫荆山北路发现了制陶作坊和制骨作坊遗址。白家庄等地发现了贵族墓地，出土了青铜器、玉器、陶器、甲骨以及原始瓷器等珍贵文化遗物。[①] 新中国成立以来河南商代考古研究成果丰硕，而其中最大的成就，则应该是二里岗文化和郑州商城的发现，二者的发现填补了我国商代早中期考古学文化的空白。偃师商城发现于20世纪80年代，发现多座城门，宫城由殿堂、庭院、大门和西侧门组成，其外有“马道”及附属建筑，城址内还挖出水井、窖穴、墓葬和石结构的排水设施等遗迹，并出土了部分青铜器、陶器及石

① 河南省博物馆等：《郑州商代城址发掘报告》，载《文物资料丛刊》第1辑，文物出版社，1977。

器，种种迹象表明其为一座重要的商代城址。① 殷墟在新中国成立后考古发掘持续不断，先后发现了王陵及其配偶墓、宗族墓地、手工业作坊遗址及祭祀坑等重要遗迹，并出土了大批甲骨、青铜器、玉器等珍贵遗物。武官村大墓和一批中小墓葬的出土，推动了对商代人殉制度的讨论。妇好墓出土了大量典型的殷商青铜器、玉器，确立了商代大型贵族墓的年代标尺，对研究商代墓葬制度具有重要意义。妇好墓的发现，还是殷墟第一次发现能与甲骨文记载相互印证的大型墓葬，对甲骨文研究与殷商史研究都有特殊意义。另外殷商宗族墓地在大司空村、苗圃北地、后岗、殷墟西区、戚家庄等地都有发现，是研究商代"族"葬制的重要资料。手工业作坊遗址在苗圃北地、薛家庄、孝民屯分别发现铸铜遗址，对研究商代后期手工业的发展有重要意义。除此之外，在豫东发现的岳石文化和在豫北发现的先商文化，也有不少遗存发现，丰富了殷商文化内容。在罗山后李发现的商代墓地，被认为是地方诸侯息国的家族墓地②，对研究商代中原与南方的交往关系十分重要。

商代考古研究涉及内容较为广泛，除了甲骨文研究成为独立的领域，商文化的起源、分期、分布等都成为这一时期的研究内容，其中最根本的一个问题是殷墟与郑州商城的分期问题，邹衡率先进行了探讨并成为代表性学者。③ 邹衡的分期标准成为当时的标杆，郑振香、唐际根、安金槐、陈旭等学者随后都进行了相关研究。学界虽然存在一定分歧，但大致认可殷墟为晚商时期，郑州商城为中商时期。另一个重要问题是郑州商城、偃师商城的年代与性质问题。关于年代问题，一般认为郑州商城与偃师商城都属于二里岗文化时期，但郑州商城稍早。关于两个城址的性质问题，安金槐的"隞都说"与邹衡的"亳都说"最有代表性，吸引相关学者"站队"论战，形成了商文化考古研究的热烈氛围。其他有关商代考古的重要问题还有关于先商问题的讨论，如邹衡的"漳河型"、"辉卫型"和"南关外型"，李伯谦的"下七垣文化"等探讨。

---

① 中国社会科学院考古研究所河南第二工作队：《1983 年秋季河南偃师商城发掘简报》，《考古》1984 年第 10 期。

② 李伯谦等：《后李商代墓葬族属试析》，《中原文物》1981 年第 4 期。

③ 邹衡：《试论郑州新发现的殷商文化遗址》，《考古学报》1956 年第 3 期。

三 商代考古工作的延续

20世纪90年代以来，商代考古发掘与研究持续进行。既有洹北商城、小双桥遗址、偃师商城等考古的新突破，也有以“夏商周断代工程”为代表的重要考古研究成果。

洹北商城的考古发现是安阳地区商代考古仅次于殷墟的重大发现，是我国目前发现的规模最大的商代城址。[①] 城址布局合理，整体建筑群南北对称，中轴线南段分布有类似宫殿宗庙建筑群遗存，一号建筑基址的“四合院”结构，在中国建筑史上具有重要意义，城址北部有规模不等的居址。根据洹北商城的布局规模和宫殿宗庙建筑结构，可以断定其地位可能是商王朝某一时期的重要都邑，对研究殷商都城发展史具有重要意义。此时，殷墟考古在都城布局领域不断有新的发现，发掘了大量墓葬。郭家庄160号墓[②]出土的青铜器对殷墟青铜器研究具有重要价值，豫北纱厂、孝民屯遗址墓葬为殷都城内居住者的族属及其空间布局研究提供了新资料。花园庄东地发现的甲骨坑，出土有字甲骨689片，对研究甲骨文分期及商代历史具有重要意义。郑州商城考古在诸多方面取得了新进展，出土了大量青铜器、金器等，尤其是在北大街居民楼基建工地发现商代前期多处宫殿建筑基址，对建立郑州商城宫殿区年代标尺方面及夏商分界领域都有重要参考价值。[③] 偃师商城也在都城结构等方面取得了丰硕成果，发现了商代最早的用车痕迹，解剖了护城河遗迹，找到了“大灰沟”早商文化遗存，多处宫殿基址的持续考古发掘，为探讨商代宫城用途及建筑格局奠定了科学基础，为夏商文化分界提供了较为可靠的界标。小双桥遗址在20世纪90年代前后有大量考古发现，是一处重要的商代考古遗址。考古发现发现了大规模的夯土基址、陶器手工业作坊、青铜冶铸遗迹及众多的人祭坑和牲祭坑等重要遗迹。出土物包括青铜建筑构件、长方形石圭、大型陶器和大石磬等礼乐器，

---

① 中国社会科学院考古研究所安阳工作队：《河南安阳市洹北商城的勘察与试掘》，《考古》2003年第5期。

② 中国社会科学院考古研究所编著《安阳殷墟郭家庄商代墓葬》，中国大百科全书出版社，1998，第87~88页。

③ 河南省文物考古研究所：《郑州商城北大街商代宫殿遗址的发掘与研究》，《文物》2002年第3期。

其年代介于郑州商城和安阳洹北商城之间，对于构建商代考古文化年代具有重要意义。河南商代考古的重要发现还有焦作府城遗址①和新郑望京楼城址②的考古发掘，焦作府城遗址属于商代早期城址，新郑望京楼城址跨夏、商两个时代，两个城址的发掘，为了解夏商时期我国城池建设等问题提供了重要资料。

河南商代考古工作持续进行，发现了大量的商代文化遗址，成果斐然，相关的研究工作也不断取得新的突破。如洹北商城发现后，有关殷墟和洹北商城的性质有了新的研究认识，主要有“河亶甲居相”与“盘庚迁殷”二说。而最有代表性的研究成果是“夏商周断代工程”。“夏商周断代工程”作为我国“九五”计划国家重点科技攻关项目，在河南等地夏商周考古丰硕成果的基础上，人文社会科学与自然科学相结合，多学科联合攻关，其目的是科学确定我国夏商周时期的确切年代，为研究我国五千年文明史创造条件。这项研究，河南的夏商周考古成果是主要内容之一，安金槐、郑杰祥等河南学者参与其中并做出了相应的贡献。

第五节　两周考古的开展与研究历程

商亡周兴，河南依旧是王朝的统治核心区域。西周周公建东都、兴洛邑；东周迁都，诸侯逐鹿，在中原大地留下无数文化遗存。河南百年考古历程，两周考古扮演着十分重要的角色，不同阶段的工作各有特色，展示出风云际会之时，中原大地一幕幕精彩的历史映像。

一　两周考古工作的起始

河南的两周考古主要指20世纪三四十年代的考古活动，主要有郭宝钧主持的浚县辛村卫国贵族墓地发掘、汲县山彪镇和辉县琉璃阁考古活动，此前的偶发事件，新郑李家楼大墓发掘也被视为两周考古的一部分，有关研究在此一时期颇受关注。

---

① 袁广阔、秦小丽：《河南焦作府城遗址发掘报告》，《考古学报》2000年第4期。

② 郑州市文物考古研究院：《河南新郑望京楼夏商时期城址》，载国家文物局主编《2010年中国重要考古发现》，文物出版社，2011，第142~157页。

新郑李家楼大墓后称为“郑公大墓”，它的发现纯粹为偶然的民间发掘行为，由于发生在1923年，当时我国现代考古学才刚刚起步，且李济与袁复礼虽然事后到达现场，但没有起到指导发掘的作用，这次发掘并不是完全意义上的考古工作。这次发掘出土了两个郑国时期的莲鹤方壶及大牢九鼎、铜簋、铜鬲等青铜器及其他文物1000余件，在两周考古史占有重要地位，其后部分文物藏于台湾，甚至成为海峡两岸文化交流的桥梁。而1932年春到1933年，郭宝钧先后四次对浚县辛村西周贵族墓地进行考古发掘，这是新中国成立前唯一科学进行的西周考古活动，被视为我国两周考古活动的发端，也是我国现代考古学史上重要的考古活动。辛村墓地发掘出西周时期墓葬82座，分为大、中、小型墓和车马坑四种，虽然遭到盗掘破坏，依旧出土了以青铜鼎为代表的礼器；以戈、矛为代表的兵器，以及以斧、凿为代表的生产工具和以辖、轴、当卢为代表的车马器等珍贵文物。[①] 汲县山彪镇和辉县琉璃阁考古活动由中央研究院历史语言研究所与河南古迹研究会等单位共同发掘完成。山彪镇大墓出土了大批青铜器，其中最著名的是用红铜丝镶嵌的水路攻战图铜鉴，展示了东周水陆攻战的实况。[②] 琉璃阁固围村墓地进行了两次发掘，成果丰硕，除发现甲乙大墓外，还发现数量较多的战国及汉代墓葬，出土了大批青铜器、玉器和陶器，大致有乐器编钟、石磬等，铜礼器鼎、鬲等，车马器环、辖、马衔等文物，其中大部分文物被运往台湾。

浚县辛村卫国贵族墓地发掘与汲县山彪镇和辉县琉璃阁考古活动发掘的东周时期墓葬，对了解东周时期的墓葬结构、墓葬制度，研究东周历史文化具有极其重要的价值，出土的青铜器等文物，对了解东周时期我国青铜器工艺发展水平与社会经济发展都有重要参考作用。但由于当时发掘时机敏感，不久之后抗日战争全面爆发，出土文物辗转流离，相关研究无法正常进行。相反新郑李家楼大墓被发现以后，很快受到了学术界的关注。王国维、郭沫若、容庚等人对墓葬的年代、墓主身份及青铜器工艺等问题进行了研究探讨，形成一时的学术研究热点。

---

① 郭宝钧：《浚县辛村》，科学出版社，1964，第7~8页。

② 郭宝钧：《山彪镇与琉璃阁》，科学出版社，1959，第7~46页。

二　两周考古工作的兴起

河南两周考古的兴起在新中国成立后到20世纪90年代左右，与商代考古基本同频共振。这一时期不仅继承了此前考古工作的成果，而且由于各项建设的开展，在两周城址、墓葬考古方面成果显著，相应的研究也取得了较为丰硕的成果。

河南两周考古的一个重要领域是城址的调查发掘。20世纪50年代初，郭宝钧调查发现了始建于春秋早期的东周王城遗址并确定了汉河南县城遗址具体位置，被视为西周洛邑城址的考古探索的序幕。随后的考古调查与发掘，发现洛阳地区的西周文化遗存主要位于老城区东部，这为寻找西周洛邑城址提供了重要的线索，但具体的洛邑城址目前尚未有定论。河南拥有多座东周时期城址，20世纪五六十年代，对东周城址的考古调查已经展开。洛阳东周王城和郑韩故城是重要考古调查遗址点。东周王城遗址考古发现了城墙、宫殿夯土建筑、墓葬、手工业作坊以及粮仓等重要遗迹，对王城的布局和文化内涵已经基本了解。郑韩故城的考古调查和发掘工作，对城址范围、布局结构、宫殿、墓葬区、手工业作坊区、礼制建筑与城墙区等情况已基本了解。登封阳城城址考古发掘，发现了大型夯土基址、手工业作坊、贮水给水设施及排水管道等重要遗迹。另外对鄢陵故城、信阳楚王城、潢川黄国故城、濮阳戚城、上蔡蔡国故城、辉县共城、焦作雍城、舞阳东不羹城、荥阳故城、偃师滑国故城等进行了初步勘探调查。两周墓葬考古获得丰硕成果。洛阳地区发现了大量西周墓葬，在庞家沟北窑、中州路、马坡村等地都有发现。其中庞家沟墓葬出土器物丰富，为研究洛阳地区西周墓葬制度青铜铸造工艺等均提供了十分重要的资料。[①] 三门峡发现上村岭虢国墓地，轰动一时。东周墓葬主要有洛阳王城内外的墓葬、郑韩墓葬、魏国墓葬、楚国墓葬等。洛阳王城内外的墓葬分为平民墓葬、一般贵族墓葬及王陵区高级贵族墓葬。郑韩墓葬主要集中于新郑市及其周围，在郑韩故城内外均有分布。魏国墓葬在三门峡、鹤壁等地都有发现，其中最著名的是辉县魏国墓地的发掘，被称为“辉县发掘”，是新中国成立后开展的首次大规模考古工作。楚国墓葬主要分布在南阳、信阳等地，发掘了

---

① 洛阳市文物工作队：《洛阳北窑西周墓》，文物出版社，1999，第112页。

淅川下寺楚墓、固始楚墓、上蔡楚墓、信阳长台关楚墓等。信阳长台关楚墓出土了成组的青铜编钟乐器、彩绘漆木器、镂雕精巧的玉器等，是当时考古史上空前的发现。

河南两周考古积累了丰富的材料，学界对城址布局、墓葬等级、方国性质等进行了研究，尤其是对两周墓葬制度的研究取得了很大突破。《山彪镇与琉璃阁》作为我国首部集报告与研究于一体的专著，开创了田野考古报告编辑的新范式，对豫北两周墓葬形制、年代、性质、随葬品及墓主人身份等做了深入的研究。《辉县发掘报告》在系统介绍考古材料的基础上，创造完善了我国考古报告编辑体例，并结合文献记载，对出土的魏国墓葬和车马坑进行了详细研究，对其后的战国墓葬形制、埋葬习俗、战国车制具及两周礼制研究影响深远。《洛阳中州路（西工段）》根据墓葬形制，创新运用类型学理论，对墓葬进行分型定式，结合随葬器物的组合及其变化，把洛阳东周墓葬分为七期，为其他区域东周墓葬的断代提供了考古学标尺。另外，郭宝钧、郭沫若、俞伟超、刘庆柱、杨宽等对两周都城规划布局进行了不同侧面的研究。

三　两周考古工作的发展

20 世纪 90 年代，随着我国改革开放的深入，社会经济的发展，两周考古也进入新时代。不仅新的考古发现增多，考古学也日益科学化、门类化，科技手段应用相应增加，多学科联合攻关，人文科学与自然科学结合，科研成果收获丰硕。

西周洛邑城址考古有了一定的新发现，尤其是发现了大规模西周祭祀遗址[①]等遗迹，考古学界根据新的考古发现与文献记载，推断洛水北、瀍河的两岸很可能就是西周洛邑的位置所在。1999 年三门峡考古发现了虢都上阳城址[②]，对研究虢国历史及西周晚期都城具有重要意义。2008 年考古工作者在荥阳娘娘寨遗址发现一座两周城址[③]，为研究西周城址及西周封国历史

① 大河报社：《洛阳发现大型西周洛邑祭祀遗址》，《大河报》2010 年 6 月 8 日，第 10 版。

② 李家窑遗址考古发掘队：《三门峡发现虢都上阳城》，《中国文物报》2001 年 1 月 10 日，第 8 版。

③ 张松林等：《河南荥阳娘娘寨遗址发掘出两周重要城址》，《中国文物报》2009 年 2 月 18 日，第 2 版。

提供了新的材料。西周聚落考古发掘是两周考古工作的一个亮点，在荥阳附近的娘娘寨、官庄、丁楼、蒋寨、薛村等都发现了西周时期的聚落。东周王城遗址考古中发现大量具有中轴线的宫殿基址与附属建筑，在西北角发现了制陶、玉、石、骨、铜等多种手工业作坊，对东周城址的性质、规模、形制、布局有了较为清晰的认识。对郑韩故城的考古更加科学细致，发现城址的布局更加全面。尤其是 2002 年发现了目前已知最早的有关新郑地名的文物，出土的陶瓮肩部发现刻有篆书“新郑”二字。20 世纪 90 年代，在郑韩故城的东部发现三处郑国社稷祭祀遗存，发现大量青铜礼器，为研究两周列鼎制度提供了实物资料。另外，这一时期，宋国都城、雍梁故城等封国都城考古调查也有新收获。21 世纪初，河南考古工作者为了解、掌握境内楚长城分布情况，对文献记载的楚长城分布地域进行的大规模调查。[1] 两周墓葬考古也持续发展，新发现、新成果不断涌现。洛阳地区是两周墓葬分布的核心区域，尤其是贵族墓葬较多，说明洛阳一直是周的统治核心区域。如洛阳市东郊墓葬出土铜盨铭为“召伯虎用乍联文考”，器物制作者召伯虎应为周公后人，是西周晚期的显赫人物。[2] 两周封国墓地，考古发现不断。20 世纪 90 年代，三门峡上村岭西周晚期虢国国君墓葬的发掘，出土了大量青铜礼器、陶器、玉器以及车马器等随葬品[3]，其中尤以最早的人工铁制品最引人注目。平顶山应国墓地，发现了 3 座应侯墓等，出土了有铭文青铜礼器。[4] 鹿邑长子口墓因出土青铜礼器多带有“长子口”铭文而得名，因出土器物的地域文化特色而引起学术界关注。其他东周墓葬比较重要的有郑韩故城附近的韩国王陵、上蔡郭庄楚墓、蔡国墓葬、檀国墓葬、许国墓葬等。另外，在南阳、信阳等地出土曾国、樊国、辅国、番国等方国的有铭青铜器，对探寻两周时期方国地望，探索方国之间关系与文化交流、方国地位等都具有重要价值。

河南两周考古最重要的研究成果除了与“夏商周断代工程”相关的成

---

① 李一丕等：《豫南地区楚长城资源调查与发掘取得突破》，《中国文物报》2011 年 9 月 30 日，第 5 版。

② 贾连敏：《河南商周考古六十年概述》，《华夏考古》2012 年第 2 期。

③ 姜涛等：《虢国墓地发掘又获重大发现》，《中国文物报》1992 年 2 月 2 日，第 4 版。

④ 河南省文物考古研究所、平顶山市文物管理委员会：《平顶山应国墓地八十四号墓发掘简报》，《文物》1998 年第 9 期。

果之外，主要与具体的考古发现紧密相关。与前期的研究成果相比，体现在研究更加具体、细致。两周墓葬研究是其中一个重要领域，涉及墓葬的结构、分期、性质、国属以及随葬品等各方面，如李学勤、高明、李零、赵世刚、胡进驻、叶小燕、张辛等相关学者对虢国墓葬、郑韩墓葬、应国墓葬、楚国墓葬、蔡国墓葬及随葬青铜器、简牍的相关研究，另外蔡运章等对洛阳两周墓地进行了较为详细的研究。两周城址的研究是两周考古研究的另一个重要领域，涉及城址的地望、性质、年代、结构等方面。部分学者对河南两周时期的诸侯都城进行多角度的研究，如史念海、曲英杰对郑韩故城的布局、结构、宫殿艺术、墓葬等进行较为详细的研究。有学者将考古资料与历史文献记载相结合，对方国城址进行研究，如陈振裕对湖北、河南境内诸多东周楚城进行分类研究，马世之对先秦时期中原地区相关古国与古城的历史文化进行研究，许宏对中原先秦城市进行考古学解剖研究等。

第三章　机遇：河南在中华文明探源工程中的重要地位

继“夏商周断代工程”之后，“中华文明探源工程”再次成为多学科结合研究中国古代历史与文化的典范。国家投入大量的人力、物力和财力，组织了庞大的研究团队，全国各地相关领域的20余个学科的400余位学者在各自的研究子课题中都取得了丰硕的成果，综合研究也有了突破性进展，为进行下一步研究奠定了坚实的基础。习近平总书记在主持中央政治局第三十九次集体学习时强调：“中华文明探源工程成绩显著，但仍然任重而道远，必须继续推进、不断深化。”中华文明探源研究是一个持续不断的、需要长期跟踪和深入探索的过程，从微观到宏观全方位探索中华文明萌芽、发展演变的过程，在此基础上不断推动文明探源成果走向社会，走入民众，需要所有探源工程的参与者、研究者和关注者的共同努力。

国家实施中华文明探源工程，其目的是在学术研究之外，让更多的人对中华文明探源工作的内容、研究成果、意义和价值等有更多的了解，从而增强民族自豪感和中华民族的凝聚力。我们从根本上深刻认识中华文明探源工程的发起背景、来龙去脉，实施工程的必要性与可能性，我们才能在思想深处去认识它、重视它，从而促进工程的全面深化和推进，产出更多具有重要意义的研究成果，在此基础上，不断推动研究成果的宣传、推广和转化，让文明探源成果惠及全社会、惠及人民，在向世界讲好中国故事的过程中发挥更大的作用。

为了让中华文明探源工程实施过程科学、合理，达到预期的研究目标，要遵循研究规律，循序渐进地稳步推进工程进度，从顶层设计上把中华文明探源工程分为六个阶段，包括一个预研究阶段和五个分步实施的阶段，目前的研究正处在第五阶段。

中原核心区是华夏文明的主要发祥地，是中华文明起源、形成与发展的重要区域之一，在中华早期文明中占据重要地位的夏商文明就诞生在这里。工程实施 20 多年来，河南考古的发现与研究成果丰硕，为中华文明探源工程贡献了巨大的“河南力量”。基于中华文明探源工程的河南考古工作，表现出课题导向、考古发现数量众多、工作作风扎实、研究手段丰富的特点，为中华文明探源工程提出的进入文明社会标准的中国方案，积累了重要的考古材料，提供了有力的研究支撑，为探源工程的顺利推进做出了应有的巨大贡献，在全国各省份中遥遥领先。在文明探源工程实施的过程中，河南省作为中原核心区之中的“核心”，以其丰富的、无可替代的文物考古资源，广大历史、考古工作者以其兢兢业业、精益求精的科学态度，踏实的工作作风为中华文明探源工程贡献了“河南力量”。在考古发掘、资料整理、子课题研究、科技考古、多学科联合攻关等方面，河南学术界都交出了令人满意的答卷。

第一节　中华文明探源工程预研究（2001~2003 年）

与以往的研究课题相比，中华文明探源工程在时空范围上具有空前的跨度，大量来自全国各地、不同学科背景的学者合作协同攻关，研究涉及的内容较多，课题推进具有一定的难度，考虑到以上多种因素，课题组在 2001~2003 年先期进行了“中华文明探源工程预研究”，在研究内容、研究模式、研究成果方面为后续的研究打下良好的基础。中华文明探源工程预研究的子课题分别是：①历史文献与古史传说研究；②天文考古学研究；③史前符号汇集及其与文字关系研究；④关键遗址的测年技术研究；⑤冶金术研究；⑥文明形成时期的资源与贸易研究；⑦文明形成时期的经济状况研究；⑧文明形成时期聚落与社会研究；⑨环境变迁与文明演进关系研究。基本上涵盖了文明起源过程中的各种重要的因素。经过这一时期的努力攻关，9 个子课题均有丰富的成果产出，达到了为后续研究提供基础性支撑的目的。同时也为后续研究摸索出一套科学规范、行之有效的联合攻关新模式。后续几个阶段能够顺利推进并取得丰硕成果，与预研究的探索和实践密不可分。

一　总体目标

预研究的总体目标是：制订探源工程研究的总体思路及技术路线，为进一步开展华夏文明孕育过程和早期国家形成等研究奠定基础。预研究的地域范围即聚焦在华夏集团的中心区——河南中西部和山西南部，时间范围确定在公元前3000～公元前2000年，即考古学上的龙山时代。[①] 围绕中华文明探源工程预研究，这一阶段河南的考古工作主要围绕登封王城岗、新密古城寨、新密新砦、洛宁西王村等遗址展开。

二　河南考古重点项目

1. 登封王城岗遗址

王城岗遗址位于河南省郑州市登封市告成镇与八方村之间，地处颍河与五渡河交汇的台地上，南眺箕山、北依嵩山，地势北高南低。从已有的考古情况来看，登封王城岗遗址面积约50万平方米，有龙山晚期大、小三座城（小城两座），其中大城面积34.8万平方米，是同时期河南龙山城址中面积最大的一座。^{14}C测年结果显示，城址的绝对年代为公元前2200～公元前2020年，王城岗大、小城与文献记载的“禹都阳城”和“鲧作城”有关，是研究早期夏文化的重要遗址。自1976年开始考古发掘至今，王城岗遗址一直围绕夏文化探索这一主题，陆续经历了40多年的考古工作，发现有奠基坑、青铜容器残片、玉石琮、白陶器等重要遗存。王城岗遗址的重要考古发现证明，中原地区在龙山晚期已迈入文明社会，甚至可能形成了具有国家机器职能的“雏形国家组织”，是中原地区率先迈入文明社会和国家阶段的有力证据之一。

中华文明探源工程预研究——登封王城岗遗址周围龙山文化遗址的调查子项目由北京大学考古文博学院和河南省文物考古研究所共同承担，于2002年展开。专题组在登封王城岗一带的告成、八方等地开展考古调查和钻探，并根据需要开展考古发掘工作。王城岗遗址经钻探得知其面积约50万平方米，发现城址1座。北城墙夯土残长370米、残高0.5～1.2米，北

① 方燕明：《中华文明探源工程中的中原考古》，《郑州大学学报》（哲学社会科学版）2022年第6期。

城壕长630米、宽约10米、残深3~8米；西城壕残长130米、宽约10米、残深1.5~2米；从所处地势和钻探看，东南城墙和城壕可能已被毁坏。此城面积推测在30万平方米左右。另发现灰坑66个（包括窖穴、半地穴式房址、取土坑等）、墓葬8座、瓮棺1座、灰沟3条、陶窑1座、灶8个、水井1口、道路1条、房基1座。发现的遗物有陶器、石器、玉器、骨器（包括人头骨器皿）、牙器、蚌器、瓷器、铜器、铁器等。[①]

2. 新密古城寨遗址

古城寨遗址位于河南省新密市曲梁乡大樊庄村古城寨村民组，双洎河支流溱水东岸的台地上，溱水从遗址西面曲折流过，东南面又有一条支沟围绕汇入溱水，遗址处于大小两条河流交汇处的台地上。遗址中心地理坐标为北纬34°27′56.15″，东经113°38′58.16″，海拔高程约133~135米。古城寨遗址主要包括龙山时代城址、城外西南部的仰韶文化遗址、城外北部龙山文化遗址、东部龙山文化遗址，以及二里头文化、二里岗文化、殷墟文化、汉代等不同时期遗存交错组成，总面积约270万平方米。古城寨遗址的主体遗存是一座龙山时代晚期的城址，城址建在溱水东岸的河旁台地上，城内的地面高于溱水河床约10米，高于周围地面2~5米。城址平面呈长方形，南北460约米，东西约345~370米，面积约17.6万余平方米，方向349°。目前，城址西墙为溱水冲毁，南、北、东三面城墙保存较好，北城墙至今高出城外地面10余米，国内罕见。南、北城墙中部有相对的缺口，很可能是古代城门位置所在。城外北、东、南三面有护城河环绕。古城寨是我国迄今发现保存最好、城防设施最完整、中原地区面积最大的龙山文化时代城址。城址规模宏大，城高沟深，气势宏伟，为中国早期筑城史所罕见。遗址保护范围：东自东城墙外100米龙山遗址东沿止；南自南城墙外100米仰韶遗址南沿止；北自北城墙外200米龙山遗址北沿止；西部未划。遗址建设控制地带：东自保护区外扩50米；北自保护区外扩50米；南自保护区外扩80米；西部沿溱水河东岸一线。2000年，新密古城寨城址被评为“2000年全国十大考古新发现”。2002年，古城寨被列入“中华文明探源预研究——古城寨城址布局及附近聚落研究”课题，河南省文物考古研究所

---

① 方燕明：《登封王城岗二里头文化至唐宋时期遗址》，《中国考古学年鉴（2003）》，文物出版社，2004，第231页。

于 2002 年 12 月至 2003 年 5 月，再次对城内廊庑建筑 F4 进行考古发掘，揭露 200 平方米。

3. 新密新砦遗址

新砦遗址，位于河南省新密市刘砦镇新砦村，是中华文明探源工程首批六大都邑之一。该遗址的遗存以“新砦期”为主，而“新砦期”遗存是介于龙山文化晚期和二里头文化一期之间的一类文化遗存，在探索早期中华文明中具有重要的地位。新砦遗址总面积约 70 万~100 万平方米，存留的城址完全在地下，地面上没有城墙等相关遗迹。城址平面大致为方形，南为洧水，不需要城墙，其他三面城墙和护城河均有发现。城内有一处建筑基址，位于城内中心区中央偏北处，面积较大，基址内有夯筑墙体、柱洞、红烧土和活动面等，为新砦期晚段多次使用的大型浅穴式露天活动场所。另揭露叠压于新砦期夯土基址之上、不晚于二里头文化一期的建筑基址。出土有高等级建筑材料如板瓦、陶水管以及反映礼乐制度的遗物，如玉圭、玉璜、玉璧、石磬等。新砦城址的发现，对于探索早期夏都、判定古城寨城址和二里头遗址的年代与性质、研究夏代都城和夏王朝的诞生以及中国古代文明的起源问题都具有重要的意义。1999 年、2000 年，北京大学古代文明研究中心与郑州市文物考古研究所两次合作发掘新砦遗址，最终确认“新砦期”的存在。2002 年至 2005 年 10 月，中国社会科学院考古研究所和郑州市文物考古研究所联合对新砦遗址进行了较大规模的钻探和发掘，发现龙山文化晚期—新砦期的城墙、护城河、外壕、内壕及新砦期大型建筑等重要遗迹。

在文明探源预研究阶段，河南重要遗址的考古工作为后续的研究打下了坚实的基础。特别是在都邑研究方面成果突出，真正贡献了中华文明探源的“河南力量”。

第二节　中华文明探源工程第一阶段（2004~2005 年）

“公元前 2500 年—公元前 1500 年中原地区文明形态研究”是中华文明探源工程第一阶段的中心议题，年代上涵盖了龙山文化晚期到商代初年。研究内容主要包括：这一时期中原地区的生态环境状况、经济形态和生业技术发展状况，探讨以上诸因素在中华文明发展演进过程中的作用；聚焦于都邑性城址的研究，深入其内部，探讨其与社会发展之关系；深入研究中原地区早期文明形态。第一阶段以中原地区为主要研究对象，基于中原地区考古学文化谱系的完整性、文献记载的丰富性以及古史传说所提供的相关信息，这三者的结合，为相关研究的推进奠定了基础。

一 课题设置

第一阶段根据研究需要设置的课题项目如下：①公元前 2500~前 1500 年中原地区相关考古学文化谱系的精确测年，②公元前 2500~前 1500 年中原地区的自然环境研究，③公元前 2500~前 1500 年中原地区聚落形态所反映的社会结构研究，④公元前 2500~前 1500 年中原地区经济、技术发展状况研究，⑤综合与总结，公元前 2500~前 1500 年中原地区文明形态研究。从课题设置来看，既有中微观研究，也有综合研究，符合项目第一阶段的研究要求。

这一阶段河南地区的考古工作以豫西地区龙山文化至二里头文化时期考古遗存为主，议题集中在夏文化的分布范围和华夏文明起源问题等方面。探源工程第一阶段的目标是多学科结合，全方位、多角度、多层次地研究中华文明的起源与早期发展的过程、背景、原因、特点与机制。为配合项目研究，河南省确定在灵宝西坡、登封王城岗、新密新砦、偃师二里头、郑州大师姑 5 处遗址进行重点考古工作。[①]

可以看出，本阶段的探源工程聚焦于中原地区测年、自然环境、社会结构和技术、经济发展状况，最后归结到公元前 2500~前 1500 年中原地区文明形态的研究。这一阶段河南作为工作的核心区域，无论是考古工作还是技术层面的进步都是非常显著的。主要有以下几个遗址的工作值得重点关注。

二 河南考古重点项目

1. 灵宝西坡遗址

西坡遗址位于河南省灵宝市阳平镇，坐落于自西南向东北倾斜的黄土

---

① 方燕明：《中华文明探源工程中的中原考古》，《郑州大学学报》（哲学社会科学版）2022 年第 6 期。

塬上，南依小秦岭，北面黄河，东、西有夫夫河，灵湖河蜿蜒流过，跨西坡、南涧等自然村，总面积约 40 万平方米。2000 年至 2002 年初，中国社会科学院考古研究所与河南省文物考古研究所等单位组成联合考古队，对遗址进行了三次发掘，发现仰韶文化中期半地穴房址 F105，其室内面积达 204 平方米。2004 年 4~7 月，联合考古队对遗址进行第四次发掘，发掘面积约 800 平方米，揭露出仰韶文化中期又一座特大半地穴式房址 F106。F106 的发现首先为仰韶文化中期房屋建筑的研究提供了新资料。结合以前发现的 F105 的资料，我们现在可以清楚地认识到仰韶文化中期半地穴式房屋的结构远比以前发掘资料所反映的要复杂，建筑 F106、F105 如此规模的特大房屋，需要投入的人力、物力之巨，建筑技术之进步、组织之周密，都从侧面反映了仰韶文化中期社会结构逐渐趋向复杂化。此外，F106 与 F105 同处遗址的中心部位，间隔约 50 米，两相对应，对深入了解遗址整体布局意义重大，灵宝是仰韶文化中期的文化中心，河南境内目前发现的 10 万平方米以上的庙底沟类型遗址多集中在灵宝境内，西坡遗址是其中保存较好者。两处特大房址的相继发现，进一步凸显了西坡遗址在同时期聚落群中的重要地位。[①] 2005 年 4~7 月，对遗址进行了第五次发掘。此次工作的目的有三个：第一，检验上个年度的钻探结果，确认西坡墓地的位置，获取仰韶文化中期埋葬习俗、社会结构等方面的信息；第二，通过解剖，了解壕沟的规模、结构、大体走向及始建与废弃年代；第三，上述两个地点的发掘，为全面认识聚落布局积累资料，同时为进一步的田野工作提供线索。西坡墓地是在仰韶文化中期的核心地区首次发现的该时期墓地，为认识西坡聚落的整体布局及这一时期的埋葬习俗、社会结构提供了十分重要的新资料。西坡墓地与居住区的相对位置、墓葬排列特点、填土特征等，为寻找豫陕晋三省邻近地区的仰韶文化中期墓地提供了重要线索。成批玉器的发现，对研究中原地区的葬玉习俗、制玉技术与发展脉络，以及与其他文化的关系具有重要价值。墓葬规模出现显著差别，表明中原地区的史前社会结构很可能从仰韶文化中期开始出现了意义深远的复杂化趋势，这

---

① 中国社会科学院考古研究所河南一队等：《河南灵宝市西坡遗址发现一座仰韶文化中期特大房址》，《考古》2005 年第 3 期。

无疑对探索中原地区古代文明的起源、进程与模式具有重大意义。①

2. 偃师二里头遗址

中国社会科学院考古研究所二里头工作队在探索二里头遗址的聚落形态方面取得了重要收获。2004 年秋，绿松石器制造作坊的范围、使用年代确定；2004 年秋~2006 年春，宫城南部一处与宫城并列的大型夯土围垣设施重见天日；2005 年春~2006 年春，早前发现的 6 号基址被全面揭露，弄清楚了该基址的平面布局、结构及在不同时段的演变过程。从结构上看，6 号基址增建于第四期，不再具有中轴对称的特征。6 号、10 号、11 号基址等一系列大中型建筑基址的兴建，服务于贵族的手工业作坊区的持续兴盛及其所反映的二里头文化末期二里头遗址的面貌与性质等问题，都具有相当重要的学术意义，有必要进行深入的探究。② 2004 年春，在追探宫城城垣的过程中，又在宫城以南发现了 1 道始建于二里头文化四期的夯土墙及 1 处绿松石废料坑。同年秋季，以新发现的绿松石废料坑为线索，通过钻探和试掘初步确认了这一带系一处绿松石器制造作坊遗址。由本阶段的新发现可知，二里头遗址的中心区有纵横交错的道路网，宫殿区围以方正规矩的城垣，宫城、大型建筑以及道路都有明确的方向性，宫城内至少分布着两组具有明确中轴线的大型建筑基址群。这是一处经缜密规划、布局严整的大型都邑。二里头都邑规划性的判明，对于探索中国文明的源流具有重要的标尺性意义。③

3. 郑州大师姑城址

大师姑城址位于郑州荥阳市广武镇大师姑村和杨寨村南地。2002~2003 年，郑州市文物考古研究所对城址进行了发掘。发掘面积 540 平方米。城址由城垣和城壕两部分组成。城址的范围依据城壕计算，东壕南北长为 620 米，北壕长 980 米，西壕长度已发现 80 米，南壕长度已发现 770 米，总周长已发现 2450 米，复原长度 2900 米。所发现的二里头文化遗存全部集中在

---

① 河南省文物考古研究所等：《河南灵宝市西坡遗址墓地 2005 年发掘简报》，《考古》2008 年第 1 期。

② 赵海涛、陈国梁、许宏：《二里头遗址发现大型围垣作坊区全面揭露一处二里头文化末期大型庭院建筑》，《中国文物报》2006 年 7 月 21 日，第 2 版。

③ 中国社会科学院考古研究所二里头工作队：《河南偃师市二里头遗址中心区的考古新发现》，《考古》2005 年第 7 期。

城垣和城壕以内，总面积约 51 万平方米。整个城址东西长、南北窄，为长方形。从出土物和层位关系上看，内侧壕沟比城垣时代晚，应在早商时期。外侧壕沟有少量二里头文化陶片出土，时代应在二里头文化时期，其作用可能是城址的护城壕沟。城址内部的二里头文化堆积主要是二里头文化二、三期和四期早段的遗存。该城址是我国迄今发现的唯一一座二里头文化城址，具有十分重要的学术价值。①

第三节　中华文明探源工程第二阶段（2006~2008 年）

这一阶段在第一阶段的基础上，研究的时空范围都有所扩展，延伸到公元前 3500~公元前 1500 年，黄河全流域、长江中下游和辽河流域。② 研究内容方面基本上与前一阶段相同，除了时空范围之外，在研究深度和广度上都有新的突破。

一　课题设置

这一阶段设置的子课题相对集中：①公元前 3500~前 1500 年各地区考古学文化谱系的精确测年，②公元前 3500~前 1500 年各地区自然环境的变化，③公元前 3500~前 1500 年各地区经济技术的发展，④公元前 3500~前 1500 年各地区社会与精神文化的发展。本阶段的一个显著特点是，课题经费大量追加，以适应研究的需要；同时，参加研究的单位、学科和科研人员的数量也大幅增加，显示了本阶段研究的推进力度逐渐加大。

本阶段关注各地区文明化进程的比较研究。河南方面，首先依托前期研究成果，大量使用科技手段在考古学研究中的运用，把考古调查、钻探与核心关键遗址的小规模试掘结合起来，探索关键信息。在考古发掘和初步研究的基础上，进一步深化中心遗址如灵宝铸鼎塬（西坡）、登封王城岗、禹州瓦店、偃师二里头等聚落形态研究，通过对这些中心聚落内部结构的复杂化及其历时性变迁的考察，探索这些结构变迁与文明起源和发展

① 郑州市文物考古研究所、荥阳市文物保护管理所：《河南荥阳大师姑遗址 2002 年度发掘简报》，《文物》2004 年第 11 期。

② 王巍：《中华文明探源工程——揭示中华文明起源、形成、发展的历史脉络》，《人民日报》2022 年 7 月 4 日，第 9 版。

之间的关系。郑州西山、荥阳花地嘴等遗址也都具有关键遗址的特征，被纳入重点研究的对象。

二　河南考古重点项目

1. 灵宝西坡遗址

2001~2002 年，对西坡遗址进行了第三次发掘，在遗址中心部位发现特大房址 F105，其面积超过 500 平方米，外有回廊。2004 年，又进行了第四次发掘，在 F105 南 50 余米处发现另一特大房址 F106，室内面积超过 240 平方米。此外，还发现了围绕该聚落的南、北壕沟和专门的墓地。2005~2006 年，进行了第五和第六次发掘，发掘揭露一处大型墓地，共清理 34 座墓葬。这是在仰韶文化的核心地带第一次发现和发掘该时期墓地。仰韶文化中期复杂社会的显著特点是通过这些大型中心性聚落、特大公共性房址和缺少奢侈品的大墓显示出来的。这些与中国其他主要史前文化区迥异的特点，对中原地区的文明化进程，对中国第一个王朝最终在中原的建立产生了重要影响。①

2. 禹州瓦店

2007 年 9 月~2008 年 1 月，“中华文明探源工程（二）——颍河中上游流域聚落群综合研究——以河南登封王城岗和禹州瓦店为中心”课题组对禹州市瓦店遗址进行考古钻探与发掘工作，取得丰硕成果。钻探发现瓦店遗址是一处大型龙山文化遗址。发掘探沟 4 条，探方 10 个，发掘面积 464 平方米，发现有壕沟、灰坑、墓葬和瓮棺、房址、灰沟、灶、水井、路等遗迹，出土丰富的陶、石、骨、蚌器等遗物，同时采集了进行多学科研究的样品。这次考古工作中最为重要的发现是龙山文化晚期大型壕沟和大型夯土建筑基址。课题组在瓦店遗址西北台地发现有一处大型壕沟，目前已探明该壕沟有西段和南段，壕沟方向为西北向东南。西壕残长 150 余米，复原长 400 余米，南壕长 900 余米，壕沟西南角保存完好，壕沟宽约 22 米、残深约 3 米，对壕沟进行的探沟发掘表明其年代为龙山文化晚期。经对颍河

---

① 李新伟、马萧林、杨海青：《河南灵宝西坡遗址发现仰韶文化中期大型墓葬》，《中国文物报》2007 年 2 月 16 日；中国社会科学院考古研究所河南一队等：《河南灵宝市西坡遗址 2006 年发现的仰韶文化中期大型墓葬》，《考古》2007 年第 2 期。

古河道的探查得知古颍河的位置几乎贴近瓦店遗址的北、东边缘，由此可以认为西壕向北可能与颍河相连，南壕向东可能亦与颍河相通。瓦店遗址西北台地的西面和南面有壕沟围护，遗址的北面和东面有颍河环绕，人工壕沟与天然河流共同构成了遗址的防御体系。就已有的考古发现而言，壕沟所围面积接近40万平方米。壕沟近旁是否有城墙尚待找寻。在瓦店西北台地壕沟范围内，在其东部偏南处发现龙山文化晚期大型夯土建筑基址，其平面可能呈“回”字形，方向为西北—东南向，与壕沟的走向大体一致。在已发掘的10个探方中仅揭露出该建筑基址的局部及东南拐角，夯土建筑基址宽约5米、厚约1米，用较纯净黄土堆筑而成，似为建筑的回廊部分。在夯土表面发现多个柱洞。在夯土内发现了数具用于奠基的人牲遗骸，在“回”字形夯土建筑院落的垫土中也发现有用于奠基的人牲遗骸。由此表明该夯土建筑的等级较高。①

3. 郑州花地嘴

花地嘴位于郑州巩义市站街镇北瑶湾村村南一处较为平坦的台地上，为新石器时代至夏代的遗址。花地嘴遗址东、南远望猴山等嵩山余脉，西临伊洛河，北为断崖，远眺黄河，是以新砦期为主，兼有河南龙山文化晚期和二里头文化的大型聚落遗址。遗址南北长约500米，东西宽约500米，呈扇形分布，面积约30万平方米。1984年发现，后经过多次勘探、发掘，发现四条环壕、环壕东南大门、两个祭祀坑、数十个灰坑等，出土陶质标本近600件，另有大量玉器、石器、骨器及蚌器等。根据环壕布局，遗址由外环壕和内城构成。花地嘴遗址的发现对夏代文化的认识和研究，对探索夏代早期文化和中华文明之源，对研究新砦二期晚段与二里头文化一期早段序列问题及其文化面貌、文化因素和文化渊源等都有重要的意义。

这一阶段河南地区的众多遗址作为子课题的名称被纳入研究视野，显示了河南考古在文明探源过程中的重要地位。本阶段研究内容的时空范围都有较大的扩展，但以关键遗址为突破口的研究思路并没有发生变化，在不同区域文化对比研究的过程中，关键遗址的重要地位仍然值得重视。研究广度和深度的结合是本阶段探源工作取得重大成就的关键因素。

---

① 方燕明：《禹州市瓦店新石器时代遗址》，载中国考古学会编《中国考古学年鉴（2008）》，文物出版社，2009，第272页。

第四节　中华文明探源工程第三阶段（2009~2012 年）

中华文明探源工程第三阶段是在第二阶段的基础进行更加深入的探索，研究的时空范围基本上与上一阶段相同，主要是在研究深度上有所突破，同时也增加一些研究成果。

一　核心课题

本阶段的核心课题主要包括：①黄河、长江及西辽河流域考古学文化年代谱系的完善，②各地文明化进程中重大事件的年代学研究，③各地区环境变化与文明演进的关系研究，④各地区技术和生业的发展以及铜、玉、盐等重要资源与文明形成的关系研究，⑤都邑性聚落和各个区域中心性聚落反映的社会结构研究，⑥文明形成过程中精神文化的发展状况研究，⑦中华文明形成和早期发展的整体性研究。[①]

在第一阶段围绕中原地区的文明化进程研究和第二阶段的各地区文明化进程比较研究的基础上，第三阶段重点推进文明化进程的整体综合研究。在这一阶段，与中原考古相关的重点遗址大体上与探源工程第二阶段相同。

二　河南考古重点项目

1. 灵宝西坡遗址

2011 年 9~12 月，为进一步了解聚落核心部位的布局，联合考古队在中心广场东南部进行发掘，拟揭露该部位已探知的大型房址和周围的灰坑等遗迹，验证此前对核心区大型房屋布局的推测，更深入地了解房屋建筑技术和房屋与周围遗迹的关系。F105、F106 和 F108 这些大型房屋规模宏大、建筑技术复杂，又位于聚落的中心，应该不是一般的居室。F105 外有回廊，F106 地面和墙壁均涂朱，F108 以多个室内柱标示和规划出屋内的核心空间。这些特殊的设施和装饰方式，都是此类大型房屋具有特殊功能的标志。正如很多学者推测的那样，这些房屋很可能是举行公共活动、处理公共事

① 王巍：《中华文明探源工程——揭示中华文明起源、形成、发展的历史脉络》，《人民日报》2022 年 7 月 4 日，第 9 版。

务的场所。F107 火塘的特殊形制和挡火墙的设置、房屋后部由密集立柱隔离出的特殊空间、西南角居住面上的火烧痕迹均表明，这座大型房屋中很可能会举行特殊的活动。可见当时大型房屋面向中心广场的格局虽然已经改变，但大型房屋的重要性并未减弱。①

2. 禹州瓦店

2007~2010 年，在中华文明探源工程中，由河南省文物考古研究所和北京大学考古文博学院组成的课题组在瓦店遗址上发掘了 1413 平方米，发现龙山文化的建筑基址、壕沟、路、柱洞、灰坑、窖穴、灰沟、墓葬、瓮棺葬、灶、窑、井等，出土丰富的陶、石、玉、骨、蚌、角、牙质遗物上千件。② 经学者研究，瓦店 WD2F1 建筑是平整地表后形成的“除地曰墠”之墠，是祭祀地祇的设施。与瓦店 WD2F1 建筑相关的遗迹有围沟、表面堆积、红烧土面、黄土浅坑（墩）、墓葬、瓮棺、人骨（人牲）坑、动物（牺牲）坑、螺蚌坑、五谷坑、柱洞等，内容十分丰富，包括与 WD2F1 建筑范围划定有关的围沟多条（因祭祀遗址长时间使用，可能需要多次维护以明确四至），与祭祀活动相关的人牲（人骨坑、土坑墓、瓮棺）和牺牲（动物坑）等，与燎祭有关的红烧土面、表面堆积、红烧土坑等，与瘗埋有关的五谷坑、重要遗物坑等，与宴飨活动和祭祀季节相关的螺蚌坑等，与祭祀建筑有关的柱洞等。其相互之间的复杂关系，可能表明它们都是 WD2F1 建筑多次祭祀活动的遗存。瓦店 WD2F1 祭祀建筑的使用年代较新砦祭祀之墠为早，此时正值早期国家形成与发展的重要时期。瓦店 WD2F1 建筑的内涵比新砦祭祀之墠更为丰富复杂，表明瓦店都邑规模之大和级别之高。瓦店祭祀场景的重建，是其时“国之大事，在祀与戎”的具体表现。③

3. 偃师二里头

通过 2010 年、2011 年两个年度的勘探和发掘，我们对宫城北部的布局有了更深入的了解，揭露出的由多进院落组成的 5 号基址是目前发现保存最

---

① 中国社会科学院考古研究所河南一队等：《河南灵宝市西坡遗址庙底沟类型两座大型房址的发掘》，《考古》2015 年第 5 期。

② 方燕明：《近年禹州瓦店遗址考古发现与研究概述》，载张弛、陈星灿、邓振华编《区域、社会与中国文明起源——国家科技支撑计划课题“中华文明起源过程中区域聚落与居民研究”成果集》，科学出版社，2019，第 120~137 页。

③ 方燕明、梁法伟：《禹州瓦店龙山时期 WD2F1 祭祀遗存初探》，载中国考古学会编《华夏考古》2021 年第 6 期。

好的二里头文化早期大型宫殿建筑，是中国古代宫室建筑主流模式的源头。巨型坑的发现为探索宫城内夯土基址的居住用土来源、二里头文化祭祀制度及偃师商城相关祭祀制度的源头等问题提供了线索。其中的第一至四期连续堆积，则为进一步细化二里头文化的分期和年代，复原当时的环境、经济生活等情况提供了重要的系列样本。①

本阶段在研究深度上有所突破，同时注重扩展研究领域，在资源与文明起源、发展和演进的关系方面的探究，很值得称道。同时，在整合不同区域、不同研究领域的成果方面，也有较大的突破。以整体性的视角探索中华文明起源研究所涉及的各种因素，以及它们之间的相互关系，探索期作用机制，为下一步工作奠定了良好基础。河南的文明探源工作在中华文明起源整体性研究中仍然发挥着重要作用，河南地区早期文明演进模式是中华文明演进模式的典范。

第五节　中华文明探源工程第四阶段（2013~2018年）

通过第二、第三阶段的持续研究，中华文明探源工程在微观、中观和宏观领域都取得了很大的突破。在此基础上，第四阶段提升研究的特点比较明显，主要是在前面几个阶段集中研究过的一些问题，如有关年代、生态环境、生业经济、都邑和聚落的本体研究及其所反映的社会结构的变化、文明形态诸要素的整合研究等方面持续深入探索，在研究深度上继续开拓。在整合各方面研究结果的基础上，形成本阶段总结性的结项报告。

一　课题设置

本阶段在项目设置上大致与上一阶段相同，多学科研究是一以贯之的研究思路和具体实施方案，文物保护与展示关键技术研究纳入研究范围。研究领域和时空范围也包含了中华文明早期的几个关键地域与核心时间段。与河南相关的考古项目有灵宝铸鼎塬遗址群（西坡遗址综合研究）、新砦遗址群聚落考古研究、王城岗与瓦店遗址群综合研究、邓州八里岗遗址等4

---

① 赵海涛等：《偃师市二里头遗址宫殿区》，载中国考古学会编《中国考古学年鉴（2012）》，文物出版社，2013，第291~292页。

项。遗址群的综合研究成为这一时期的显著特点也彰显了由此前的关键遗址点的研究向更高层级研究的突破和提升。

二　西坡遗址综合研究

1. 研究进展情况

（1）“西坡遗址人工制品综合研究”子课题，全面完成了陶器的修复工作，经过更仔细的拼对，复原陶器 70 余件，陶器的绘图工作也已经全面完成，共绘制完整陶器即重要标本的线图 400 余件。对已经挑选出来的 2 万余件陶器标本进行核对和分类，为下一步的类型学研究奠定了基础。

（2）经过对西坡遗址出土遗物的全面统计，登记石质遗物共 3 万余件，其中包括各类石器、石器坯料、石核和石片。对这些石质遗物的综合研究将解决西坡居民对石料的选择、石器制作工艺、各种石器的功能，以及石器组合反映的经济形态等重要问题。原来的项目设计中，此部分研究被纳入“西坡遗址人工制品综合研究”子课题，但对资料进行统计和初步分析后发现，相关研究工作量大，专业技术性强，需要专门人员承担。因此申请设立了新的子课题“西坡遗址石质遗物综合研究”，以首都师范大学考古系钱益汇教授任子课题负责人。目前，该项目已经完成对全部石质遗物的统计和分类，并完成了初步分析。

（3）动物遗存子课题，完成了动物种类的初步鉴定和初步统计，在此基础上进行细致观察，以进一步核实性别和年龄等信息。同时开始进行各种人工和自然痕迹的细致观察。

（4）植物遗存子课题，完成了对历年采集的土样的浮选，完成对浮选获得的大量植物遗存的初步鉴定和分析。形成博士论文《中原地区仰韶中期至龙山时期植物考古学研究》的重要组成部分，已经顺利通过答辩，此论文被评选为中国社会科学院研究生院优秀论文。目前需要进一步结合考古遗迹的背景进行更深入的综合研究，以更好地通过植物遗存反映当时的经济生活和社会组织。

（5）年代学和同位素分析子课题，系统完成了动物骨骼标本的采集，正在制备样品阶段，准备测试。

（6）成分分析子课题，正在根据各类遗物的统计和初步分析情况，制订样品采集计划，拟在近期开展样品采集。

总体而言，项目进展顺利，各子课题均取得了一定的成果。

2. 研究成果情况

李新伟、杨海青等人的《河南灵宝市西坡遗址庙底沟类型两座大型房址的发掘》（《考古》2015 年第 5 期），该发掘报告依据本项目对发掘资料的初步整理，对 2011 年在西坡遗址发掘的相互叠压的大型房屋 F107 和 F108 的资料进行了详细的介绍分析。主要观点包括以下几方面。

（1）明确了西坡聚落的布局演变。本次发掘的 F108 和以前发掘的 F105、F106 分别位于聚落中心广场的东南、西南和西北角，门道均指向中心广场，根据钻探资料，广场东北角同样存在一座大型房屋，形成大型房屋围绕中心广场的向心性布局，这与半坡时期的姜寨等聚落的布局基本一致。但在略晚的时期，由打破 F105 的房屋，和打破 F108 的 F107 情况看，向心性布局已经发生改变，这是聚落形态和社会组织结构的重要改变。

（2）进一步了解了西坡大型建筑的建筑过程和建筑技术。具体建筑程序包括：其一，完成半地穴部分和门道；其二，沿地穴边缘挖柱槽，立柱后，以夯土填满柱槽，使柱子稳固；其三，依托柱子夯打出半地穴墙体，将柱子包裹在里面，更加牢固；其四，在半地穴底部铺垫青灰色泥，在地表和半地穴壁上抹泥，形成居住面和壁面；其五，摆放室内柱的柱础，立室内柱，搭建顶部结构并盖顶。

（3）对西坡聚落大型房屋的功能有了进一步的认识。F107 特殊的大型火塘、房屋后部密集立柱隔离出的特殊空间均表明此房屋有特殊用途，应该不是一般的居址，而是举行重要公共活动的场所。

李新伟的《“最初的中国”之考古学认定》（《考古》2016 年第 3 期）一文认为，张光直提出的“中国相互作用圈”模式是对“最初的中国”最清晰，也最具考古操作性的表述。可以将“最初的中国”的考古学定义表述为：中国各主要史前文化区在同步发展的基础上，通过密切交流形成的、对中国历史发展产生了深刻影响的文化共同体。

郭志委、李新伟、杨海青等的《河南灵宝市西坡遗址南壕沟发掘简报》（《考古》2016 年第 5 期），该报告介绍了 2004 年，西坡遗址发现南、北两道壕沟，继 2005 年对北部壕沟进行解剖后，西坡联合考古队于 2013 年对南部壕沟进行解剖，以进一步了解其结构和堆积，以及由此反映的西坡聚落形成与演变的过程。通过本次发掘可以基本确认南部壕沟大致呈西北—东南走向，口部较宽、两侧斜收（外侧较陡，内侧稍缓），近底部向内折收为小平台（内侧不甚明显），两平台之间为锅底状沟底。壕沟内堆满不同形状和性质的堆积，可分为 15 大层 52 小层，此外还见有灰坑、完整猪骨等遗迹。根据壕沟内不同堆积的特点以及出土遗物的特征，可以推断南部壕沟的堆积年代应当始于西坡庙底沟遗存早、中期，延续至晚期，其主要过程可大致分为五个阶段，基本能与西坡聚落形态的演变相对应。

魏兴涛的《豫西晋南和关中地区仰韶文化初期遗存研究》（《考古学报》2014 年第 4 期）一文全面论述了“仰韶文化初期”这一学术界关注已久的重要问题，定义了该时期遗存的性质、分布地域，豫西晋南地区与关中地区的互动，以及该时期对后续的半坡和庙底沟类型的影响等，是本项目综合研究部分的重要成果。

赵志军的《中国古代农业的形成过程——浮选出土植物遗存证据》（《第四纪研究》2014 年第 1 期）一文全面综述了浮选植物遗存为中国农业起源和发展带来的新认识，对西坡的植物遗存研究具有指导意义。

张雪莲、李新伟的《西坡墓地再讨论》（《中原文物》2014 年第 4 期）一文依据骨骼同位素分析的结果，全面讨论了西坡墓地反映的社会等级，是同位素分析与考古背景紧密结合的有益尝试，为西坡遗址资料的同位素分析奠定了坚实的基础。[①]

三　新砦遗址群聚落考古研究

自 2002 年中华文明探源工程启动之后，作为该工程预研究的子课题之一，新砦遗址田野工作及研究的重点从文化谱系转移到聚落布局研究上来。在此之前，新砦遗址仅发掘了数百平方米，且发掘基本集中于同一地点，对聚落布局的了解几乎是一片空白。如何开展新遗址的聚落布局研究，我们认为最重要的有两点：一是树立聚落考古意识，时刻以聚落整体为观察、思考和研究的对象；二是制订一套不同于谱系研究的技术路线。鉴于新砦遗址面积大，各处堆积情况复杂，我们制订的技术路线是：第一，查阅和搜集相关文献和图像资料；第二，开展地面详细踏查；第三，在地面踏查

① 全国哲学社会科学工作办公室，http：//www. nopss. gov. cn/n1/2016/1129/c357654-28909903. html。

的基础上选择重点区域进行必要的钻探和物探；第四，在钻探的基础上选择重点部位进行较大面积的发掘；第五，联合其他学科共同研究新聚落的环境背景、演变过程及其对社会发展的影响。①

四 邓州八里岗遗址综合研究

邓州八里岗遗址是南阳地区一处重要的仰韶时期遗址。2000 年秋，北京大学考古文博院联合南阳市文物考古研究所对邓州八里岗遗址进行了第七次发掘。此次发掘的位置主要在遗址的北部，发掘面积达 1000 多平方米。2007~2008 年，北京大学考古文博学院联合南阳市文物考古研究所对八里岗遗址进行了发掘。本次发掘的重要收获是首次发现了早于仰韶文化的遗存，主要是十几个灰坑，包括椭圆形袋状窖穴、圆形桶状小坑和椭圆形锅底状坑。出土遗物并不多，能够看出器形的有口下饰乳丁的鼎或釜，还有钵等。堆积物浮选发现有炭化栎果和水稻等。从出土陶器看，与裴李岗时期方城大张庄一类遗存有相似之处。这是在汉水中游地区南阳盆地腹心地区首次发现的早于仰韶文化的遗存，对早期南北文化交流以及农业起源等课题的研究有重大意义。

本阶段更加注重遗址群、聚落、聚落群组的综合研究，单个遗址放在大的遗址群、聚落中考察其发展演变的基本规律，对应于文明起源和发展时期社会逐步复杂化的客观规律。河南作为考古资源大省，遗址资源丰富，聚落和聚落群遍布全省，这为从宏观上考察文明形态提供了规范和典型的样本，从历时性和共时性角度对文明社会演进过程中社会基本单元的重要作用进行了深入研究。此外，随着中华文明探源工程研究的深入，各层次、不同学科、不同专业的合作攻关也逐渐成为常态并且不断深入，河南学术界的研究也对此做了很好的示范。以河南省文物考古研究院、郑州大学历史学院为主要核心力量，各级文物考古部门的力量整合，不同学科背景的学者互相合作，特别是自然科学方面力量的加入，为河南省文明探源工作提供了强大的支持，取得了丰硕的成果。

---

① 赵春青：《新砦聚落考古的实践与方法》，《考古》2009 年第 2 期。

第六节　中华文明探源工程第五阶段（2020年以来）

中华文明探源工程第五阶段从研究思路和方法上与前几个阶段没有大的不同，仍然延续了此前的策略和技术路线。自2020年以来，新的考古发现又有所增加，每年都有数量不等的新材料被发现，有的新材料验证了此前的研究结论，有的则不同程度地修正已有的认识。在前期个案研究的基础上，本阶段的探源研究重点加强了理论研究的深度，这也是构建具有中国特色的文明起源模式和路径的需要。

一　研究重点

中华文明探源工程第五阶段的研究，也得到了国家"十四五"科技支撑计划的专项资助。本阶段除了在课题结构上的科学调整之外，把区域文明化进程作为研究的重点，设置了北方长城地带、中原和海岱地区、长江流域三个中国早期文明起源关键区域的综合研究课题。探源工程第五阶段延续多学科支撑联合攻关的模式，设置年代学、古环境和人地关系、生业、资源与技术、古代人群与分子生物学等相关课题，还有中华文明起源进程的整体性研究。中原考古的项目主要有河南巩义双槐树遗址、新密新砦遗址、偃师二里头遗址等。①

二　河南考古重点项目

1. 巩义双槐树遗址

巩义双槐树遗址位于郑州巩义市河洛镇双槐树村南。双槐树遗址地理位置非常险要，其东为虎牢关，西边有黑石关，嵩山巍峨立于其南侧，黄河在遗址北边蜿蜒流过。通过全面的考古钻探与发掘，明确在双槐树遗址周边有大量的新石器时代聚落遗址，包括荥阳青台遗址、荥阳汪沟遗址、孟津妯娌遗址、郑州西山遗址、宜阳苏羊遗址、伊川土门遗址等，上述聚落遗址规模较大，文化遗存非常丰富。双槐树遗址就位于这样一个规模巨

① 方燕明：《中华文明探源工程中的中原考古》，《郑州大学学报》（哲学社会科学版）2022年第6期。

大的新石器时代聚落群的核心位置。从地理位置上看，也显示出双槐树遗址居于核心位置的气象，属于被其他遗址环绕的中心。综合已有的研究成果，双槐树遗址是迄今考古发现的仰韶文化中晚期规模最大的高等级核心聚落。双槐树遗址以及郑州大河村遗址、荥阳秦王寨遗址、郑州西山遗址、荥阳青台遗址、荥阳点军台遗址、郑州后庄王遗址、荥阳汪沟遗址、荥阳陈沟遗址、郑州西史赵遗址、郑州站马屯遗址、巩义庄岭遗址、荥阳楚湾遗址、郑州尚岗杨遗址等的发现，显示了郑州地区是新石器时代晚期的文明中心。著名考古学家李伯谦认为："双槐树遗址一系列重要考古发现，尤其是其社会发展模式和承载的思想观念，给我们呈现出古国时代的王都气象。北斗九星及诸多凸显礼制和文明遗迹的特点，也为后世夏、商、周等王朝文明所承袭和发扬，五千多年的中华文明主根脉有望追溯于此。"①

2. 新密新砦

除了继续进行相关方面的考古工作之外，关于新砦遗址和新砦期文化的研究成果也层出不穷。魏继印、王志远就新砦文化深腹罐和侧装三角形扁足鼎的来源问题进行研究，认为深腹罐是新砦文化、王湾三期文化和造律台文化中数量最多的器物。新砦文化深腹罐可分为口沿沿面有沟槽和无沟槽两大类，占比分别为38.9%和61.1%。沿面带槽的深腹罐在王湾三期文化中非常少见，仅存在于个别遗址，相反，在造律台文化各个遗址中数量和比例都非常高，总比例超过74%。造律台文化沿面带槽深腹罐出现的时间要早于新砦文化中的同类器物。显然，新砦文化沿面带槽的深腹罐应当主要来源于造律台文化。侧装三角形扁足鼎是新砦文化陶器中数量排名第三的器物。此种器物在王湾三期文化中的数量非常少，出现的年代晚，而在造律台文化中数量较多，出现的年代早。在细部特征上，新砦文化侧装三角形扁足鼎鼎足外侧多有按窝和口沿沿面多有沟槽的特点在王湾三期文化侧装三角形扁足鼎上不见，而常见于造律台文化侧装三角形扁足鼎。很明显，新砦文化侧装三角形扁足鼎当主要来源于造律台文化。② 对新砦文化来龙去脉的研究，有助于理清其在中原文化发展序列中的定位问题。李

① 袁广阔：《定鼎河洛：郑州双槐树考古新发现》，《中国社会科学报》2022年8月4日，第6版。

② 魏继印、王志远：《新砦文化深腹罐和侧装三角形扁足鼎的来源问题》，《中原文物》2022年第5期。

维明就新砦遗址 2002 年 CT1 骨样品碳十四年代数据相对早晚排序问题进行了研究，他指出，《考古》2009 年第 2 期刊发的《河南新密市新砦遗址 2002 年发掘简报》公布新砦遗址 2002 年 CT1 骨样品碳十四年代数据表［1］，显示样品分别出自 8 个地层单位，碳十四年代、树轮校正年代数据按考古学分期为龙山晚期、新砦期早段、新砦期晚段，形成了系列。报告说明这一组新测定的绝对年代数据采用常规测年方法得出，与此前运用加速器质谱仪测定出来的新砦遗址测年数据基本吻合，从而再次证明了“新砦期”的存在，也反映出其分段的可能性。① 也有学者对新砦至二里头文化时期中原地区生业方式进行研究，认为在这一时期，中原地区的生业以农业为主，家畜饲养业占有一定地位，而渔猎则为辅助性经济活动。农业在整个经济结构中处于绝对主导地位且逐步趋近于成熟，多品种的粮食作物能够有效应对人口压力以及抗御自然灾害带来的风险，此外，也促进了家畜饲养业的稳步发展。高效且合理的生业模式为中原地区提供了稳定且多品种的粮食及肉食来源，促进了人口增长和社会发展，推动了该地区文明的起源与发展，为中原地区的文明化进程奠定了坚实的基础。② 魏继印把新砦期发生的大洪水与二里头文化的形成联系起来，认为嵩山东南麓的新砦遗址第二期文化、洛阳盆地的龙山文化和二里头文化之间都发现有异常洪水的迹象。陶器特征和绝对测年显示两地的洪水应为同一次。晋南地区、豫西北地区一些龙山文化遗址也发现有此时期的洪水迹象。此次洪水发生在新砦文化的中期，覆盖的范围广大，是数千年不遇的特大洪水，与文献中禹时期的大洪水比较相符，故新砦文化应与早期夏文化有关。新砦文化晚期，洪水退去，在洛阳盆地的中央形成大面积的无人区，新砦文化趁机而入发展成为二里头文化。这一研究从一个新的视角诠释“最早的中国”的形成路径。③

3. 偃师二里头遗址

2022 年度，国家文物局召开新闻发布会，公布了近年二里头遗址的新

---

① 李维明：《新砦遗址 2002 年 CT1 骨样品碳十四年代数据相对早晚排序及启示》，载中国社会科学院考古研究所夏商周考古研究室编《三代考古》（九），科学出版社，2021，第 260~264 页。

② 周午昱、孙永刚：《新砦至二里头文化时期中原地区生业方式初探》，《赤峰学院学报》（汉文哲学社会科学版）2021 年第 9 期。

③ 魏继印：《新砦文化时期的大洪水与二里头文化的形成》，《南方文物》2020 年第 2 期。

发现，这些新的考古工作成就，不仅为推进二里头文化遗址本体的研究，以及文明探源的研究提供了新的材料，也开拓了新的思路。二里头遗址作为中华文明探源研究中国家形成阶段极其重要的核心遗址，被称为“最早的中国”，多年来持续不断的考古工作，不仅丰富了我们在物质层面对“最早的中国”的感性认知，也为研究中国早期国家形式、结构及其演变提供了丰富的材料。二里头遗址持续的考古工作和源源不断的考古发现，是推动早期国家研究的基石，值得重视。可以说，在早期国家研究方面，河南学界贡献了巨大的力量，河南考古以及相关研究功不可没。具体来讲，近年二里头考古新的发现主要包括以下几个方面。

（1）道路及城垣的新发现

近年来，二里头遗址内的道路及城垣的发现持续不断，这些新发现丰富了我们对二里头遗址都邑布局的认识。道路及相关城垣将城内划分为多个不同的区域，对于认识城内布局、社会结构乃至二里头遗址的都邑性质都提供了弥足珍贵的材料。

（2）手工业遗存的新发现

近年来，考古工作者通过细致的发掘工作，在遗址西北部发现了一批手工业作坊遗存，根据提取的遗留物分析，应该与漆器加工制造有关系。其直接根据是在这里发现了数量众多的带有漆的陶片，数量达到800余片，在已知的考古发现中属于仅见。所以，这对探索当时的手工业发展状况具有十分重要的价值，据此也可以进一步探讨当时的生业经济。此外，还发现有制陶、制骨角器的作坊。这些发现的价值都是不言而喻的。

（3）具有“居葬合一”特征的二里头文化贵族聚居区的发现

考古工作者在祭祀区以西的网格中，发现一处贵族居住区。比较特殊的是，这里既有住房和房屋组成的庭院，也发现有墓葬，且等级较高。住房和墓葬同时位于居住区中，形成较为少见的“居葬合一”布局。在居住区的墓葬中，一定数量的墓葬墓主有被截肢和砍头的现象，还有多人乱葬的墓葬。[①] 这些考古发现都是比较罕见的，值得深入探讨和研究。

上述一系列重要的考古发现，一方面使我们对二里头的布局和文化内涵有了更深的认识，为已有的研究结论补充了丰富的材料。另一方面，一

---

① 梁笑宇、刘嘉仪：《二里头遗址有多项重要新发现》，《洛阳日报》2022年9月17日，第2版。

些新的考古发现，诸如“居葬合一”现象，也为我们提出了新的研究课题。综合二里头遗址不同时期的考古发现及研究成果，能够为研究该区域的布局及历时性变化、当时的社会关系等问题提供重要依据。① 二里头遗址作为中华早期文明最重要的载体之一，它的每一个新的发现，都有可能为解决中华文明探源问题提供新的材料和思路。正是有了千千万万奋战在一线的考古工作者的努力奋斗，中华文明探源工作才有了坚实的基础。同时，每一个学科的学者都在各自的研究领域内为文明探源研究奉献了力量，多学科研究的魅力或许就在于此。

双槐树遗址和二里头遗址分别代表了不同时期中原文明发展的态势，因而具有不同的特点。双槐树遗址所处的时代当在文明萌芽阶段的后期，其无论在规模、文化内涵方面都具有了促进文明发展的要素，在器物层面和思想观念层面都有了进入文明社会的条件。人类的认知水平与社会发展程度相匹配，可以说，在此阶段，文明形态呼之欲出。二里头文化时期，王朝国家已经形成，文明形态早已脱离萌芽状态。从双槐树到二里头，文明的发展过程犹如一轮红日喷薄而出，这也印证了文明起源是一个动态的不断发展的过程。中华文明从“满天星斗”式的发展状态到在中原地区最终大放异彩并延续至今，中原地区的古先民做出了巨大的贡献。今日，河南学人依然在为破译中华文明的密码而努力。河南的考古发现不断刷新我们对远古文明的认知，实验室里为测年、为成分分析做出巨大贡献的理工科研究人员，甚至那些为研究插上科技翅膀的科技工作者，都是让人敬佩的。为了一个共同的目标，来自五湖四海、不同学科背景的科研工作者必将载入史册！

在肯定卓越成就的同时，我们也看到，构建中华文明起源理论体系还任重而道远，有许多工作还需要去做。应当承认，文明探源需要在原有基础上有新的突破，从理论到实践、研究方法都需要新的提升。在中华文明史不断被拉长的同时，我们也应该探求中华文明史的深度和厚度。

在前四个阶段，研究的内容、方法、研究的宗旨、课题设置和研究模式基本上已经成型，本阶段主要在延续前面研究路线的基础上，把近年来的考古新发现纳入研究体系之中，在研究深度和广度上都努力再上一个新

---

① 梁笑宇、刘嘉仪：《二里头遗址有多项重要新发现》，《洛阳日报》2022年9月17日，第2版。

台阶。特别是在构建具有中国特色的文明起源模式和话语权体系方面，学术界做了很多工作。未来需要深入探讨的问题还有很多，作为考古大省的河南省在未来应该继续贡献自己的“河南力量”，为提高中国文化软实力、让中国文化走向世界继续努力！

第四章　收获：不同文化时期的河南文明探源成果

在中华文明的探源方面，河南有着有利的条件，占据着重要的地位。无论是考古发掘还是相关基础研究方面，仰韶文化时期、龙山文化时期、二里头文化时期及介于仰韶文化时期与龙山文化时期的过渡性时期“新砦期”，河南都取得了丰硕而意义重大的成果，大大推动了中华文明探源研究工作的进步。

第一节　仰韶文化

仰韶文化遗址首先由瑞典学者安特生和中国学者袁复礼于1921年在河南省渑池县仰韶村发现，是一处彩陶、红陶和磨光石器共存的新石器时代文化遗址，因在渑池仰韶村首次发现，学术界便将它命名为“仰韶文化”。仰韶文化的时代，其上限大体是距今7000年，其下限大体是距今5000年，持续约2000年之久。[①] 仰韶文化历经新石器时代晚期和铜石并用时代早期，因此，与之相应，仰韶文化区分为前期、后期，前期约1500年，后期约500年。[②] 也有将仰韶文化区分为早期、中期、晚期三个阶段，[③] 早期约1000年，中、晚期各约500年。

目前，仰韶文化遗址已发现有5000多处，发掘或试掘的遗址有200多处。[④] 仰韶文化遗址的分布西至甘肃、青海，东达山东西部，北至宁夏、内蒙古地区，南达江汉流域，但主要分布在大中原范围之内。根据时空特征，

---

① 有认为仰韶文化始于公元前4000多年，结束于公元前2000多年，经过约2000年历程。河南省文物研究所编《河南考古四十年（1952—1992）》，河南人民出版社，1994，第47页。

② 苏秉琦主编《中国通史·远古时代》，上海人民出版社，1994，第85、212页。

③ 巩启明：《从考古资料看仰韶文化的社会组织及社会发展阶段》，《中原文物》2001年第5期。

④ 巩启明：《从考古资料看仰韶文化的社会组织及社会发展阶段》，《中原文物》2001年第5期。

在考古界，仰韶文化又被区分为半坡、史家、后岗、庙底沟、西王村、大河村（或称秦王寨）、下王岗等类型。仰韶文化早期以半坡类型为代表，仰韶文化中期以庙底沟类型为代表，仰韶文化晚期以大河村类型为代表。

河南仰韶文化方面的收获，主要体现在仰韶文化遗址的发现、发掘及发掘成果的重要影响、作用与研究进展方面。

一 河南仰韶文化遗址的广泛分布

河南地区仰韶文化遗址的分布，1992 年前，据初步统计已有 800 多处。[①] 许顺湛先生根据《中国文物地图集 · 河南分册》[②] 做了初步统计与研究，根据他的统计与研究，河南地区的仰韶文化遗址有 676 处，分布在全省 90 个市县。其中，豫中的郑州市 76 处、许昌市 12 处、漯河市 8 处、平顶山市 43 处，豫东的开封市 5 处、商丘市 3 处、周口市 15 处，豫北的新乡市 12 处、濮阳市 6 处、安阳市 14 处、鹤壁市 10 处，豫西的洛阳市 165 处、三门峡市 157 处、焦作市 39 处，豫南的驻马店市 21 处、信阳市 18 处、南阳市 72 处。这 676 处仰韶文化遗址中，10 万平方米以上遗址共有 116 处，其中豫中的郑州市 14 处、许昌市 1 处、漯河市 2 处、平顶山市 5 处，豫西的洛阳市 35 处、三门峡市 35 处、焦作市 7 处，豫北的新乡市 1 处、濮阳市 1 处、安阳市 2 处、鹤壁市 2 处，豫南的信阳市 1 处、南阳市 10 处。[③] 豫中的郑州市、平顶山市，豫西的洛阳市、三门峡市、焦作市，豫北的鹤壁市（面积相对小），豫南的南阳市是仰韶文化遗址的重点分布地区。

许顺湛先生根据遗址的分布情况，将它们有机地联系起来，从遗址群或者说聚落群的角度来研究问题，从而更能说明河南仰韶文化遗址分布的特征与规律。河南仰韶文化遗址分布的中心是灵宝、洛阳和郑州，而郑州又是中心的中心，“如果从行政区划来观察，仰韶遗址分布，大体上有两条线路，一条是豫北至豫西南，包括安阳、焦作、郑州、平顶山、南阳诸地区，有后岗类型、大河村类型、下王岗类型的仰韶文化。另一条线路是沿黄河南岸的郑州、洛阳、三门峡诸地区，主要是庙底沟类型和大河村类型

① 河南省文物研究所编《河南考古四十年（1952—1992）》，河南人民出版社，1994，第 46 页。
② 国家文物局主编《中国文物地图集 · 河南分册》，中国地图出版社，1991。
③ 许顺湛：《五帝时代研究》，中州古籍出版社，2005，第 225~240 页。

仰韶文化。聚落最多，特级聚落最多，主要在这一条线上。这两条线形成了一个丁字形，郑州正在这个丁字的交接处，因此这里的文化内涵比较复杂”[①]。这与郑州是黄帝活动的主要地区和中心地区也是一致的。

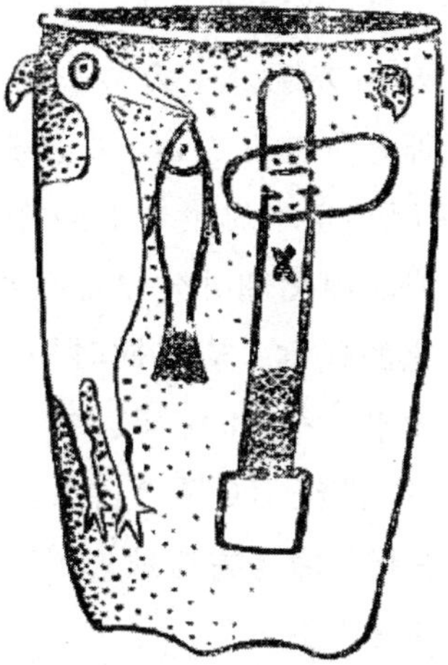

图 1　仰韶文化晚期汝州市阎村彩陶缸上“鹳鱼石斧图”

资料来源：杨育彬：《河南考古》，中州古籍出版社，1985，第 45 页。

二　河南仰韶文化遗址的代表性发掘成果

河南仰韶文化遗址的分布不仅具有广泛性，在仰韶文化遗址中还有着代表性和典型性，对仰韶文化的认识与研究有着重要意义和价值。

1. 仰韶文化以之命名的仰韶村遗址

仰韶村在三门峡市渑池县东北 7.5 公里，遗址在村南台地，东北到西南长 900 米，西北到东南宽 300 多米，总面积约 30 万平方米，文化层厚 2~4 米。1921 年 10 月 27 日至 12 月 1 日，瑞典地质学家安特生和中国地质学者袁复礼等对仰韶村遗址进行了首次发掘，获得了一批较为丰富的文化遗存。

1923 年，安特生据所获考古材料撰成论文《中华远古之文化》，并借鉴法国考古学家莫尔蒂耶依照地质学上地史分期的命名办法，即用第一次发

① 许顺湛：《五帝时代研究》，中州古籍出版社，2005，第 240 页。

现的典型遗迹的地名来命名之例，将仰韶村遗址文化所属文化称为“仰韶文化”。[①] 仰韶村的发掘是安特生在中国境内进行的规模最大、记录最为详细的一次考古发掘，也是河南境内所进行的第一次正式考古发掘。仰韶村的发掘揭开了中国现代考古学的序幕，也成为世界认识中国史前文化的起点。1951 年夏鼐先生主持了第二次发掘。

1961 年，仰韶村遗址被国务院公布为第一批全国重点文物保护单位。1980~1981 年河南省文物研究所进行了第三次发掘。1985 年，在渑池县召开的纪念仰韶文化发现 65 周年学术讨论会上，有学者提出了“仰韶时代”的概念，认为仰韶文化一词的内涵和外延早已脱离了考古学文化的范畴而成为同时期新石器时代文化的代称，应将同时期具有相似内涵的新石器时代文化统称为“仰韶时代文化”。[②] 2001 年，“河南渑池仰韶新石器时代遗址的发掘”被评为“中国 20 世纪 100 项考古大发现”。2011 年，仰韶文化博物馆正式开馆，同时仰韶村国家考古遗址公园的建设也在积极推进。2019 年进行了仰韶村遗址的第四次发掘。

2. 揭示“三叠层”及其年代序列的安阳后岗遗址

后岗遗址位于安阳市西北洹河南岸高楼庄村北一漫坡土岗上，面积约 10 万平方米。1931 年，中国现代考古学奠基者之一梁思永主持了河南安阳后岗遗址的发掘，发掘分前后两个阶段。第一阶段自 4 月 16 日至 5 月 12 日，发现有彩陶、黑陶和白陶三种文化堆积。彩陶属于仰韶文化，黑陶属于龙山文化，白陶属于殷墟文化。第二阶段自 11 月 10 日至 12 月 4 日，依土质土色区分的文化层和遗物的类型特征，明确发现上层小屯文化（商文化）、中层的龙山文化和下层的仰韶文化三大文化层，在平面分布上，第三层限于后岗的西南部，第二层贯穿于后岗的全部，第一层分布于后岗的最高部分，这“三叠层”有着时间先后的区别。此后，20 世纪 30 年代又进行了 3 次发掘，50 年代以来中国科学院考古研究所（1977 年后为中国社会科学院考古研究所）还进行了多次发掘，分别在 1958~1959 年、1971~1972 年、1979 年。有学者把以后岗遗址仰韶中晚期为代表的仰韶文化遗存称为后

① 陈星灿：《中国史前考古学史研究（1895—1949）》，生活·读书·新知三联书店，1997，第 89 页。

② 河南省文物研究所编《河南考古四十年（1952—1992）》，河南人民出版社，1994，第 47 页。

岗类型，包括鹤壁市淇滨区大赉店、濮阳市西水坡等遗址，主要分布于豫北、冀南的卫河、漳河流域。有学者将后岗一期遗存称为“后岗一期文化”。

安阳后岗遗址“三叠层”的发现首次为黄河流域尤其是黄河中游考古文化建立起时代编年的轮廓，成为中国现代考古学史上的重大转折和发展新起点的标志。① 2001 年，后岗遗址“三叠层”被列入“中国 20 世纪 100 项考古大发现”。

3. 仰韶文化“庙底沟”类型的三门峡市陕州区庙底沟遗址

庙底沟遗址位于三门峡市陕州区老城南关东南的青龙涧南岸，是东西靠沟、北面临河的一块小平原，总面积达 24 万平方米。1956～1957 年，文化部和中国科学院组成的黄河水库考古工作队在该遗址发掘出属于仰韶文化的 2 座房基、168 个窖穴、1 座残墓。出土的仰韶文化陶器经复原的有 690 多件，其中最具代表性的为彩陶，其颜色主要为黑色，用红色的很少，兼用黑红两色的更少。器型以曲腹碗、盆为主，不见圜底钵形器。纹饰主要绘在器腹上，也有绘在折沿盆的口沿上。纹饰图案的组合较为复杂，也富于变化。仰韶文化的上面还压有龙山文化早期堆积，即庙底沟二期文化。发掘出属于早期龙山文化的 1 座房子、1 座陶窑、26 个窖穴、145 座墓葬，遗物丰富，陶器中绝大多数为灰陶。

庙底沟仰韶文化和与庙底沟遗址相对的青龙涧北岸的三里桥遗址仰韶文化代表了仰韶文化的不同发展阶段，先后发展顺序为庙底沟仰韶文化→三里桥仰韶文化→庙底沟龙山文化→三里桥龙山文化。② 庙底沟遗址因丰富的出土遗物和彩陶的精美而被作为类似遗址仰韶文化的一个类型，即“庙底沟类型”。后有学者提出，“庙底沟类型”是一种典型的仰韶文化，彰显了三门峡地区的文化面貌，三门峡地区为其主要分布区。③

4. 新石器时代文化一脉相承的洛阳王湾遗址

王湾遗址位于洛阳市西郊 15 公里王湾村西偏北涧河岸边台地上，面积约 8000 平方米，新石器时代文化层堆积厚达 3 米。从 1959 年秋到 1960 年春，北

① 张新斌、李龙、王建华：《河南考古史》，大象出版社，2019，第 46 页。

② 《河南考古四十年（1952—1992）》将仰韶文化三里桥期（三里桥一期）置于仰韶文化庙底沟期（庙底沟一期）之前。参见河南省文物研究所编《河南考古四十年（1952—1992）》，河南人民出版社，1994，第 50～54 页。

③ 河南省文物研究所编《河南考古四十年（1952—1992）》，河南人民出版社，1994，第 47 页。

京大学考古实习队进行了两次发掘，共发掘出 9 座房基、179 个灰坑、119 座墓葬。文化层分为王湾第一期文化、王湾第二期文化、王湾第三期文化三个阶段。王湾第一期文化在最下层，属于仰韶文化，遗物较多。王湾第三期文化所发掘灰坑，绝大多数被上面的周代及北朝文化层破坏，出土遗物最为丰富，生产工具、生活用具等都有新的变化，据器形特征，属于典型的河南龙山文化。王湾第二期文化出土物已有变化，具有过渡性特征，正好介于仰韶文化和龙山文化之间。如果说庙底沟文化与三里桥文化是两个遗址文化的一脉相承，那么王湾文化从第一期到第三期，其新石器时代文化是一脉相承的。因此，洛阳王湾遗址的发掘，为解答仰韶文化向龙山文化过渡阶段的年代分期与发展联系诸问题，提供了更为明确的地层关系和大量的实物资料。

5. 仰韶文化大河村类型的郑州大河村遗址

郑州大河村遗址，位于大河村西南一片漫坡土岗上，距离郑州市东北郊 6 公里，高出周围地面 2~3 米。遗址中部偏西，有一条西南至东北走向的古河道穿过。遗址南北长 600 米，东西宽 500 米，面积约 30 万平方米。1964 年发现，1972~1985 年郑州博物馆进行了十多次发掘，发现了仰韶文化、龙山文化、二里头文化和商文化地层的叠压堆积，文化层厚 7~12.5 米，遗迹、遗物十分丰富。遗址的中部房子密集，属居住区；墓葬区占据着遗址的东北部和西北部。在发掘的 1500 平方米的范围内，共发掘出属于仰韶文化、龙山文化的 22 座房基、101 个窖穴、106 座墓葬（包括儿童的瓮棺葬）。出土完整的或可复原的遗物 1500 多件，其中也包括一些近似于大汶口文化和屈家岭文化的遗物。从发掘的属于仰韶文化的 10 座房基来看，当时修建在地面上经过烧烤的成组的房子，相较于陕西西安市半坡仰韶文化早期和三门峡市陕州区庙底沟仰韶文化中期的半地穴式房屋，是一大进步。仰韶文化的遗迹还有 2 座瓮棺葬和 8 个窖穴。

在丰富的出土遗物中，最引人注目的是仰韶文化带有陶衣的彩陶，数量之多，内容之丰富，为其他遗址所少见。每一件陶器都可以称得上是艺术品，陶器的外面涂有一层陶衣，彩绘颜色鲜艳夺目，红如血，白似雪；纹饰图案匠心独运，有方格、直线、弧形三角、条带、菱形、曲线、网纹、水波、六角星、古钱形、圆点、锯齿、舟形、同心圆和铭纹等几何图案，也有花瓣、勾叶等植物装饰，又有昆虫、鸟纹之类的动物图形，还有星座、月亮、日珥、太阳和旋风等自然现象的纹饰；彩绘内容有 30 多种，有的繁缛细腻，有的寥寥数笔，但大多形象生动，出神入化。[①] 尤其那些描绘大自然的星座纹、月亮纹、太阳纹、日珥纹等，想象力之丰富，令人叹为观止，它们也是我国发现最早的天文学资料，相较于殷商甲骨文所载天文学资料早2000年左右。房基F1～F4由“木骨整塑”而成，首创的两面坡式的排房建筑，对我国北方传统民居建筑的基本形制产生了深远影响。

大河村遗址仰韶文化遗迹遗物丰富，具有一定的代表性，因此学者把大河村遗址和与之内容相近的荥阳秦王寨、青台、点军台，郑州后王庄、林山寨，禹州市谷水河，长葛市石固等仰韶文化遗址归为仰韶文化的大河村类型。大河村类型处于仰韶文化和河南龙山文化的交替过渡时期，是中原地区仰韶文化的一个重要发展阶段，它的许多文化因素都是在前期仰韶文化的基础上形成和发展起来的，它吸收了陕西半坡类型，豫西庙底沟类型，豫北后岗类型，豫北、冀南大司空类型等仰韶文化早期各种类型的文化因素，还受到了大汶口文化的一定影响，可以说经历了中原远古文化最早的一次大融合。同时，它的文化内容和因素，又在河南龙山文化中找到了归宿。大河村类型在我国考古学上居于重要的地位。

6. *环嵩山地区具有都邑属性的双槐树遗址*

近几年发现的巩义双槐树遗址是中华文明形成初期规格最高的具有统一性质的都邑聚落，遗址位于黄河南岸高台地上、伊洛河汇流入黄河处的郑州市巩义市河洛镇，总面积约117万平方米，发掘有仰韶文化中晚阶段的大型中心居址、大型三重环壕、瓮城结构围墙、夯土祭祀台遗迹、大型公共墓地、“北斗九星”天文遗迹及家蚕牙雕艺术品等。学者研究认为该遗址是距今5300年前后古国时代的一处都邑遗址，或可称为“河洛古国”。[②] 亦有学者认为其进入了古国文明的前夜。[③]

三重环壕将遗址分为三部分，这种布局为早期都邑城郭制度的源头，开三代宫城、内城、郭城制度的先河。内壕中部发现三处大型夯土院落式基址，其中一号院落内F76是一组面阔13间、面积达308平方米的大型房

---

① 孙广清：《河南仰韶文化的发现与研究——纪念仰韶文化发现80周年》，《中原文物》2001年第5期。

② 周心晨、时连根：《在“河洛古国”发现了我国最早的骨质蚕雕艺术品》，《蚕桑通报》2021年第1期。

③ 秦存誉：《河南史前文化谱系与文明化进程》，《中国社会科学报》2023年6月28日，第7版。

屋，院落南墙外有广场遗迹，这可能为社会礼仪制度在双槐树的肇始。二号院落南门道内的“一门三道”结构，与偃师二里头1号宫殿建筑及更晚的高等级建筑门道基本一致，反映出双槐树门道建制之源与大型建筑基址等级之高。骨质蚕雕艺术品为一条正在吐丝的家蚕形象，由野猪獠牙雕刻而成，长6.4厘米、宽不足1厘米、厚0.1厘米，头部、胸足、腹足组合明晰，头昂尾翘，背部凸起，与蚕吐丝或即将吐丝时的造型高度契合。同时期荥阳青台、汪沟遗址的瓮棺葬内也发现丝绸遗物和多处使用丝绸的痕迹，说明当时人们已经养蚕缫丝。1973~1977年在浙江余姚发掘的河姆渡文化遗址中发现了刻有蚕纹的牙质盅形器，但牙雕家蚕是迄今发现的仰韶时期与养蚕及丝绸起源相关联的、比较直观的实物资料，对于丝绸之源的寻找具有重大学术价值。

当前，双槐树遗址被确定为“中华文明探源工程”第五阶段研究的重点遗址。双槐树遗址以及拱卫在其周围的郑州市金水区大河村、惠济区西山、经开区尚岗杨，郑州市荥阳市青台、汪沟，洛阳市宜阳苏羊等城址或环壕聚落，反映出当时的社会已经高度复杂化。

7. 首次提供裴李岗文化与仰韶文化关系地层依据的长葛市石固遗址

石固遗址，位于长葛市西南12.5公里的石固村东小洪河故道与石梁河交汇处，是一处包含裴李岗、仰韶、龙山、战国、汉、宋等时期的遗存。1972年发现，面积10万平方米，文化层厚1~3米。1978~1980年，河南省文化局文物工作队进行了四次发掘，发掘面积2100多平方米。发掘出仰韶时代的4座房基、93个窖穴、27座墓葬（其中12座瓮棺葬），出土200多件遗物。

遗址揭示仰韶时代文化堆积直接叠压或打破裴李岗文化堆积的地层关系，为解决这两支考古学文化的关系首次提供了地层依据。

8. 其他

重要的仰韶文化遗址考古成果还有宜阳苏羊遗址聚落的考古进展。苏羊遗址位于洛阳市宜阳县张坞镇苏羊村、下村两个自然村内。2016年10月调查，遗址南北长约1050米、东西宽约970米，面积约60多万平方米，文化层堆积最厚有5米左右。发掘了900平方米，第一期遗存属于仰韶文化晚期；第二期遗存属于屈家岭文化，其中包含有较多的庙底沟二期文化因素；第三期遗存属于王湾期文化。[①] 反映了在洛河中游这一南北文化过渡地带中

① 任广：《河南宜阳苏羊遗址下村区发掘简报》，《中原文物》2021年第5期。

原文化势力和长江流域文化势力此消彼长之态势。2019 年 10 月该遗址被列为全国重点文物保护单位，2020 年被列为“考古中国——中原地区文明化进程研究”重大项目。自 2021 年年初又进行了连续性的考古发掘，新发现了该遗址此前未曾发现的一些较为典型的仰韶早期遗存，如竖穴土坑墓、瓮棺葬、环壕等。遗址内还发现少量保存较好的炭化粟、黍等植物遗存。遗址以仰韶时期为主，存续时间自仰韶文化早期至龙山文化晚期，且含有大溪、屈家岭、红山、大汶口等诸多文化元素，为中原地区文明化早期进程阶段的考古学文化谱系和精细年代框架的建立，河洛地区仰韶时期的聚落形态、布局和功能分区的研究，不同区域之间的文化交流碰撞提供了重要材料。

近年来，郑州大学靳松安、陈朝云、李锋团队对豫中北汝河流域、豫东淮河流域、豫西北沁河流域仰韶文化中晚期至庙底沟文化二期聚落遗址进行了大范围区域调查，为这一时期聚落形态研究提供了重要新资料。河南大学对沁河下游地区先秦遗址进行了调查，对河南孟州司家沟、南阳邓州太子岗等遗址进行了发掘。郑州嵩山文明研究院对洛阳盆地西部涧河流域、周口地区区域地质等进行了系统调查。

三　河南仰韶文化研究的长足进步

随着新石器时代文化遗址调查发掘成果的增加，河南仰韶文化相关考古理论、方法、技术及仰韶文化性质、分期、类型等研究成果逐渐丰富，进步显著。

1. 考古理论、方法与技术的丰富

考古发掘中探沟法和“水平层”发掘法的运用。1921 年安特生主持的仰韶村遗址第一次发掘中使用的探沟法，是我国考古学中第一次应用探沟了解地层关系。探沟法已成为日常发掘中对地层进行全面了解的必要手段。安特生主持的仰韶村遗址第一次发掘中从地质学引入的“水平层”发掘法，即根据土质、土色、包含物进行分层。由于人类生活堆积的厚度并不能反映时间的变化等问题，就是说这种深度分层不能代表地层单位，同一时代的地层（文化层堆积）并不一定都在一个平面上，“平均”地层的观念会导致对遗址文化内涵和性质的误判。

揭示地层单位的“水平层”发掘法不久被废除。1931 年梁思永在主持河南安阳后岗遗址的第二阶段发掘中，就均以根据土质土色区分的文化层

为单位对发掘和遗物进行统计，同时据遗物的特征，将各文化层合并为上层的小屯文化（商文化）、中层的龙山文化和下层的仰韶文化三大文化层，即后岗“三叠层”。后岗“三叠层”及其年代序列的发现，是考古地层学在中国第一次有影响的成功运用，也是中华人民共和国成立前中国新石器时代考古领域最大的学术成就。“三叠层”在仰韶村遗址的第二次发掘中也得佐证。1951 年河南省调查团对仰韶村遗址进行了第二次考古调查和发掘工作。仍运用探沟法，但注重地层关系，抛开了安特生的“平均”地层观念，进一步佐证了水平发掘与文化层的不平衡性问题。现今旧石器时代遗址仍用“水平层”发掘法，不过不代表地层单位之用，仅仅作为一种发掘方法。

2. 文化内涵和文化性质等认识的深化

仰韶村遗址的四次调查发掘具有重要意义和影响，1921 年仰韶村遗址的第一次发掘，安特生所完成的仰韶村遗址测量工作及仰韶村地形图的绘制，为后续和后人的研究打下了重要的基础，而安特生“文化西来说”的提出激发了民族自尊心和发展考古学的决心；1951 年仰韶村遗址的第二次发掘加深了对仰韶文化内涵的认识，证明仰韶村遗址存在着仰韶文化和龙山文化两种不同的文化因素，随之开展的庙底沟和三里桥类型与分期的争论也促使考古学的大踏步发展；1980~1981 年仰韶村遗址的第三次发掘确定了仰韶文化的分期，基本弄清了仰韶村遗址的文化内涵，确定了仰韶和龙山两个考古学文化和四个不同发展阶段（仰韶文化中期、晚期，龙山文化早期、中期）的地层叠压关系；2019 年仰韶村遗址的第四次发掘更为系统地了解到仰韶村遗址的文化内涵、功能分区等。①

半坡和庙底沟两遗址的发掘及半坡和庙底沟两类型的确立，为此后仰韶时期文化的研究打下了基础。随后，考古学者陆续提出了芮城西王村、洛阳王湾、荥阳秦王寨、安阳后岗、安阳大司空村等类型，并在 20 世纪 50 年代末到 60 年代初就仰韶时期文化分期、类型及与周围同时期文化的关系等问题展开了一场大讨论。20 世纪 70 年代后，继淅川下王岗、郑州大河村、濮阳西水坡等遗址的发掘，又提出了郑州大河村类型、下潘汪类型等，仰韶时期文化的分区、分类型、分期等研究进一步深入，并展开了相关仰

① 张文利：《从仰韶村遗址四次发掘看考古方法的进步》，《三门峡职业技术学院学报》2021 年第 4 期。

韶时期社会生产、生活、聚落形态、社会结构和发展阶段等的研究与争鸣。到20世纪90年代，分布于河南省范围内的仰韶时期文化的发展序列与文化面貌已基本搞清，河南仰韶文化的分区、分类型、分期等研究又见新意。有学者认为，据文化传统和文化面貌，三门峡地区属于典型仰韶文化庙底沟类型的范畴，以嵩山为中心的郑、洛、汴、许地区可以最具有代表性的大河村遗址命名为“大河村文化”，豫东、豫东南地区的同时期文化应属于大汶口文化的范畴，豫北地区的后岗一类遗存和豫西南地区的下王岗一类遗存应该为大河村文化的两个地方类型，豫北地区以釜、灶、盂、支架为代表的一类遗存和大司空村一类遗存，可以具有代表性的下潘汪遗址命名为“下潘汪文化”，豫西南地区在下王岗类型之后，则为屈家岭文化的分布范围。①

3. 仰韶文化时期社会生活文明化进程研究的进展

郑州大学在灵宝城烟、孟州禹寺等遗址相关遗存基础上，认为仰韶早期已有成熟的酿酒控温技术，并会在饮酒时进行温酒处理。通过黄河流域古人种学研究，郑州大学揭示了仰韶人群在人种特征上具有高度一致性，即有着现代亚洲蒙古人种的南亚类型和东亚类型特点，认为最晚在仰韶文化晚期现代汉族的遗传学结构基础就已经形成。

河南省文物考古研究院魏兴涛指出，仰韶文化中晚期至庙底沟文化二期的考古学文化谱系年代研究已形成完备体系。以社会分工、阶级、城市、王权和国家的出现为标志，中原地区仰韶文化中晚期之际开始步入文明社会。仰韶文化早期阶段，以城烟、师村、西水坡遗址为代表，中原地区在我国最早出现的社会复杂化和文明化现象开启了中国史前文明化新进程；仰韶文化中期阶段，社会复杂化和文明化进程加速发展，社会复杂化、文明化显著呈现，古国雏形出现，很可能与华夏族形成和黄帝时期有关；仰韶文化晚期阶段，社会生产力显著发展，出现社会分工、手工业专业化及社会阶层分化和不同阶级，一批城址在郑洛地区产生，社会体现出“王”一级别的表征系统。

第二节 龙山文化

龙山文化，因1928年在山东章丘龙山镇首次发现而得名，是继仰韶文

① 河南省文物研究所编《河南考古四十年（1952—1992）》，河南人民出版社，1994，第47页。

化之后在黄河中下游发展起来的一种新石器时代晚期文化。绝对年代大约在距今5000年到4000年之间，相当于父系氏族社会发展和解体，私有制、阶级和国家产生的历史大变革时期，即原始社会末期到夏王朝初期。

一 河南龙山文化遗址的广泛分布

在河南境内，龙山文化遗址的分布相当广泛，并且通常与仰韶文化或商文化联系在一起，如有些叠压在仰韶文化层之上，有些被压在商文化层之下，有些介于仰韶文化层和商代文化层之间，有些是龙山文化层单独存在。渑池仰韶遗址和不召寨遗址也是龙山文化遗址在河南的首次发掘①，明确的龙山文化遗址的发掘当为1931年梁思永先生主持的安阳后岗遗址的发掘。20世纪50年代以来，调查发现河南境内龙山文化遗址有1000多处。1984年之前的河南龙山文化遗址的调查发掘情况，《河南考古》附录一《河南古代遗址、城址、窑址、墓葬统计表》② 有不完全的统计，表中有些市县遗址中新石器时代文化未作裴李岗文化、仰韶文化、龙山文化等区分，只是泛指新石器时代文化，可能实际上为仰韶文化或龙山文化，因此，龙山文化遗址数量应该比实际标注的多。

河南龙山文化主要分布在豫中、豫西、豫东、豫北、豫西南一带，部分影响到晋南、冀南、鲁西南和鄂西北。

二 河南龙山文化遗址的代表性和典型性发掘成果

河南龙山文化原属龙山文化的组成部分，1956年，从统称的龙山文化中区分出来，并命名为河南龙山文化。学术界一般将河南龙山文化分为王湾三期、后岗二期、王油坊、三里桥、下王岗五个类型，20世纪90年代又分出郝家台类型，计六个类型。所发掘的此六个类型的代表性遗址多为河南龙山文化遗址的重要发掘成果。

1. 豫陕晋三省交界地区代表龙山文化“三里桥类型”的三门峡市陕州区三里桥遗址

三里桥遗址位于三门峡市陕州区老城南关东南的青龙涧北岸，是一块

① 陈洪波：《安特生：中国现代考古学的开山人》，《大众考古》2013年第1期。

② 杨育彬：《河南考古》，中州古籍出版社，1985，第489~667页。

长条形的黄土台地，中部被两条大沟切断，总面积为 18 万平方米。北边是公路，东与南家庄相邻，西是三里桥村。遗址隔一条宽约 1400 米的河谷与庙底沟遗址遥遥相对，其西部以仰韶文化为主，东部则以龙山文化为主，二者交错叠压，周围的断崖上可见露出的窖穴或灰层。在庙底沟遗址发掘的同时，1956~1957 年该遗址发掘出属于仰韶文化的 2 座陶窑、47 个窖穴、2 座墓葬，仰韶文化遗物发现不是很多，彩绘陶器数量很少，花纹也较简单，有大量的圜底钵，不见曲腹碗、盆等器型。发掘出属于龙山文化的 1 座陶窑、103 个窖穴、1 座残墓。陶器出土较多，其中灰陶最多，彩陶已绝迹。

三里桥类型主要是指以三里桥遗址为代表的龙山文化，主要分布于河南西部、陕西东部和山西南部交界区。发掘遗址还有山西运城市平陆县盘南村、芮城县西王村和南礼教、夏县东下冯，陕西渭南市华阴市横阵村、华州区泉护村等。由于这一地区处于陕西龙山文化和河南龙山文化的接壤地带，三里桥类型陶器群中出现了这两支文化的共有器型，因为有许多陕西龙山文化的陶器，所以与河南龙山文化王湾类型不同。

2. 龙山文化晚期代表“王湾类型”的洛阳王湾遗址

洛阳王湾遗址的发掘，揭示出王湾新石器时代文化是一脉相承的。而属于龙山文化的王湾第三期文化被公认为龙山文化晚期代表的“王湾类型”。从 1959 年秋到 1960 年春，北京大学考古实习队进行了两次发掘，王湾第三期文化发掘 78 个灰坑、4 座墓葬，灰坑绝大多数被上面的周代及北朝文化层破坏，墓葬皆被周代灰坑或墓葬打破。出土遗物在 3 个文化层中最为丰富。生产工具仍以石器为主，有镰、刀、铲、斧、锛、凿、纺轮等，其中穿孔刀、石铲、有肩石铲等最为突出。与第二期相较，在数量、器型和制作技术上都有新的进步。骨、蚌器已占一定比重。生活用具也有新的变化，陶器以灰陶和黑陶为主，褐陶逐渐减少，红陶已经绝迹，纹饰以竖篮纹和方格纹为主体。制作方法除沿用第二期的轮模合制技术外，则以轮制为主，器壁内外遗留有平行的细周残痕。陶器器形更加繁多，出现了不少新的器型，如鬲、斝、鬶、盉、单耳罐、夹砂小瓮、带领瓮和镂孔器座等。另外，骨针、骨匕、骨锥、骨簪和骨环，以及蚌饰、牙饰等，较前期大为增多。从器型特征看，王湾第三期文化属于典型的河南龙山文化。王湾类型是由仰韶文化直接发展过来的，其后又发展为二里头文化。王湾类型的还有洛阳市西吕庙、锉李，洛阳市孟津区小潘沟等遗址。

3. 丹江流域龙山文化代表“下王岗类型”的南阳市淅川县下王岗遗址

下王岗遗址位于南阳市淅川县西南35公里下王岗村东红山头上，面积4000多平方米，文化层厚2~4米，1971~1974年发掘有118个灰坑、53座墓葬（包括24座瓮棺葬）、3座陶窑、4处灶。其文化层包含仰韶文化、屈家岭文化、龙山文化、二里头文化和周文化。内涵相近于下王岗遗址龙山文化的遗址称为“下王岗类型”。下王岗类型主要分布在丹江流域，范围为河南省的西南部和湖北省的西北部。

下王岗类型龙山文化是河南龙山文化在丹江流域发展的一种具有地域特征的文化类型，从下王岗屈家岭文化二期直接发展过来的，并在发展中吸收了“河南龙山文化”“陕西龙山文化”的某些因素。

4. 响河、涡河流域龙山文化代表“王油坊类型”的商丘市永城市王油坊遗址

王油坊遗址位于商丘市永城市西30公里王油坊村的东北土丘上。1977年中国社会科学院考古研究所与商丘地区文管会联合首次发掘，发掘面积600平方米，文化层厚3米以上。农耕土下即龙山文化层，发掘20座房基、44个灰坑、4座石灰窑，获得大批陶、石、骨、蚌、角器等遗物。遗址存在被东周墓和殷代文化层打破的现象。年代为约公元前2500~前2300年。内涵相近于王油坊遗址的龙山文化遗存统称为“王油坊类型”，也称“造律台类型”或“青堌堆类型”。其范围东到山东济宁市，西到郑州市，北到濮阳市，南到周口市鹿邑县。王油坊类型遗址还有永城市造律台、黑堌堆，周口市鹿邑县栾台等遗址。王油坊类型龙山文化叠压在大汶口文化层之上，其上则叠压着岳石文化、商文化，与大汶口文化关系密切，后发展为岳石文化。

5. 漳、卫河流域龙山文化代表“后岗类型”的安阳后岗遗址

安阳后岗遗址二期文化为龙山文化，龙山文化内涵丰富。仅1979年发掘600平方米，就发现39座房基、58座灰坑、28座墓、2个灶。墓葬中除1个兽坑外，其余都为儿童墓葬。出土大量龙山文化遗物，可复原的陶器542件，石骨蚌器290件。遗址可能是一处龙山文化城址，遗址外围曾发掘一段长70余米、宽2~4米的夯土墙。

安阳后岗遗址二期文化为代表的龙山文化遗存，首次发现的梁思永称其为“龙山文化豫北区”，尹达称其为“龙山文化辛村期”，李仰松称其为

“大寒类型”，安志敏称其为“后岗二期文化”，《新中国的考古发现和研究》[1] 称其为“后岗类型”。后岗类型龙山文化的年代约为公元前 2700～前 2100 年，延续有五六百年。后岗类型遗址文化堆积的一个特征是见有仰韶文化、龙山文化、商周文化，而不见二里头文化层。安阳市大寒南岗、八里庄及汤阴县白营等后岗类型的遗址尤以龙山文化的遗存为主。

6. 沙颍河流域龙山文化代表“郝家台类型”的漯河市郾城区郝家台遗址

郝家台遗址位于河南漯河市郾城区东 3 公里石槽赵村东北台地上，高出附近地面 2～3 米，平面呈椭圆形，面积 6.5 万平方米。当地称为“郝家台”“磕脚台”，其上原有“裴晋公庙”。1986～1987 年，发掘了 3213 平方米，清理龙山文化、二里头文化 14 座房基，310 多座灰坑，90 余座墓葬，1 座龙山城址。文化堆积丰富，包括五期龙山文化、三期二里头文化和商周战国文化层等 9 层。郝家台遗址文化层，联系紧密，延续时间较长，未见间断，从地层上解决了龙山文化与二里头文化的关系。内涵相近于郝家台遗址的龙山文化遗存统称为“郝家台类型”。

郝家台类型的遗址主要分布于淮河水系的沙河、汝河、颍水流域，范围是东到周口市沈丘县乳香台，西至平顶山市汝州市煤山，北到嵩山南麓，南到驻马店。郝家台类型的遗址还有郑州市登封市王城岗、周口市淮阳县平粮台、许昌市禹州市瓦店、汝州市煤山、沈丘县乳香台等。原来该区域内大部分龙山文化遗存被划入王湾类型，东部则划入王油坊类型。郝家台遗址发现有一座龙山文化城址，表明其是郝家台类型的中心。郝家台类型的年代约在公元前 2700～前 2100 年。

7. 彰显河南龙山文化重要特征的城址

城址的发现，是河南龙山文化的一个重要特征，目前发现有王城岗、平粮台、郝家台等 3 座郝家台类型和后岗、孟庄等 2 座后岗类型的龙山文化城址。

后岗遗址位于安阳市西北洹水之滨的高岗上，面积约 10 万平方米。20 世纪 30～70 年代，先后进行了 7 次发掘。遗址发现一段宽 2～4 米，长 70 余米的龙山文化时期的夯土围墙，可能是城墙的一部分。遗址内分布着一些直径约 3～5 米的圆形白灰面房基和木板地面房基，房子的墙基下面通常有用小孩作牺牲的奠基。遗址的龙山文化年代约在公元前 2700～前 2200 年。

---

① 中国社会科学院考古研究所编《新中国的考古发现和研究》，文物出版社，1984。

王城岗龙山文化古城位于郑州市登封市告成镇西约1公里的王城岗上，1976~1977年发现。王城岗古城为两座并列的古城，面积残近1万平方米。东城大部为五渡河冲毁。西城平面呈梯形，东部界墙残长65米，西墙基础槽长92米，北墙基础槽残长29米，南墙的基础槽长82.4米。城仅存夯土基础槽，夯层厚0.1~0.2米，有的厚0.06~0.08米。西城的东南角有可能为门的缺口。城内有殉人、殉兽的奠基坑，四期灰坑（H617）内出土有1件青铜器残片。城址为王城岗二期建成的，年代应在公元前2400年前。平粮台龙山文化古城位于周口市淮阳县城东南4公里的大朱庄西南台地上，1980年发现，建城年代约在公元前2500年以前。城址平面呈正方形，面积5万平方米，城内使用面积3.4万多平方米。城墙系采用小版筑堆筑法建造，底部宽13.5米以上，顶部宽8~10.2米，现存高度3.6米。有南北两门，南门有用坯垒砌的两个门卫房，门中间路土下铺设陶排水管道。城内夯土台上建有用土坯垒砌的排房、圆形房，另有陶窑、灰坑、瓮棺葬等，出土有陶、石、骨器及铜渣。郝家台城址位于漯河市郾城区东3公里的石槽赵村东北郝家台上，1986~1987年发现。平面呈长方形，面积约3.3万平方米，南北长222米、东西宽148米。现存城墙宽5米、高0.80米，门向不清，在东夯土墙的中部钻探出一个宽8.8米的缺口，西部、南部为京广铁路破坏。城内有排房，单元房均为长方形。有袋状灰坑、瓮棺葬等。城址的五期龙山文化中，第二期为城址使用期。城址的年代在公元前2600年前。孟庄城址位于新乡市辉县市东南孟庄镇东的坡地上，1992年发现。平面为正方形，面积16万平方米，城墙每边长为400米，底宽8.5米、顶宽5.5米、残高2米，夯层厚约0.1米，圆形圜底夯窝。城外有护城河。据遗址的出土陶片和叠压情况看，城址为一处龙山文化城址。

三　河南龙山文化研究的新进展

龙山文化的研究进展主要体现在龙山文化性质及庙底沟二期文化的认识上。

1. 龙山文化性质的认识

随着田野考古的进展，对龙山文化性质的认识不断发展。1947年，范文澜所著《中国通史简编》第一册将以蛋壳黑陶为特征的山东龙山文化作为夏文化。1977年，安金槐认为郑州市王城岗龙山文化城址有可能是文献上所讲的“禹居阳城”的阳城。

1996年“夏商周断代工程”开始至2000年启动的“中华文明探源工程预研究”间，在郑州市登封市王城岗遗址发现了一座年代约为公元前2000年前后的打破小城、面积达30多万平方米的大城，该城即文献所载的“禹都阳城”，以其为代表的河南龙山文化晚期遗存为早期夏文化，是夏文化发展的一大阶段。

1999～2000年的重新发掘，证实新砦遗址的主体文化内涵包括龙山文化、新砦期和二里头文化早期三种遗存，代表新砦遗址的三大发展阶段，或称为三期，第一期为龙山文化晚期，有作为中原龙山文化王湾类型的煤山亚型。新砦遗址的龙山文化遗存属于夏文化。

2. 庙底沟二期文化认识的深入

20世纪50年代，庙底沟、三里桥遗址的发掘，其仰韶文化代表了仰韶文化的不同发展阶段，而庙底沟龙山文化则为仰韶文化向龙山文化的过渡期文化，三里桥龙山文化为龙山文化的中期，是承袭庙底沟龙山文化（庙底沟二期文化）发展而来，庙底沟和三里桥新石器文化内涵，先后发展顺序为庙底沟仰韶文化→三里桥仰韶文化→庙底沟龙山文化→三里桥龙山文化。[①] 庙底沟和三里桥遗址，“不仅提供了解决仰韶文化和龙山文化本身的性质及其分期的线索，而且还解决了仰韶文化和龙山文化之间的关系问题，庙底沟第二期文化的发现是重要的考古收获，它承袭仰韶文化发展而来，成为龙山文化的最早期，而河南的龙山文化，又是承袭庙底沟第二期文化继续发展的。解决了由仰韶文化向龙山文化的过渡，又填补了中国古代文明起源的一个缺环”。[②]

第三节　新砦期

新砦文化是因新砦遗址命名的一种文化，为河南龙山晚期文化与二里头早期文化，属夏文化。新砦文化分三大发展阶段，或作一、二、三期。新砦二期称为“新砦期”，为狭义的新砦文化，是介于河南龙山文化晚期与二里头文化一期之间的过渡性文化。新砦一期属河南龙山文化晚期，新砦三期与二里头一期文化相同。实际上，新砦文化一般指狭义意义上的“新

① 《河南考古四十年（1952—1992）》将仰韶文化三里桥期（三里桥一期）置于仰韶文化庙底沟期（庙底沟一期）之前。参见河南省文物研究所编《河南考古四十年（1952—1992）》，河南人民出版社，1994，第50～54页。

② 杨育彬：《河南考古》，中州古籍出版社，1985，第35～36页。

砦期”。类似于或相近于新砦遗址“新砦期”的遗存统称为新砦文化。新砦二期的绝对年代在公元前1850~公元前1750年，经历大约100年的发展历程。新砦文化对于研究早期夏文化具有重大学术价值。

一　新砦文化遗址的分布

由于新砦文化是介于河南龙山文化晚期与二里头文化一期之间的过渡性文化，因此，在文化层上存在着龙山文化晚期与二里头文化尤其是二里头文化一期的叠压，就存在着或可能存在着新砦文化，这种文化遗址应该为新砦文化遗址。这从《河南考古》附录一《河南古代遗址、城址、窑址、墓葬统计表》[①]上可获得大致的了解。与龙山文化晚期和二里头文化紧密关联的新砦文化遗址在河南的分布，赵芝荃先生认为除郑州市新密新砦遗址外，还有郑州市二七区二七路，郑州市登封市王城岗、北庄，平顶山市汝州市煤山、柏树圪垯，洛阳市东干沟，许昌市禹州市瓦店、崔庄，新乡市红旗区马小营等遗址。[②]《新密新砦——1999~2000年田野考古发掘报告》则认为，除郑州市新密新砦遗址外，还有郑州市二七路、牛庄、马庄，新密市黄寨，荥阳市竖河，巩义市花地嘴等遗址；新郑市、新密市境内又新复查、调查出20多处遗址，主要分布于双洎河流域。[③] 郑州市东赵遗址亦有新砦文化的发现。

河南省境内新砦期遗存主要分布于嵩山东部及东南部，大体相当于二里头一期东半部及其东南。嵩山北部地区也有重要的发现。概而言之，新砦期聚落的分布大致为以嵩山为中心，主要分布在嵩山周围的东半部地区，嵩山以东的郑州市、东南的郑州市新密市和新郑市、西北的郑州市巩义市均有新砦期遗址的发现，但黄河以北及西南的汝州市目前还没有新砦期遗址的发现；[④] 就是说新砦期遗址“分布范围不大，主要分布于原王湾三期文化的东北部，与造律台类型的西界前沿和后岗二期类型的南部前沿地带相比邻”。[⑤]

---

① 杨育彬：《河南考古》，中州古籍出版社，1985，第489~667页。

② 北京大学震旦古代文明研究中心、郑州市文物考古研究院编著《新密新砦——1999~2000年田野考古发掘报告》，文物出版社，2008，第527页。

③ 北京大学震旦古代文明研究中心、郑州市文物考古研究院编著《新密新砦——1999~2000年田野考古发掘报告》，文物出版社，2008，第531页。

④ 赵春青：《新砦聚落考古的实践与方法》，《考古》2009年第2期。

⑤ 北京大学震旦古代文明研究中心、郑州市文物考古研究院编著《新密新砦——1999~2000年田野考古发掘报告》，文物出版社，2008，第531页。

二　新砦文化的发掘成果

在河南省境内，新砦期遗址虽然有大量的调查、勘探发现，但相关遗址的发掘相对来说要少得多，仅有数处“新砦期”遗址被正式发掘。新砦文化的最初发掘为1956年洛阳东干沟遗址的两座墓葬。

1. 命名新砦期文化的郑州市新密市新砦遗址

新砦遗址位于河南郑州市新密市东南部22.5公里，在新砦西面的台地上，南边断崖下是双洎河，东部是双洎河转弯的故道，西部和北部为开阔的平地。遗址中有三条自西向东的土沟，东端相连于双洎河故道，将遗址分成北、中、南三部分。在附近的断崖和地坎上暴露有多处文化层、房基和灰坑，其范围北自苏沟村的北面，南到双洎河北岸，长约1000米；西自老关嘴的东面，东到东双洎河故道的东岸，宽700米。文化层一般厚1.5~2米，最厚处近3米，上部属二里头文化，下部为河南龙山晚期文化（图2）。

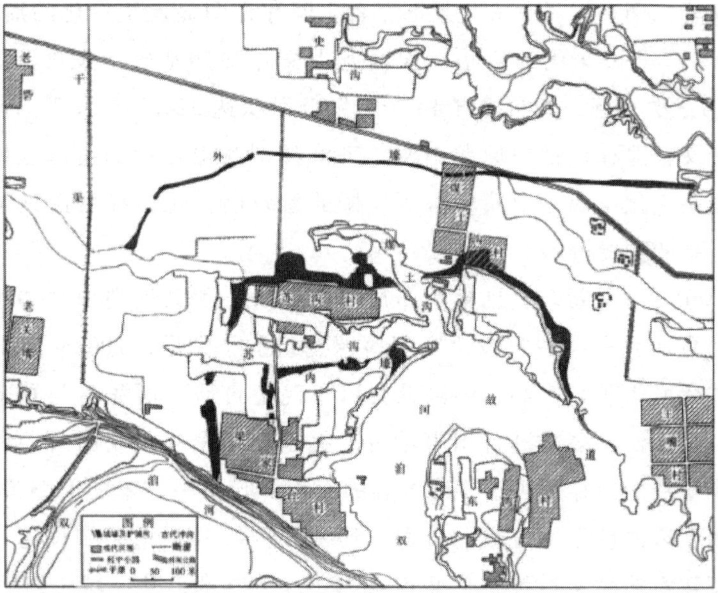

图2　新砦城址平面图

资料来源：赵春青、张松林、张家强等：《河南新密新砦遗址发现城墙和大型建筑》，《中国文物报》2004年3月3日，第1版。

1964年，河南郑州市新密市文化馆馆长魏殿臣先生在调查时发现新砦遗址。1979年，中国社会科学院考古研究所赵芝荃先生进行了第一次试掘，并首次提出新砦遗址主体遗存晚于河南龙山文化晚期又早于二头文化一期，属龙山文化与二里头文化之间的过渡性遗存，为探索夏文化的主要对象，其中二里头文化为新砦期二里头文化。

“夏商周断代工程”启动后，“新砦遗址的分期”被列为子课题，北京大学古代文明研究中心等先后与郑州市文物考古研究所合作，进行了田野考古试掘和发掘工作。1999年复查，遗址现存面积约35万平方米，文化层厚度为0.5~2.5米，第二次发掘150平方米，发掘出100多个灰坑、6座房基（其中5座为房基垫土）、7座墓葬（其中2座为乱葬坑），出土可以复原的60余件陶器、石器和骨器。新砦遗址可划分为二期三段，“新砦一期属伊洛郑州地区常见的龙山文化晚期遗存，新砦二期介于龙山文化晚期与二里头文化早期遗存之间”，“无论从地层关系还是器物组合及其演变的逻辑关系上看，新砦二期遗存上承龙山文化，下与二里头文化紧密相连，龙山晚期、新砦二期、二里头文化早期三者之间存在明显递嬗变化的痕迹”。这都表明，“二里头文化的确是在豫西龙山文化晚期基础上发展起来的”。① 2000年第三次发掘，共布探方14个，发掘面积达324.7平方米。据出土遗物，遗址文化遗存包括中原龙山文化王湾类型煤山亚型的王湾三期、新砦期、二里头文化早期三个阶段。所发掘的新砦期文化遗存为探索早期夏文化提供了新的重要资料。

自2001年，“新砦遗址聚落布局与内涵研究”又被列为“中华文明探源工程”预研究和第一阶段研究聚落课题组的子课题。2002~2003年，北京大学古代文明研究中心、中国社会科学院考古研究所先后与郑州市文物考古研究院合作，多次进行田野考古发掘工作，发现了龙山时期和新砦期的城壕和城墙的遗存及居于遗址中心的面积700多平方米的大型建筑基址。发掘确认新砦遗址是一处设有外壕、城壕和内壕共三重防御设施，中心区建有大型建筑的大型城址，总面积逾100万平方米，其中城墙内面积约70万平方米，确认遗址范围大体为：东至煤土沟村东南约350米，西到梁家台

① 赵春青、顾万发、王文华等：《河南新密市新砦遗址1999年试掘简报》，《华夏考古》2000年第4期。

村以西 30~50 米，北边在今苏沟村以北 10~20 米处，南到东湾村的中部。始建于龙山文化晚期末段，二里头文化早期被废弃。平面大致为方形，现存东、北、西三面城墙及贴近城墙下部的护城河，双洎河为南面的自然屏障。北墙和东墙是利用一条东西向自然冲沟的内壁修整、填土夯筑而成的，北墙长 924 米、深 5~6 米；东墙现存南北残长 160 米、自身 4 米。城墙宽度均在 11 米以上。西墙及其护城河系人工挖筑而成，墙体现存南北长 470 米、深 2.5 米。东西墙的南半部被双洎河及其故道冲毁。龙山文化晚期与新砦期两个时期的城墙叠压在一起。新砦期的城墙和护城河，后被大体与新砦期的护城河相平行的二里头文化早期的一条大壕沟打破。外壕在北城墙外 220 多米，是一条自然冲沟与人工相结合而成的壕沟，东西长 1500 米、南北宽 6~14 米、深 3~4 米，自西向东有 3 处缺口，可能是出入的通道所在。内壕位于城址的西南部，所圈占的地带当为城址中心区，面积至少 6 万平方米以上，现存东、西和北三面，其中北内壕东西长约 300 米，东、西内壕的南部均遭破坏，西内壕中部有缺口，当为内城城门所在。中心区中央偏北处，探明有一座东西长 50 米、南北宽 14.5 米的大型建筑基址。① 新砦城址为夏文化早期的大型城址，打破了二里头文化遗存不曾发现城墙的历史，并对夏文化的上限、夏文化早期聚落形态、夏文明的诞生等一系列重大学术问题的探讨有着重要的意义。

当前，新砦遗址被确定为"中华文明探源工程"第五阶段研究的重点遗址。

2. "新砦期"分期的郑州市巩义市花地嘴遗址

花地嘴遗址位于郑州市巩义市站街镇北瑶湾村南侧。遗址中现存"新砦期"遗存面积约 30 万平方米。1992 年，河南省社会科学院河洛文化研究所和巩义文管所在对洛汭地区文物普查时发现，认为绝大多数属龙山时代和二里头文化的陶器与"新砦期"器物非常近似。2001 年复查证实，同年清理了花地嘴遗址西段的温县一站街黄河桥工程取土区内发现的数个灰坑。

2003 年郑州市文物考古研究所进行式掘，2004 年与北京大学考古文博学院合作正式发掘。共发现 10 余座房址、3 个祭祀坑、4 条环壕、2 座陶窑

① 或认为是一处新砦期晚段的东西现存长 92.6 米、主体部分南北宽 14.5 米的大型浅穴式露天活动场所，平面总体呈刀形。参见赵春青、张松林《新砦聚落考古的回顾与展望——纪念新砦遗址发掘 30 周年》，《中原文物》2010 年第 2 期；又载赵春青、顾万发主编《新砦遗址与新砦文化研究》，科学出版社，2016，第 537~543 页。

及数个灰坑，祭祀坑主要位于遗址的西北部，房址主要集中在遗址的中、南部，在西北部也有发现；灰坑则主要集中在房址周围。遗存中，“新砦二期晚段”与二里头文化一期或其早段大致同时，“新砦二期早段”为真正的“新砦期”。

3. 嵩山以北地区第一座“新砦期”城址郑州市高新区东赵遗址小城

东赵遗址位于郑州市西郊的高新区沟赵乡赵村（东赵）南，中原区须水镇董岗村西北，分布在檀山东北的台地上。第三次全国文物普查时发现，2011 年郑州市文物考古研究院、北京大学考古文博学院进行了复查，发现“新砦期”陶片。遗址处于夏商文化遗址分布的核心区域，东距郑州商城约 14 公里，东北距小双桥遗址约 9.5 公里，北距大师姑城址约 7 公里，西距荥阳关帝庙商代晚期遗址近 2 公里（图 3）。2012~2015 年，郑州市文物考古研究院、北京大学考古文博学院在该遗址发现了丰富的夏、商、西周时期文化遗存，清理出大型夯土建筑、壕沟、城墙、墓葬、窖穴、水井、灰坑等 500 余处遗迹，包括“新砦期”、二里头文化时期、东周时期三座城址。

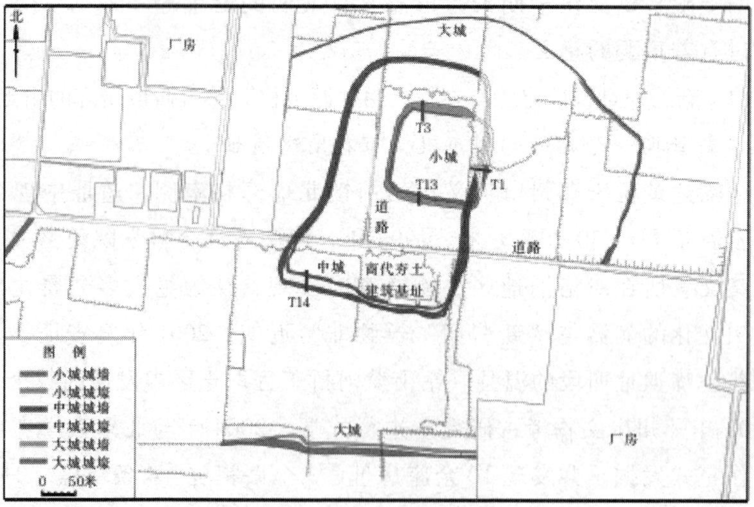

图 3　东赵遗址平面图

资料来源：郑州市文物考古研究所、北京大学考古文博学院：《郑州市高新区东赵遗址小城发掘简报》，《考古》2021 年第 5 期。

"新砦期"小城城址，始建于"新砦期"，最晚于二里头文化第一期偏晚阶段废弃。现存基槽、城壕等，小城内外有祭祀坑、窖穴、灰坑等遗迹。出土的陶器基本不见新砦遗址的典型器，如乳足鼎、器盖等，出土的三足盘、扁口壶、扁口罐等遗物也不见于新砦遗址。为"新砦期"早段，不见"新砦期"晚段遗存。为"新砦期"遗存的类型学研究提供了新材料，对嵩山以北地区"新砦期"遗存的文化内涵、"新砦期"的性质及早期夏文化等研究有重要价值。

三　新砦文化的研究成果

新砦文化原来归属于二里头文化，"新砦期"概念的提出是在 20 世纪 70 年代末，此后引起了学术界的研究和讨论。

新砦遗存，1975 年在平顶山市汝州市煤山遗址中就有发现，为早于二里头文化一期的遗存，当时归入二里头文化。1979 年赵芝荃在郑州市新密新砦遗址的发掘中，发现了介于河南龙山文化与二里头文化之间的遗存；1983 年赵芝荃正式将其命名为"新砦期二里头文化"，作为二里头文化最早的一期，有时称之为二里头文化的"新砦期"，简称"新砦期"。[①] 不过，这一提法，并未成为学术界当时的主流意见。

1996 年"夏商周断代工程"启动之后，新砦遗址分期研究被列为夏商周断代工程子课题之一，经过 1999 年的重新发掘，新砦遗址的主体文化内涵包括龙山文化、新砦期和二里头文化早期三种遗存，新砦期是晚于河南龙山文化、早于二里头文化的遗存。2000 年再次发掘，发现了二里头早期文化层直接叠压新砦期的地层，陶器形制亦介于龙山文化晚期与二里头早期同类陶器之间，新砦期得到证实，也得到了更多学者的认同。新砦期遗存即"后羿代夏"时期形成的以河南龙山文化系统因素为主又融合有东方山东龙山文化因素的"夏文化"。二里头一期的年代上限不早于公元前 1750 年，新砦期的提出，打破了二里头文化的年代上下限与夏文化年代的上下限早晚相对应的观点，推动了夏文化的探索。

新砦遗址的主体文化内涵包括龙山文化、新砦期和二里头文化早期三

---

① 赵春青、张松林：《新砦聚落考古的回顾与展望——纪念新砦遗址发掘 30 周年》，《中原文物》2010 年第 2 期。

种遗存，代表新砦遗址的三大发展阶段，或称为三期，第一期为龙山文化晚期，有作为中原龙山文化王湾类型的煤山亚型；第三期为二里头文化早期；介于两者之间的第二期即新砦期。

当然，关于新砦期与二里头文化的关系，有学者有不同的认识。如2001年，杜金鹏将二里头文化一期遗存与新砦期合并，统称为“新砦文化”；2002年，李维明作为二里头一期的早段，名为二里头一期“新砦型”；同年，顾万发将新砦期这类遗存归入二里头文化，可称为新砦文化亚态，并分为早、晚段，早段称为新砦期，晚段与二里头文化一期同时；2003年，赵芝荃认为新砦期早于二里头一期，源于河南龙山中期文化，发展为二里头一期文化；2008年，《新砦新密——1999~2000年田野考古发掘报告》提出了“新砦二期文化”，但这须在三期划分的基础上来讲，否则会导致混乱。

第四节　二里头文化

二里头文化是介于河南龙山文化晚期和郑州商代二里岗期文化之间的一种古代文化，是以这种文化的典型性、代表性遗址洛阳市偃师区二里头遗址命名的。二里头文化是一种早于郑州二里岗期商代文化、晚于河南龙山文化晚期的新型文化。二里头遗址考古学文化分为四期，其中一、二期为夏文化，三、四期为商代早期文化，也有仅将第四期作为商代早期文化的看法。

一　二里头文化遗址的广泛分布

随着考古调查和重点发掘的进展，二里头文化遗址在河南有着较为广泛的分布。1984年前河南二里头文化遗址的分布，《河南考古》附录一《河南古代遗址、城址、窑址、墓葬统计表》[①] 有大致的统计。

从中可知，河南省境内二里头文化的主要分布范围在豫西、豫中，其次，分布于豫东、豫南。另外，豫陕晋交界地区的陕西东部、山西南部及与豫南相邻的湖北等地也有发现。

---

① 杨育彬：《河南考古》，中州古籍出版社，1985，第489~667页。

二　二里头文化的发掘成果

二里头文化发掘成果丰富，如汝州市煤山遗址、洛阳皂角树遗址等的发掘，在文化内涵、考古方法等上，都有着重要的意义。最重要的发掘成果就是二里头遗址的发现及其多次发掘。

1. 命名为二里头文化的二里头遗址

二里头遗址位于洛阳市偃师区西偏南约 9 公里处的洛河故道（今洛河南）北，1959 年发现。面积约 375 万平方米，包括二里头、圪垱头、寨后村、辛庄和四角楼 5 个自然村。出土遗物丰富，有大型宫殿基址、墓葬等遗迹。大型宫殿建筑群基址有 1 号宫殿建筑基址和 2 号宫殿建筑基址（图 4）。1 号宫殿建筑基址在遗址的中部，1960 年发现。平面略呈正方形，坐北朝南，东西长约 108 米，南北宽约 100 米，总面积 1 万多平方米。宫殿北部殿堂雄伟高大，中间庭院广阔平坦，四周廊庑彼此相连，南面大门宽敞壮观，宫殿布局结构严谨完整，开创了我国宫殿建筑的先河。可能是王室的宗庙建筑。2 号宫殿建筑是位于 1 号宫殿建筑基址东北约 150 米的一座大型夯土基址，规模比 1 号宫殿建筑小。平面长方形，南北长 72.8 米、东西宽 57.5~58 米。包括中心殿堂、庭院、围墙、廊庑、大门和大墓等建筑。中心殿堂居庭院中央偏北，大墓则在中心殿堂与北墙之间。与 1 号宫殿建筑不同的是，宫殿范围内有地下排水道，北部有一座与中心殿堂同时的大墓，北、东、西三面有较宽的夯筑墙，南面有带东西或左右塾和穿堂的房式大门，木骨墙槽内置横木承托木骨等。可能也是宗庙之类的建筑。在宫城范围内，目前已经发现数十座宫殿基址。

遗址还有一些小型房基、大量灰坑、20 多座墓葬、多口水井，还有烧制陶器、铸造铜器、磨制石器和制作骨器的遗址。出土遗物包括陶器、玉器、青铜器、麻布和海贝等。如一批商代早期青铜器，包括鼎、爵、斝、觚等容器，刀、锥、凿、鱼钩等生产工具，戈、戚、镞等兵器，铃、圆牌铜器兽面铜牌饰等。青铜器工艺复杂，出土了目前已知时代最早、种类最齐全的青铜容器，包括成套的青铜礼器。玉器制作精美，出土了系列玉礼器。同时出土有绿松石龙、嵌绿松石铜牌饰等具有特殊功能的器物以及白陶器、漆器等贵重物品。还出土有成套的陶礼器。

近年来，二里头都邑布局考古取得了重大突破，极可能已出现了宫城居中、

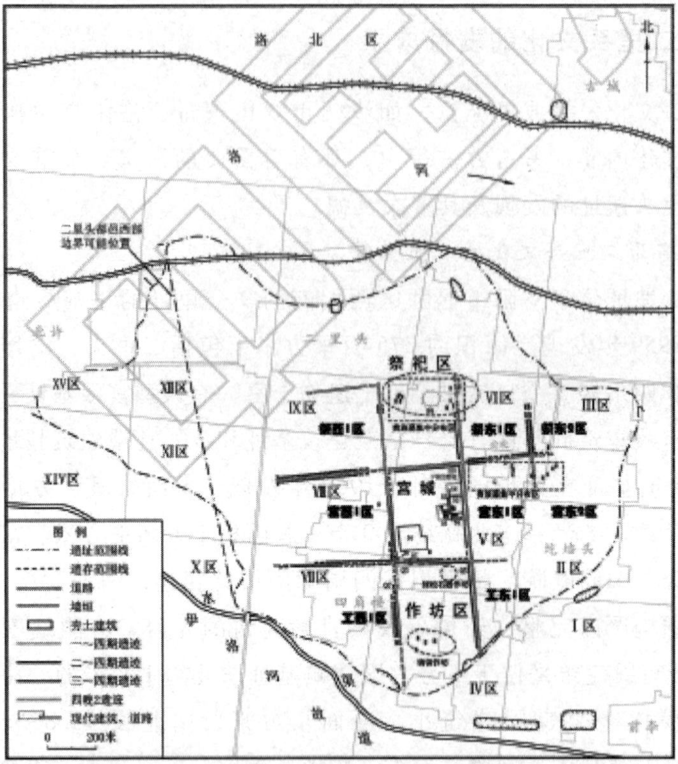

图 4　二里头遗址平面示意图

资料来源：赵海涛：《营国城郭井井有序——二里头都邑布局考古的重大进展与意义》，《河北师范大学学报》（哲学社会科学版）2023 年第 5 期。

显贵拱卫、分层规划、分区而居、区外设墙、居葬合一的多网格式布局。①

二里头遗址范围大、堆积厚、文化遗迹和遗物丰富，具有典型性和代表性，因此，考古学家将相近的这类文化遗址命名为二里头文化，包括 1953 年郑州市登封市玉村，1954 年郑州市洛达庙、洛阳市东干沟等遗址。当前，二里头等遗址被确定为“中华文明探源工程”第五阶段研究的重点遗址。

2. 证实河南龙山文化至二里头文化发展演进的汝州市煤山遗址

煤山遗址位于汝州市北刘庄西南面的台地上，距市西北约 0.75 公里，

① 中国社会科学院考古研究所：《二里头都邑布局考古的新突破》，《中国文物报》2023 年 2 月 17 日，第 8 版。

东距洗耳河约 0.5 公里。文化层厚 4~5 米，面积约 20 万平方米。1958 年，中国社会科学院考古研究所河南二队发现了河南龙山文化的遗存。

1970 年，洛阳博物馆进行了调查与试掘，找到了“河南龙山文化”和“二里头类型文化”的重叠层，发现河南龙山文化的煤山一期、二里头类型文化早期（一期）的煤山二期、二里头类型文化中期（二期）的煤山三期等文化遗存。煤山一期可能晚于郑州旮旯王龙山文化，而早于偃师二里头遗址的第一期，从而填补了偃师二里头遗址第一期与河南龙山文化之间的缺环。煤山二期是一期文化的延续，遗物较多地承袭了河南龙山文化的若干特点，也出现了一些带有过渡性的变化，为解决夏文化与河南龙山文化的关系提供了新的实物资料。

1975 年中国科学院考古研究所河南二队也进行了发掘，开掘 27 个探方，揭露面积 547 平方米。发现 33 座房基、87 个灰坑、4 座陶窑、2 口水井和 15 座墓葬，并获得大量文化遗物。发现河南龙山文化和二里头文化的叠压层，煤山二期的年代晚于煤山一期文化，而早于二里头一期文化，属于龙山文化的晚期（图 5）。煤山遗址一、二期文化遗存称为“煤山类型”。二里头文化是直接从煤山类型一、二期文化发展而来的。

1987~1988 年，河南省文物研究所又进行了两次发掘。1987 年底至 1988 年春，开挖 10 个探方，发掘面积为 250 平方米，发现 4 座煤山二期文化的成人墓葬、1 座儿童瓮棺葬，1 条二里头一期文化的灰沟，1 座二里头二期文化的灶坑。1988 年夏季和秋季，开挖 5 个探方，发掘面积为 125 平方米，发现 2 个煤山一期文化的灰坑，10 个煤山二期文化灰坑，以及一批可复原的陶器。找到了煤山遗址的分布范围，扩大了对煤山遗址总面积的认识，弄清了煤山遗址各文化期在遗址内的分布情况。这些发现再次表明，从煤山一期文化至二里头二期文化是一脉相承的，是一种文化的发展和演进。

1995 年 7 月，河南省文物考古研究所等对煤山遗址的西部又进行了较大规模的考古发掘，发掘面积 1200 平方米，共发现 6 座龙山时期竖穴土坑墓，其中 3 座墓出土有较多彩绘陶器，揭示出煤山龙山时期埋葬习俗受到来自南方石家河文化的较大影响。

三　对二里头文化认识的进展

随着二里头文化遗址发掘成果的增多和发掘资料的积累，对二里头文化和二里头遗址性质的认识和探讨逐渐深入。

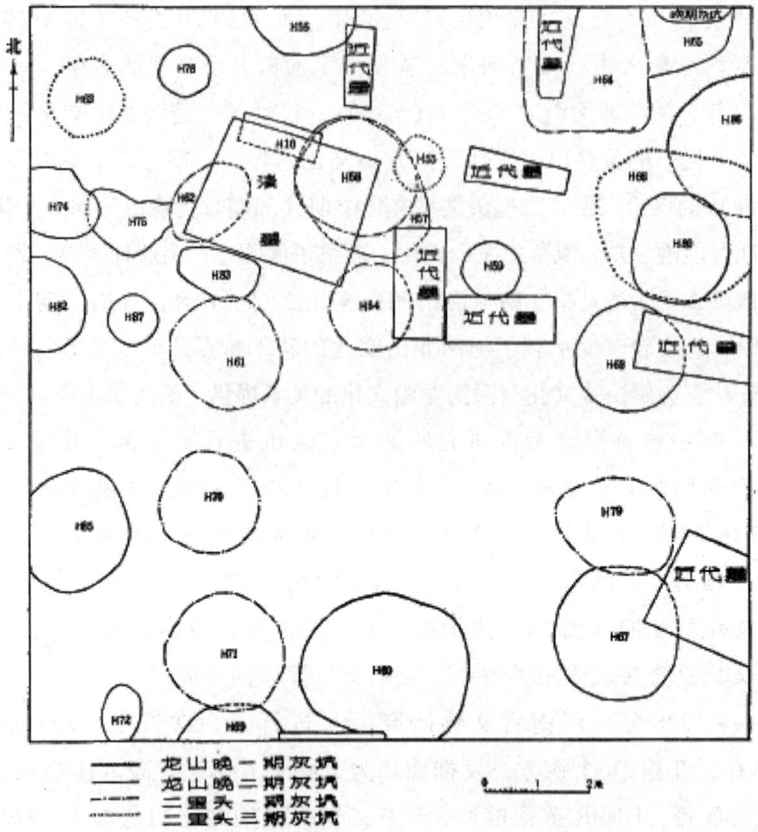

图 5　煤山遗址各期灰坑平面分布图

资料来源：赵芝荃、郑光：《河南临汝煤山遗址发掘报告》，《考古学报》1982年第4期。

1. 二里头文化性质的认识

20世纪50年代，早于以二里岗为代表的早商文化、晚于河南龙山文化的洛达庙类型遗存在河南登封玉村、郑州洛达庙等地相继被发现，李学勤认为洛达庙类型遗存最有可能是夏代遗迹。早于早商文化、晚于河南龙山文化的文化遗存即后来的二里头文化。1959年，洛阳市偃师区二里头遗址的发掘，将所发现的“二里岗上层”以前的遗存分为早、中、晚三期，早期当属河南龙山文化晚期，中期近乎商文化，晚期为洛达庙类型商文化。1961年，学者将中、晚期一类遗存并称为“洛达庙类型商文化”。夏鼐则将二里头遗址中、晚期遗存称为“二里头类型文化”，次年改称“二里头文化”。到 1965 年，中国科学院考古研究所洛阳发掘队将早期遗存归入“二里头类型文化”。20 世纪 70 年代初，提出了“二里头遗址四期”遗存，原来的早、中、晚期分别为一、二、三期，二里头文化四期说形成。

1970 年，汝州市煤山遗址的试掘发现了河南龙山文化与二里头类型文化的叠压层，即属于河南龙山文化的煤山一期和属于二里头类型文化早期遗存的煤山二期，煤山二期相当于二里头遗址一期。1975 年煤山遗址发掘报告注意到煤山遗址二里头一期文化遗存较一般的二里头一期遗存略早。1975～1976 年洛阳矬李遗址试掘，发现其第四期遗存与偃师二里头遗址一期和煤山遗址二期相同。

1977 年 11 月国家文物局在郑州市登封市主持召开的“河南登封告成遗址发掘现场会”，围绕王城岗遗址的发掘对夏文化进行了初步探讨。会议认为二里头文化可分为连续发展的四期，包括二里头和东下冯两个类型；邹衡认为二里头文化一至四期均为夏文化，还提出郑州商城亳都说；安金槐认为王城岗龙山文化城址有可能是文献上所讲的“禹居阳城”的阳城。

此后，对夏文化的探索和讨论不断增多，观点纷纭。其中主要观点有三种，一是认为河南龙山文化晚期和二里头文化一至四期是夏文化，二是认为河南龙山文化晚期和二里头文化一、二期是夏文化，而二里头三、四期属于商代早期文化，三是认为河南龙山文化晚期不是夏文化，二里头文化一至四期才是夏文化。①

1979 年，通过对郑州市新密新砦遗址的试掘，发现了介于河南龙山文化与二里头文化之间的遗存，作为二里头文化最早的一期，1983 年赵芝荃称之为“新砦期二里头文化”。就是说，二里头文化包括了“新砦期”遗存，时间上向前延伸了。1983 年 5 月，中国考古学会在郑州举行的第四次年会就哪种考古学文化是夏文化等问题进行了热烈讨论。同年偃师商城被发现，有学者提出偃师商城为西亳，二里头文化属夏商文化，主体为夏文化，二里头四期时已经实现了夏商王朝的更替。

1986 年，田昌五认为二里头文化可能是“后羿代夏”后的夏文化，李伯谦则认为二里头文化可能是“少康中兴”后的夏文化。1987～1988 年煤山发掘报告明确指出，煤山遗址的二里头一期文化略早于偃师二里头一期文化。

---

① 杨育彬：《谈谈夏代文化的问题——兼对〈郑州商城即汤都亳说〉一文商榷》，《中原文物》1980 年第 4 期。

到20世纪90年代，有学者从相关考古学文化的比较中，分析了二里头文化各期文化的性质及与河南龙山文化晚期、二里岗期文化间的关系（表1），认为二里头一、二期文化与三、四期文化之间有着很大的不同，二里头一、二期文化为夏代文化，是由河南龙山晚期文化发展而来的，郑州二里岗期文化与二里头三、四期文化同属一种文化范畴，并且二者又是前后紧密相接、一脉相承的，二里头三、四期文化为商代早期文化，郑州二里岗期文化为商代中期文化。[①]

表1　二里头文化与相关文化比较简表

<table>
<tr><th colspan="2"></th><th>河南龙山文化晚期</th><th>二里头文化一、二期</th><th>二里头文化三、四期</th><th>二里岗期文化</th><th>备注</th></tr>
<tr><td colspan="2">分布范围</td><td></td><td>较小</td><td>较广</td><td></td><td></td></tr>
<tr><td colspan="2">灰层堆积</td><td></td><td>较薄</td><td>很厚</td><td></td><td></td></tr>
<tr><td rowspan="2">陶器组合</td><td rowspan="2">器型</td><td>鼎、鬶、平底盆、深腹小平底罐、大口罐、高领罐、碗形澄滤器、圈足盘、豆、碗和蒜头形器盖等</td><td>容器和食器有大口缸、平底盆、澄滤器、深腹盆、深盘弧形矮足三足盘、豆和小口高领罐，炊器有侈口圆腹罐、夹砂折沿深腹罐、盆形鼎和底部有5~6孔的盆形甑，饮器有细长筒形觚、平底爵、盉；其他还有蒜头形高柄器盖等</td><td rowspan="2">仍继续沿用大部分的一、二期陶器，但形制已经有些变化。深腹罐、深腹盆、盆形甑、盆形鼎等折沿更窄，有的已变为卷沿，折棱也不明显；甑底部从5~6孔减少到3~4孔；深盘弧形矮足三足盘变成舌形高足三足盘，数量大为减少，乃至最后消失；觚由细高变粗矮，器盖柄也变短。新出现一些陶器，包括小口直领瓮、大口尊、卷沿圜底盆、鬲、簋、斝等，愈晚数量越多</td><td rowspan="2">鬲、斝、卷沿圜底盆、大口尊、簋、小口直领瓮等，数量更多、更具有代表性</td><td rowspan="2"></td></tr>
<tr><td>直筒杯、单耳杯、底部布满小孔的罐形甑、四足盘等</td><td>分别发展为长筒形觚、平底爵、底部5~6孔的盆形甑、三足盘</td></tr>
</table>

① 河南省文物研究所编《河南考古四十年（1952—1992）》，河南人民出版社，1994，第166~167页。

续表

		河南龙山文化晚期	二里头文化一、二期	二里头文化三、四期	二里岗期文化	备注
陶器组合	陶质陶色	以泥质灰陶和夹砂灰陶为主，黑陶数量大大减少	以泥质灰陶和夹砂灰陶为主	黑陶较多，灰陶较少	夹砂黑陶和泥质黑陶较多，灰陶较少	
	陶器纹饰	以较粗的绳纹为主，篮纹、方格纹很少，附加堆纹也没有以前多，有的陶器内壁开始出现麻点	以绳纹为土，有些陶器内壁都饰有麻点。一些大口尊口沿内都刻划有多种陶文符号	篮纹、方格纹和细绳纹	以篮纹为主，还有方格纹、细绳纹和相当数量的附加堆纹	
卜骨		灼痕	只有灼痕	先钻后灼	先钻后灼	
青铜器		临汝煤山、登封王城岗、郑州牛砦和淮阳平粮台等河南龙山文化晚期遗址中，发现有铜渣、铜块或铜器腹片		爵、刀、戈、戚、锛、凿、镞、铃	种类、数量更多，其中爵、刀、戈由二里头三、四期文化的同类器发展而来	
				草拌泥制作的铸铜坩埚		与二里岗期同时的郑州南关外、紫荆山北发现的一种坩埚相同
墓葬				长方形竖穴土坑墓，朱砂铺底	长方形竖穴土坑墓，朱砂铺底	
灰坑				多为长方形	流行长方形	
陶窑				形制结构		与二里岗期同时的郑州铭功路陶窑相近

续表

	河南龙山文化晚期	二里头文化一、二期	二里头文化三、四期	二里岗期文化	备注
宫殿基址			夯筑结构、夯窝印痕和柱础形制	与二里头三期文化的宫殿基址的基本相同	
地层叠压关系	汝州市煤山遗址一期①	汝州市煤山遗址二、三期			1970 年洛阳博物馆发掘
	洛阳矬李遗址第三期②	洛阳矬李遗址第四、五期			1975~1976 年发掘
	新密市新砦遗址	新密市新砦遗址二里头一期灰坑			1979 年 3 月发现

资料来源：河南省文物研究所编《河南考古四十年（1952—1992）》，河南人民出版社，1994，第 165~169 页。

注：①煤山一期年代为公元前 2290 年或公元前 2005 年。

②第一期为仰韶文化，第二期为河南龙山文化。

1996 年，“夏商周断代工程”启动后，1997 年工程召开的“夏代、商前期考古年代学讨论会”上，多数学者认为二里头文化一、二、三、四期是夏文化，早期夏文化当在河南龙山文化晚期遗存中，郑州商城、偃师商城均是夏、商文化划分的界标。

1999~2000 年郑州市新密新砦遗址的重新发掘，证实新砦遗址的主体文化内涵包括龙山文化、新砦期和二里头文化早期三种遗存，代表新砦遗址的三大发展阶段，或称为三期，第三期即属二里头文化早期。同时，证实二里头文化确为“少康中兴”以后的“夏文化”。

到 21 世纪初，学界对二里头文化的范畴及其分期的认识，代表性的观点见表 2。

表 2　龙山文化至二里头文化阶段代表性划分情况表

<table>
<tr><th colspan="2">赵芝荃①</th><th colspan="2">邹衡②</th><th colspan="2">饭岛武次③</th><th colspan="2">李德方④</th><th colspan="2">方孝廉⑤</th><th colspan="2">杜金鹏⑥</th><th colspan="2">赵春青⑦</th><th colspan="3">许宏⑧</th></tr>
<tr><td colspan="2">龙山晚期</td><td colspan="2">龙山晚期</td><td colspan="2" rowspan="3">龙山晚期</td><td colspan="2">龙山晚期</td><td colspan="2">龙山晚期</td><td colspan="2">龙山晚期</td><td colspan="2">龙山晚期</td><td colspan="3">龙山晚期</td></tr>
<tr><td rowspan="6">二里头</td><td rowspan="2">新砦期</td><td rowspan="6">二里头</td><td rowspan="3">一</td><td rowspan="6">二里头</td><td rowspan="3">早</td><td rowspan="6">煤山·二里头</td><td rowspan="3">早</td><td rowspan="2"></td><td rowspan="2">早</td><td rowspan="6">二里头</td><td>新砦早段</td><td rowspan="6">二里头系统</td><td rowspan="3">新砦期</td><td rowspan="2">早段</td></tr>
<tr><td>新砦晚段</td></tr>
<tr><td>一</td><td rowspan="3">二里头</td><td rowspan="2">早</td><td>新砦期</td><td>晚</td><td>一</td><td>晚段</td></tr>
<tr><td>二</td><td>二</td><td rowspan="3">晚</td><td rowspan="3">晚</td><td rowspan="3">二里头</td><td>二</td><td>二</td><td rowspan="3">二里头</td><td>二</td></tr>
<tr><td>三</td><td>三</td><td>中</td><td>三</td><td>三</td><td>三</td></tr>
<tr><td>四</td><td>四</td><td>晚</td><td>四</td><td>四</td><td>四</td></tr>
</table>

资料来源：许宏：《“新砦文化”研究历程述评》表一，载中国社会科学院考古研究所夏商周考古研究室编《三代考古》（二），科学出版社，2006。

注：①赵芝荃：《略论新砦期二里头文化》，载中国考古学会编《中国考古学会第四次年会论文集》，文物出版社，1985。

②邹衡：《综述夏商四都之年代和性质》，《殷都学刊》1988 年第 1 期。

③〔日〕饭岛武次：《夏代及其文化（夏文化）と二里头文化》，《中国新石器文化研究》，山川出版社，1991。

④李德方：《二里头文化的来源及其相关问题》，载吉林大学考古系编《青果集》，知识出版社，1998。

⑤方孝廉：《夏代及其文化》，《夏文化研究论集》，中华书局，1996。

⑥杜金鹏：《新砦文化与二里头文化——夏文化再探讨随笔》，《中国社会科学院古代文明研究中心通讯》2001 年第 2 期。

⑦赵春青：《新砦期的确认及其意义》，《中原文物》2002 年第 1 期。

⑧许宏：《嵩山南北龙山文化向二里头文化演进过程管窥》，载韩国河、张松林主编《中原地区文明化进程学术研讨会文集》，科学出版社，2006。

2. 二里头遗址性质的认识

二里头遗址是一般城址还是夏代都邑或商代早期都邑的一部分？学界对二里头遗址性质的认识存在着不同观点。迄今，学术界都认为二里头遗址作为王都遗址毋庸置疑。但是，对于二里头遗址为夏都还是商都抑或夏、商都城，学界仍然有不同的看法。

王震中指出，二里头王都遗址中的第二期和第三期遗迹可推论为夏代中期晚段至夏代晚期的夏都遗迹，二里头虽然不可能是“汤都亳”，但二里头遗址中的第四期却是商代前期的都城之一，“偃师商城始建于二里头文化第四期，偃师商城和郑州商城都在二里岗下层时期成为商代前期的都城——形成“两京制”，而二里头的夏邑在二里头文化第四期不但原有的一些宫室得到延续使用，还建了新的宫室。在二里头文化第四期，二里头遗址的夏遗民与新建的偃师商城并存，是不难理解的”。[①]

① 王震中：《论二里头乃夏朝后期王都及“夏”与“中国”》，《社会科学文摘》2023年第3期。

第五章　贡献：河南考古是中华文明探源研究的中坚力量

20世纪是包括河南在内的中国考古学诞生发端、长足发展并取得辉煌成就的时期。渑池仰韶遗址和安阳殷墟的发掘，拉开了中国现代考古学的帷幕。百年以来，在河南有许多震撼世界的重大考古发现。南召猿人的发现，扩大了我国旧石器文化分布的地域；裴李岗文化的发现，找到了仰韶文化的渊源；龙山晚期诸城址的发现，已显露了文明的曙光；二里头文化的发现，是探索夏文化的重大突破；偃师商城、郑州商城、安阳殷墟灿烂的青铜文化惊世绝伦，甲骨文的大量发现更是证实了中国是人类文明发源地之一；汉代冶铁遗址的发现，证实了中国汉代冶铁技术在当时处于世界领先水平；唐宋时的三彩、汝瓷、钧瓷等器物，异彩纷呈、名满天下。在考古学研究中，安阳后岗“三叠层”是考古地层学在我国确立的分水岭；洛阳中州路的器物分期是考古类型学发展的里程碑。所有这些考古发现与研究，在中国乃至世界考古史上都有极为重大的影响。[①] 总之，文物大省河南的考古发现和研究，是中国现代考古学的缩影与代表，在中华文化探源历程中具有突出贡献。

第一节　发现了不同阶段的重要文化遗存

河南是中华民族的发源地和华夏文明的重要发祥地。在“全国百年百大考古发现”中，河南有14项，位居全国第一。在1990年以来评选的“全国十大考古新发现”中，河南共计53项，仍居全国首位。在国务院先后公布的八批“全国重点文物保护单位”中河南有420项，不可移动和可

---

① 杨育彬、袁广阔主编《20世纪河南考古发现与研究》“导语”，中州古籍出版社，1997。

移动文物总量均位居全国前列。丰富的遗址文物形成了从史前文明到明清时期不间断的考古学时空框架，既见证了中华早期文明的起源形成，彰显了中国传统社会的高度繁荣与世界影响，也反映了中原从传统到近代的衰落。总之，一部河南史半部中国史，中原大地是五千多年中华文明的生动映射，是中华文化自信的木本水源。

一　史前时代

史前时代考古是河南现代考古的璀璨明珠，大量旧石器时代、新石器时代遗址遗迹不断发现，实证了百万年的人类史、万年的文化史，其间所形成的裴李岗文化—仰韶文化—河南龙山文化的完整序列，是中华文明探源的主脉。

（一）旧石器时代

旧石器时代是人类发展史上的最早阶段，从距今约 300 万年前人类诞生开始，至距今约 10000 年前进入新石器时代结束，是人类发展史上最漫长的阶段。河南省旧石器时代考古发掘始于 1954 年，新蔡诸神庙晚更新世地层中发现了一批哺乳动物化石，包括一件有人工割剁痕迹的鹿角。[①] 这是首次在河南境内发现古人类活动的踪迹，把原始人在河南的活动提前到万年以前。此后，河南相继发现了大量旧石器时代早、中、晚期人类文化遗址。其中，既有在豫西南淅川、卢氏发现的古人类化石、南召发现的猿人化石、南召小空山和西峡小洞发现的古人类文化遗址，又有在豫西三门峡市水沟、会兴沟和灵宝营发现的大量石器，还有在豫中和豫北发现的荥阳织机洞、蝙蝠洞和安阳小南海等洞穴遗址。[②]

1. 南召猿人

1978 年 9 月，考古工作者在南召县云阳镇杏花山的原始洞穴内，发现一枚猿人右下第二前臼齿化石，10 月又发现同时期的 21 种哺乳动物化石，地层堆积时代与周口店北京猿人时代大体相当，皆为更新世中期，这是在

---

① 裴文中：《河南新蔡的第四纪哺乳类动物化石》，《古生物学报》1956 年第 1 期。李占扬：《河南境内古人类及旧石器遗存的发现及其问题》，《华夏考古》2012 年第 2 期。

② 李占扬：《河南境内古人类及旧石器遗存的发现及其问题》，《华夏考古》2012 年第 2 期。

河南经过发掘有明确出土地点和地层关系的首次发现。经中国科学院古脊椎动物与古人类研究所专家分析，认定这里发现的古人类与北京猿人所处时代大体相当，距今约五六十万年，并正式把这种古人类定名为“南召猿人”。南召猿人填补了中原地区旧石器文化尤其是古人类分布的历史空白，对研究人类的起源、分布和发展以及古代气候的变化、中原地区第四纪地质和生物提供了新依据。[①] 1987 年南召猿人遗址入选河南省文物保护单位。

1978 年，在卢氏也发现了 2 枚人牙化石和枕骨碎片，经鉴定属于智人化石。此前，淅川药材公司曾收购 13 枚古人类牙齿化石，结合陕西蓝田猿人、湖北郧县猿人和郧西猿人的考古发现，证明古人类在豫、鄂、陕三省交界地区长期生活。[②] 卢氏县横涧乡锄沟峪于 1979 年发现的 2 颗古人类牙齿化石和 4 块人类头骨碎片，距今约有 10 万年，“很可能是晚更新世后期的智人化石”[③]。

2. 栾川孙家洞遗址

孙家洞遗址是河南旧石器时代重要的早期洞穴遗址。2012 年 5~10 月，洛阳市文物考古研究院和栾川县文化广电新闻出版局，在栾川乡湾滩村伊河南岸哼呼崖的断崖洞穴中，发现了 6 颗古人类牙齿化石，另有大量动物化石、少量石制品和动物粪便化石。在出土古人类牙齿化石中，包括 1 枚前臼齿、4 枚臼齿和 1 枚门齿，前臼齿和臼齿尚未完成发育但咬合面结构复杂，门齿完成发育却有一定程度的磨耗，整体属于未成年个体或幼年个体。孙家洞遗址人类牙齿化石是河南省境内首次在中更新世时期有明确出土地层的直立人牙齿化石。中国科学院古脊椎动物与古人类研究所专家认为，孙家洞遗址出土的古人类牙齿化石层位明确可靠，保存完好，可以命名为“直立人栾川种”，简称“栾川人”。栾川人的年代与北京猿人相当，属于地质时代的中更新世时期，距今 73 万年至 12. 8 万年。孙家洞遗址出土的中更新世时期古人类化石，对于东亚地区直立人演化和现代人起源的研究关系重大，为研究古人类的演化模式提供了化石依据。同时，对于研究南北过

---

① 小空山联合发掘队：《1987 年河南南召小空山旧石器遗址发掘报告》，《华夏考古》1988 年第 4 期。杨育彬：《河南考古五十年回眸》，《华夏考古》1999 年第 3 期。

② 未化：《南召县发现猿人牙齿化石》，《河南文博通讯》1979 年第 2 期。

③ 季楠、牛树森：《河南省卢氏县发现人类化石》，《人类学学报》1983 年第 4 期。杨育彬：《河南考古五十年回眸》，《华夏考古》1999 年第 3 期。

渡区域动物群面貌、动物地理区系演化、古环境变迁和南北方古人类文化的交流也有重大价值。

同时，孙家洞遗址还发现了石制品、大量的动物化石和动物粪便化石等。石制品原料以脉石英为主，亦有少量石英砂岩和岩浆岩，打片技术以锤击法为主，显示了旧石器时代早期粗犷、原始的明显特征。其动物化石种类丰富，有中国鬣狗、肿骨大角鹿、李氏野猪、葛氏斑鹿、熊、大熊猫巴氏亚种、梅氏犀、貘、狼、獾、竹鼠、豪猪、刺猬等。孙家洞遗址是我国旧石器时代考古发掘中极为少见的集古人类化石、动物化石和石制品于一体的洞穴遗址，2012 年入选全国十大考古新发现，2019 年成为第八批全国重点文物保护单位。①

3. 许昌灵井遗址

灵井遗址位于许昌市建安区灵井镇西部，是我国首次发掘的以泉水为中心的包括湖相、漫滩相（湿地）堆积物为背景的旧石器时代晚期遗址。1965 年，古人类学家周国兴从当地村民处采集到一批“中石器时代”的动物化石、细小石器和打制石器，认为这里是“中石器时代”的代表遗址，引起了考古界的重视，后被公布为许昌市文物保护单位。后因泉水喷涌、附近煤矿透水等原因，2005 年河南省文物考古研究所会同许昌市文物部门进行了抢救性发掘，出土了 2000 余件旧石器时代晚期石器、骨器制品，包括磨制石器和骨器 15 件，并首次发现旧石器时代晚期的磨制雕刻器。之后，2006~2014 年又继续开展考古发掘，不仅出土了 5690 余件石制品，还有数百件可以鉴定的动物化石标本、100 多件骨器和近万件动物骨骼碎片标本。并且，在 T9 深 5 米处发现 1 个较完整的人类头骨化石，包括顶骨、枕骨、眉骨等，头骨化石保存和石化程度均较好。② 在 T9 和 T10 相邻隔梁地层中，发现了 6 块古人类颅底骨化石，后来又出土了 27 块人类头骨化石断块，根据地层年代测定距今 10 万年左右，其中不仅有属首次发现的面骨和颅底骨，而且多数可拼接复原。③

截至目前，灵井遗址共发现了 45 件距今 12.5 万~10.5 万年的古人类头

---

① 国家文物局官网“河南栾川孙家洞旧石器遗址”，网址：www.ncha.gov.cn/art/2022/5/23/art_2616_174443.html，访问时间：2023 年 7 月 21 日。

② 李占扬：《河南许昌灵井“许昌人”遗址考古发现与探索》，《华夏考古》2009 年第 3 期。

③ 河南省文物考古研究院：《灵井许昌人遗址 2014 年发掘简报》，《华夏考古》2016 年第 1 期。

骨化石，包括老年、壮年和未成年等各个阶段。此外，在这里出土的“灵井鸟雕”是目前已知中国最古老的雕塑品，入选美国考古学会《考古》杂志2020年度“世界十大考古发现”。灵井遗址入选全国重点文物保护单位、2007年“全国十大考古新发现”。

4. 安阳小南海遗址

小南海古人类洞穴遗址，位于安阳市西南25公里的北楼顶山之腰，是新中国成立以来在华北首次发现的旧石器时代晚期的洞穴遗址。据^{14}C测定，洞穴的文化遗存上层堆积距今约13000年，下层距今约2万~5万年。1960年，中国科学院考古研究所安志敏、傅新民等主持发掘了安阳小南海旧石器时代遗址，共发现5个层位清晰的文化层，出土了石制品7700余件，这是河南境内首次正式发掘的旧石器时代文化遗址，也是当时发现的河南境内出土石器最多的遗址。石器一般器形较小，多为人工打制石片，种类丰富，有石核、石片、敲砸器、尖状器和多种刮削器，多采用燧石和石英原料。同时，还有大量用火遗迹，包括红烧土块和灰烬层、烧骨、炭粒等，并出土了狗、野猪、披毛犀等17种哺乳动物的化石。① 安阳小南海遗址填补了旧石器时代过渡到新石器时代的缺环，被郭沫若先生定名为“小南海文化”。

以上考古发现，形成了中原地区旧石器时代从早期到晚期完整的人类文明发展序列，为探究中华文明旧石器文化奠定了基础。学界对河南古人类化石、旧石器文化研究进行了较为系统的总结，指出：“河南地处我国中部，是旧石器文化交流的重要地区，南来北往，东播西传，都难以越过中州沃野。……由此不难看出，河南旧石器文化研究，在我国旧石器文化研究中，特别是时空相互关系的研究，有着何等重要的地位！”②

（二）新石器时代

中国新石器考古始于1921年瑞典地质学家安特生主持河南渑池仰韶村考古发掘，这也是中国现代考古学的开端。百余年以来尤其是新中国成立

① 安志敏：《河南安阳小南海旧石器时代洞穴堆积的试掘》，《考古学报》1965年第1期。张新斌、李龙、王建华：《河南考古史》，大象出版社，2019，第102页。

② 张森水：《河南省旧石器新线索及管窥》，《中原文物》1986年第2期。

后，河南的新石器考古发掘与研究工作得到了空前发展，成就卓著。鉴于本书第二章第二节、第四章已经涉及河南新石器考古的相关内容，加之本章第二节专门介绍新石器考古文化序列，为避免内容前后重复，本部分不再详述河南裴李岗文化、仰韶文化、龙山文化考古发掘研究的具体内容，重点说明它们在中国现代考古发展尤其是中华文明探源中的重大地位与影响。

截至目前，河南已发现2000多处新石器时代遗址，反映了原始社会晚期中原地区的繁荣景象，廓清了河南各种新石器时代文化遗址的分布和区系类型。裴李岗文化、仰韶文化、河南龙山文化形成完整序列，在文明的汇聚与辐射过程中，中原地区成为中华文明的重要发源地。

其中裴李岗文化作为新石器时代早期文化，是仰韶文化产生的渊源之一。仰韶文化是我国发现最早、发掘遗址最多、分布地域辽阔、延续时间长的新石器时代文化，代表了中国新石器时代非常重要的发展阶段，在所有新石器文化中举足轻重。作为命名地和主要分布区域，河南境内的仰韶文化一直是该文化研究中最重要的组成部分。[①] 1949年以后河南新石器时代考古发掘与研究工作的中心课题之一就是仰韶文化。中原地区近千处仰韶文化和龙山文化遗址的发现，展现了新石器时代聚落的繁荣，证明了龙山文化与仰韶文化的承袭关系，是中国考古学的重大成就。[②] 此外，在河南东部发现的大汶口文化遗址、河南西南部发现的屈家岭文化遗址，它们在河南中部地区交汇，这在全国也是独一无二的，反映了中原地区和黄河下游新石器时代文化的交流，体现了黄河中游与南方江汉流域新石器时代文化的融合。这些交流与融合，促进了中原文化向更高层次发展，迎来了中国古代文明的新曙光。[③]

二 夏商周时期

夏商周考古历来是河南考古的重头戏，是中华文明探源的核心内容。

---

① 魏兴涛：《新中国成立以来河南新石器时代考古发现与研究》，《华夏考古》2012年第2期。

② 杨育彬、孙广清：《试论商前期年代学研究的几个问题》，《江苏纪念甲骨文发现100周年甲骨文与商代文明国际学术研讨会论文选集》，1999，第148~154页。

③ 郝本性、杨育彬、杨肇清、许天申：《河南省文物研究所的成就、现状与展望》，《华夏考古》1992年第3期。

偃师二里头与郑州商城的发现，是夏商考古的全新收获，殷墟武官村大墓的发掘则是殷墟考古的新突破，虢国墓地、楚国大墓等发掘是两周考古的重要成就。以上系列考古工作是中国考古史上的奠基和开拓之作。[①]

郑州商城二里岗遗址。其调查发掘始于20世纪50年代。1950年，韩维周首先在郑州城东南郊二里岗的高地上发现了商代陶器、石器。随后河南省文物机构以及中国科学院考古研究所对二里岗和郑州的其他地方进行了考古调查，这是对郑州商城进行调查发掘的开端。半个多世纪以来考古发掘仍在进行，河南考古工作者前后相继为此做出了巨大贡献。据考古发掘，郑州商城范围很大，北城墙长约1690米，西城墙长约1870米，遗址内外遗迹十分丰富。大范围的宫殿遗址区，主要在城内中部偏北和东北部一带。手工业作坊区大多集中在城外靠近城墙的区域，如青铜器铸造作坊遗址、磨制骨器作坊遗址分布在北城墙外，陶器烧制作坊遗址是在西城墙外，商城南郊则有青铜器铸造作坊遗址。城外也有多处聚落区，城东北的白家庄等是比较集中的墓葬区。[②] 郑州商城的发现是新中国成立以来首次考古发现的商代早、中期具有一定规划布局的都城遗址，是中国迄今为止发现的时代较早、规模较大的王朝都城遗址之一，对中国夏商考古具有里程碑意义。“夏商周断代工程”将其确定为夏商分界的界标，并由此建立了商代前、中期的时空框架。由于郑州商城的特殊地位，1961年被国务院公布为“第一批全国重点文物保护单位”，2001入选“中国20世纪100项考古大发现”。

偃师二里头遗址。1959年，中国科学院考古研究所徐旭生主持夏文化考古调查，在偃师县西南洛水南岸的二里头村发现一处大型类似洛达庙类型的文化遗址，即后来著名的二里头遗址。20世纪60年代，中国科学院考古研究所洛阳发掘队对二里头遗址进行了系统发掘，取得了重大突破，发现了大型手工业作坊基址和1号宫殿建筑基址。清理出大量的陶器和小件青铜器，并发现了成群的灰坑、墓葬和多座房基。70年代，中国科学院考古研究所二里头工作队对1号宫殿建筑基址进行了全面揭露，发现基址中部有殿堂，四周有廊庑，南部有大门的痕迹。[③] 在宫殿基址四周同期的文化层中

① 张新斌、李龙、王建华：《河南考古史》，大象出版社，2019，第153页。
② 杨育彬：《建国四十年来河南商代考古的发现与研究》，《中原文物》1989年第3期。
③ 郑杰祥：《建国以来的夏文化探索》，《中原文物》1989年第3期。

发现有房基、窖穴、水井、窑址、道路和灰坑，出土了大量陶器、石器、骨器、蚌器和少量铜玉器。[①] 1977 年“二里头文化”正式命名并得到考古学界的认可。至今，中国社会科学院考古研究所二里头工作队仍在进行考古发掘工作。二里头遗址的发现，拉开了夏文化考古探索的序幕，是夏文化考古探索在河南的切入点和新突破，在夏商考古中具有无可替代的地位，对于中国古代文明的起源与形成、国家的产生与发展、夏商历史文化均有十分重要的学术价值与意义，对中国考古学科的发展与完善也产生了重要而深远的影响。2001 年，二里头遗址入选“中国 20 世纪 100 项考古大发现”。[②]

两周考古发掘。经调查发掘，西周墓葬大量分布在洛阳瀍河两岸的塔湾、马坡、庞家沟、北窑村及老城东关一带，涧河两岸也有发现。此外，河南其他区域也发现了部分西周墓葬，如襄县霍庄、新郑唐户等，印证了历史文献记载的西周洛邑与中原封国社会状况，同时也为商周分界时期的墓葬断代提供了参考依据。东周考古发掘与 1950～1953 年的辉县发掘密切相关，标志着新中国田野考古发掘工作的大幕正式拉开。先后发现的大批战国墓葬和车马坑，为研究战国时期的墓葬形制、埋葬习俗提供了重要资料，其发掘报告也是新中国第一份大型田野考古报告。辉县发掘是新中国考古史上的重要里程碑。此外，东周考古重大发掘还有洛阳中州路东周墓葬、信阳长台关楚墓、郑韩故城等。

三　秦汉魏晋时期

秦汉魏晋南北朝时期，中国既经历了长期的统一繁盛，也经历了较长时间的国家分裂和民族大融合过程。其间洛阳曾是帝都，南阳曾是皇室故里，河南考古发掘甚为丰厚，最重要者当属汉魏洛阳城遗址。

汉魏洛阳城是东汉、曹魏、西晋、北魏的都城遗址，位于洛阳盆地，背靠邙山，南临洛河，地理位置显要。城址始建于西周初年，废弃于唐初。汉魏洛阳故城是中国所有都城遗址中，历代定都总时间最长、规模最大且遗迹埋藏较为完整的古城遗址，对后来都城的建筑形制、设计规划影响深

---

① 田昌五：《夏文化探索》，《文物》1981 年第 5 期。

② 张新斌、李龙、王建华：《河南考古史》，大象出版社，2019，第 120～123 页。

远。1924 年，北京大学文科研究所对汉魏洛阳城遗址进行了首次调查。新中国成立后相关的调查、勘探工作逐步持续展开。20 世纪六七十年代，中国科学院考古研究所洛阳工作队进行了多次调查发掘，基本明晰了洛阳作为东汉、魏晋、北魏都城的基本概况。[①] 东汉都城洛阳（雒阳城）全城平面略呈长方形，南北长约汉代九里，东西长约汉代六里，故称“九六城”。东、西、北三面城墙，遗迹尚存；南面城墙因洛河改道被冲毁，但仍可复原其位置。全城共设 12 个城门，城内主要大街都通达城门，彼此互相交叉，分隔成 24 段，很可能是文献记载中所说的“洛阳二十四街”。宫城位于大城中北部，位置适中略偏西，与大城形制相仿，呈南北向略长的矩形，宫城的四面垣墙保存尚好。曹魏在维持东汉洛阳城的布局基础上，重建都城，仅在西北角建筑了金镛城。北魏洛阳城建立了单一的宫城模式，废除了东汉以来南北两宫的制度。[②] 宫城南则是北魏著名的永宁寺遗址。1961 年，汉魏洛阳故城被国务院公布为第一批全国重点文物保护单位。

其间，考古工作者也发现了一系列重要的冶铁遗址。其中铁生沟冶铁遗址、古荥镇汉代冶铁遗址、瓦房庄冶铁遗址、渑池铸铁作坊遗址等最为典型，耐火砖、坩埚片及各种陶范及煤块等遗存，表明中国的冶铁规模、工艺水平等早在汉代时期就处于世界先进水平。此外，在洛阳、偃师、新安、荥阳等地发现有壁画墓，南阳、永城、新密、浚县等地发现有画像墓，风格迥异、技艺精湛。洛阳烧沟汉墓的发现，建立了汉墓年代的表型序列，为中原各地汉墓编年提供了标尺。[③]

四 隋唐至明清时期

隋唐宋元以降，中国经历了传统社会从巅峰到逐步衰落的过程。隋唐是中国传统社会的鼎盛阶段，宋代经济文化昌盛而国力出现危机。迨至元明清时期，商品经济虽有进一步发展，中国传统社会却逐步走向衰落。其间，河南也经历了从经济、政治、文化中心走向式微的过程，但洛阳是隋唐东都、开封是北宋古都，考古发掘依然丰富，较为典型者当属隋唐洛阳

① 中国科学院考古研究所洛阳工作队：《汉魏洛阳城初步勘查》，《考古》1973 年第 4 期。

② 胡永庆：《河南魏晋南北朝考古发现与研究六十年》，《华夏考古》2012 年第 2 期。张新斌、李龙、王建华：《河南考古史》，大象出版社，2019，第 164~166 页。

③ 杨育彬：《华夏考古的世纪回顾与前瞻》，《考古》2000 年第 2 期。

城、东京开封城及巩义宋陵等。

隋唐洛阳城兴建于隋炀帝大业元年（605），唐时又不断扩大，由郭城、皇城、宫城组成，逐渐形成拥有百万人口的东方大都会。先后在这里建都的有隋、唐、后梁、后唐，作为陪都的有后晋、后汉、后周、北宋等，共计500多年。遗址规模巨大，宫城、皇城、东城、含嘉仓城、内城里坊、外郭城等整体布局有序，先后发掘了武则天明堂、含元殿、九洲池、应天门、履道坊白居易故居等。[①] 总之，隋唐洛阳城见证了中国传统社会最为辉煌的历史，是研究都城建制、城市布局、社会生活的典型遗存，在中国古代都城发展史上具有重要地位，甚至影响到东亚各国。[②]

开封是北宋王朝的首都，也是当时世界上最大、最繁华的城市。北宋东京城一改汉唐以来的封闭式里坊和市场规划，形成了开放式的大街小巷，刺激了城市工商业的发展和繁荣，在我国城市发展史上起着承前启后的作用。北宋东京城地处豫东大平原，由于缺乏“山河之固”，特别重视城市的防御设施，在平面布局上设有外城、内城和宫城，三重城垣大小相套。街道规划整齐，四条主要干道通往外城的正门，其他大小街道与四条干道互相贯通，形成了城内四通八达的交通网络。其中最主要的街道称为御街，北起皇宫宣德门，向南通过里城朱雀门，直达外城南薰门，是东京城的南北中轴线。[③] 州桥是东京城内御街上横跨汴河的重要桥梁，始建于唐朝建中二年（781），北宋汴京城扩建后成为闹市中心，明代周王改建为拱桥，“州桥明月”是明清“汴京八景”之一。2022年，入选全国十大考古新发现。需要特别强调的是，作为七朝古都，考古学家发现在古都开封地下在3~12米处有“城摞城”的奇观，叠压着三座国都、两座省城及一座中原重镇等六座城池。[④] 其中，五座城池基本处于同一区域，摞在最上面的是清代开封城，最下面的则是唐代中原重镇汴州城，最为壮观者当属北宋国都东京城。

巩义北宋皇陵位于该市西南黄土丘陵上，陵区范围南北宽12公里，东

---

① 杨育彬：《河南考古五十年回眸》，《华夏考古》1999年第3期。张新斌、李龙、王建华：《河南考古史》，大象出版社，2019，第185~188页。

② 《隋唐洛阳城：中国古代辉煌历史的缩影》，《洛阳日报》2012年4月18日。

③ 张新斌、李龙、王建华：《河南考古史》，大象出版社，2019，第305~308页。

④ 此外，在现存商丘古城之下也发现了六座不同朝代的古都、古城叠加在一起的城摞城奇观，应是历代黄河泛滥所致。

西长 13 公里。除徽宗、钦宗被金人劫掠囚死漠北外，其余七位北宋皇帝均葬于此，加上追封为宣祖的赵匡胤之父赵弘殷的永安陵，统称“七帝八陵”。另外，还祔葬有 20 余座皇后陵和许多宗室子孙的墓葬，形成一个庞大的皇室陵墓群。[①] 按分布地域可分为西村、蔡庄、孝义和八陵等四个陵区。各个陵园建制大体相同，平面布局整齐划一，皆由上宫、下宫、皇后陵和陪葬墓组成。皇帝陵上宫以陵台为主体，四周围护神墙，神墙四隅建有角阙，四面正中开门，门侧设有阙台，门外各列石狮 1 对。南神门外的神道两侧，石雕群像对称排列。皇后陵皆祔葬于帝陵陵园西北隅，平面布局大致仿照帝陵上宫，只是陵园规模较帝陵缩小，石雕像数目也减少一半。陪葬墓一般位于皇后陵的北部和西北部，每墓又自成茔园，在茔园大小和石雕像数目方面也有严格的等级制度。北宋皇陵布局大体继承唐代皇陵制度，然陵园规模和石雕像数目整齐划一，而且受风水堪舆影响较大。[②]

明清时期，政治、经济、文化中心南移，但河南仍是毗邻京畿的重地。发掘有明代藩王墓葬，包括新乡潞简王朱翊镠墓、开封周定王七世孙原武温穆王朱朝埨墓以及洛阳福王家族墓等，为研究明代陵寝制度提供了丰富的实物资料。在沁阳市东北九峰山下，发现有明太祖朱元璋九世孙、郑恭王厚烷之子、著名科学家和艺术家朱载堉（1535~1610）墓葬，碑文系书法家王铎书写，字体雄健有力。此外，河南明代墓葬还有杞县高高山明墓、郏县前冢王村明墓、临汝夏店南营明墓、宝丰廖旗营明墓等。[③] 除了墓葬，洛阳市东车站发现亦有明代砖窑窑址，丰富了我国砖窑烧造工艺和技术等方面的资料。[④] 此外，为配合国家大型工程和城市地方建设，河南发掘清代墓葬、房址（基）多座，出土建筑构件、漆木器、瓷器、陶器等多件。

---

① 河南省文物考古研究所编《北宋皇陵》，中州古籍出版社，1997。

② 杨育彬、袁广阔主编《20 世纪河南考古发现与研究》，中州古籍出版社，1997，第 690~692 页。

③ 赵世纲：《杞县高高山明墓清理简报》，《文物参考资料》1957 年第 8 期。河南省郏县文化馆：《河南郏县前冢王村明墓发掘简报》，《考古》1961 年第 2 期。王良钦：《临汝县发现一个明代陶棺》，《文物参考资料》1957 年第 8 期。郑州大学历史学院考古系：《河南宝丰县廖旗营墓地东汉画像石墓》，《考古》2016 年第 3 期。以上均转引自张新斌、李龙、王建华《河南考古史》，大象出版社，2019，第 184 页。

④ 徐昭峰、马春梅：《洛阳市东车站明代砖窑窑址》，载中国考古学会编《中国考古学年鉴（2004）》，文物出版社，2005，第 270 页。

第二节 建立了不同时期考古学文化序列

考古学意义上的“文化”具有特定含义，指考古学遗迹中（尤其是在原始社会遗迹中）所观察到的共同体，并且在一定的区域内独特地存在着族的共同体。① 中华文明探源语境下的考古学文化，主要是就新石器时代而言。自从1921年冬安特生主持渑池仰韶村遗址发掘、揭开中国现代考古的序幕，百年来经过我国三代考古学者的努力，河南已发现约2000处新石器时代遗址。有距今8000~7000年的裴李岗文化、距今7000~4500年的仰韶文化，还有距今4500~3800年的河南龙山文化。② 裴李岗文化—仰韶文化—龙山文化形成了新石器时代文化的完整序列，大致描绘了中原地区原始氏族社会的生产、生活图景，构建了中原文明起源形成的基本线索。

一 裴李岗文化时期

裴李岗文化是1977年在河南省郑州市新郑县（今新郑市）裴李岗首次被发现并命名的，距今8000~7000年左右，整体处于母系氏族社会比较繁荣的时期。截至目前，河南已发现160多处裴李岗文化遗址，遍布全省各地，南至潢川双岗、北达安阳洪岩、东到项城后高老家、西达卢氏薛家岭，重点分布在豫西山地东部边缘的丘陵地带以及豫中和豫南的黄淮平原地区，特别是在嵩山周围地区比较密集。③

在裴李岗文化众多遗址中，发现有房基、灰坑、陶窑和墓葬等遗迹，还有一批石器、陶器和部分骨、牙、角器，以及动物骨骼和植物果核等遗物。裴李岗文化的遗物，有石器、陶器、骨器和蚌器等不同材质的器物，主要为生产工具、生活工具、装饰品及其他，其中生产工具以石器尤其是磨制石器为主。④ 另有氏族墓地700余座，均为长方竖穴土坑墓，排列有

---

① 夏鼐：《关于考古学上文化的定名问题》，《考古》1959年第4期。杨肇清：《关于裴李岗·磁山文化的定名及其年代问题的探讨》，《华夏考古》1987年第1期。

② 杨育彬、袁广阔主编《20世纪河南考古发现与研究》，中州古籍出版社，1997，第74页。

③ 杨育彬、孙广清：《从考古发现谈中原文明在中国古代文明中的地位》，《中原文物》2002年第6期。

④ 郑州市博物馆：《郑州大河村遗址发掘报告》，《考古学报》1979年第3期。

序，每个墓地的墓向基本一致，一般有随葬品。这些遗迹遗物，初步反映了当时的社会经济生产情况和发展阶段，即以发达的农业经济为主、渔猎经济为辅，采集经济仍然存在，但已经降到较为次要的地位。这一时期的农业，是目前我国境内发现年代最早的农业，对于研究我国农业的起源以及原始农业的生产状况和发展历史具有重要意义。随着农业的发展，家畜饲养业以及制陶、制石、制骨、纺织、缝纫业得以发展，进而推动了社会的分化。① 裴李岗文化时期所处的社会阶段，从墓葬方面反映出具有母系氏族社会的特点，到后来男女两性随葬品数量差别不大，甚至还出现男性墓随葬品多于女性墓的情况，反映出男性社会地位有一定的提高，表明在母系氏族社会中有新的社会因素在萌芽。②

裴李岗文化分可以分为裴李岗类型、贾湖类型和中山寨类型等类别。③代表性的遗址包括裴李岗遗址、贾湖遗址等。其中，裴李岗遗址位于新郑西北裴李岗村西的岗地上，总面积约 2 万平方米。经 1977 年三次发掘，共发现灰坑 22 个、窑 1 座、墓葬 114 座，出土石器 127 件、陶器 268 件，还有少量打制细石器和为数极少的骨器以及一些兽骨、红烧土、梅核、酸枣核、核桃壳等遗物。④

贾湖遗址位于舞阳县城北、北舞渡镇西南的贾湖东侧。1979 年以来经多次调查发掘，发现房基 30 多座、灰坑 300 多个、窑近 10 座、墓葬 300 多座以及遗物 1000 余件。⑤ 在目前已发掘的裴李岗文化遗址中，贾湖遗址遗

---

① 杨育彬、袁广阔主编《20 世纪河南考古发现与研究》，中州古籍出版社，1997，第 124 页。

② 杨育彬、袁广阔主编《20 世纪河南考古发现与研究》，中州古籍出版社，1997，第 128~129 页。

③ 有学者认为裴李岗文化可分为裴李岗类型和翟庄类型，或者裴李岗类型、中山寨类型，还有学者提出贾湖类型、莪沟类型。以上裴李岗文化分类，请详参赵世纲《裴李岗文化的几个问题》，《史前研究》1985 年第 2 期；郑乃武《略试裴李岗文化类型与仰韶文化的关系》，载《中国考古学研究——夏鼐先生考古五十年纪念论文集》，文物出版社，1986；张居中《试论贾湖类型的特征及与周围文化的关系》，《文物》1989 年第 1 期；丁清贤《裴李岗文化的发展阶段》，《中原文物》1987 年第 2 期。

④ 开封地区文物管理委员会等：《裴李岗遗址一九七八年发掘简报》，《考古》1979 年第 3 期。中国社会科学院考古所河南一队：《1979 年裴李岗遗址发掘简报》，《考古》1982 年第 4 期。中国社会科学院考古研究所河南一队：《1979 年裴李岗遗址发掘报告》，《考古学报》1984 年第 1 期。

⑤ 河南省文物研究所：《舞阳贾湖遗址的试掘》，《华夏考古》1988 年第 2 期。河南省文物研究所：《河南舞阳贾湖新石器时代遗址第二至六次发掘简报》，《文物》1989 年第 1 期。

存最为丰富，其中特别重要的发现是契刻符号和骨笛。契刻符号刻在龟甲和石柄上，有些符号与殷墟甲骨文、周代金文相似，具有原始文字的性质，为研究汉字的起源提供了重要实物资料。出土的骨笛是目前我国发现最早的发音准确的骨笛，显示出当时音乐水平达到相当高的程度，为中国乃至世界音乐史的研究提供了极其珍贵的资料。此外，还发现有炭化的稻米，经检验确认是经过人工培养的稻，证明贾湖时期人们已经种植稻，从而将中原地区种稻时间提到七八千年前。①

二 仰韶文化时期

仰韶文化距今 7000～4700 年左右，是我国分布地域最广的史前文化、延续时间最长的考古学文化。② 其发现与命名始于 1921 年瑞典地质学家安特生受聘北洋政府农商部矿政顾问，到河南渑池县仰韶村主持调查挖掘。百年以来，经过一代代中国考古工作者的辛勤探索，遗址数量众多，遗迹遗存丰富，涉及十余省区，仅河南就有遗址 3000 多处，尤以豫西三门峡地区特别是灵宝市仰韶遗址最为密集。河南代表性遗址有十余处，包括仰韶村遗址、庙底沟遗址、三里桥遗址、王湾遗址、大河村遗址、西山遗址、阎村遗址、洪山庙遗址、西水坡遗址、下王岗遗址、八里岗遗址、双槐树遗址等。③

仰韶文化上承裴李岗文化、下启龙山文化，并与大汶口文化、大溪文化、屈家岭文化互有影响，在社会性质上则经历了由从母系氏族社会到父系氏族社会的演进过程。各个遗址中丰富的遗迹遗存，渐次揭示了河南仰韶文化的经济形态和社会生活状况。先民们逐水而居，在河谷阶地上营建聚落，为了生存需要制造大量石器、骨器、蚌器，以便开垦、耕种、收割和加工粮食。北方以粟米、高粱等耐旱地作物为主，南边水源充足的地方多种植稻米。而较多储粮窖穴和中晚期酒器的出现，则反映了粮食在满足

---

① 杨育彬、袁广阔主编《20 世纪河南考古发现与研究》，中州古籍出版社，1997，第 91～93 页。

② 魏兴涛：《从文化到文明化——仰韶文化百年历程及其文明化成就》，《华夏考古》2021 年第 4 期。

③ 孙广清：《河南仰韶文化的发现与研究——纪念仰韶文化发现 80 周年》，《中原文物》2001 年第 5 期。魏兴涛：《从文化到文明化——仰韶文化百年历程及其文明化成就》，《华夏考古》2021 年第 4 期。

日常生活需要外，还有富余用于酿酒。大量出土的猪、狗、羊、鸡等骨骼，反映了家畜、家禽饲养情况。而石网坠、石矛、石球、石铁、骨链及鱼骨、兽骨等，则反映了渔猎活动的重要地位。① 制陶业是手工业中最具代表性的部门，陶质、造型、装饰和焙烧技术等方面明显超越了陶器发明的初级阶段，达到相当成熟的水平，不过总的来说仍处于手工制陶阶段。②

仰韶文化在中原地区文明化以至中华文明起源形成和早期发展历程中具有重大影响。在史前文化格局中，中原文化区最为著名，周边有甘青、山东、燕辽、长江中游和江浙等文化区，更外层则有福建、台湾、广东、云南、西藏、黑龙江、内蒙古、新疆等文化区。整个中国的新石器文化宛如巨大的重瓣花朵，中原居于花心位置，而中原文化区的主体就是仰韶文化。③

三　河南龙山文化时期

龙山文化因 20 世纪 30 年代初发现于山东龙山镇城子崖而得名，中原地区的龙山文化于 1931 年由梁思永首先发现于安阳后岗二层，因此又被称为“后岗二期文化”。河南地区的龙山文化因与山东地区的龙山文化文化面貌差别较大而被学术界称为“河南龙山文化”，经过新中国成立后二十多年的调查发掘，逐渐搞清了其分布范围：以河南为中心，涉及关中东部、山西西南部、河北南部、山东西部以及安徽西北部。河南境内的典型遗址众多，以庙底沟、洛阳王湾、安阳后岗、淅川下王岗、永城王油坊等遗址的发现与发掘影响最大。其中，庙底沟二期文化的发现是 20 世纪五六十年代河南乃至全国新石器考古的重要收获，它承袭仰韶文化发展而来，发展成为中原地区介于仰韶文化与龙山文化之间的一种过渡期文化，而河南的龙山文化则是在庙底沟二期文化基础上发展而来的。这一发现解决了仰韶文化与龙山文化的过渡环节，填补了中国古代文明起源的空缺。④

龙山文化是黄河中下游发展起来的新石器时代晚期文化，相当于父系

---

① 孙广清：《河南仰韶文化的发现与研究——纪念仰韶文化发现 80 周年》，《中原文物》2001 年第 5 期。

② 杨育彬、袁广阔主编《20 世纪河南考古发现与研究》，中州古籍出版社，1997，第 198 页。

③ 严文明：《中国史前文化的统一性与多样性》，《文物》1987 年第 3 期。

④ 张新斌、李龙、王建华：《河南考古史》，大象出版社，2019，第 108~110 页。

氏族社会由发展到解体的阶段，也是私有制、阶级和国家诞生之初的历史大变革时期。

河南龙山文化早期阶段，生产力有了较大的发展，主要表现为生产工具的改进。其虽仍以石制的农具为主，并承袭了仰韶文化晚期的形制，但是斧类器显然增多，而且愈益厚重，反映了工具改革方面的进步。除了农业生产工具之外，庙底沟二期诸遗存中还发现有大量的石镞、骨镞以及石球、骨鱼叉等，表明当时渔猎经济还居于重要的地位。同时，家畜饲养业也较前发展。墓葬中灰坑（窖穴）的发现比较普遍，而且分布较为密集。①

龙山文化中晚期，是河南龙山文化的发展和繁荣阶段。河南各地发现这时期的遗址有上千处，主要集中分布于太行山东麓、黄河两岸、伊洛河流域、嵩山周围以及豫东淮河及其支流地区。此时生产力水平较之仰韶文化时期大为发展，生产工具材质多为石、骨、蚌、角等。种类继续增多，如大量使用蚌刀、蚌镰等。制作技术也大为提高，穿孔器增多，工具多为磨制，且更加规范、光滑、锋利。大量使用收割工具，应是劳动收获量增加、农业生产水平提升的表征。铜器目前在龙山文化遗址中已多有发现。青铜工具的使用，必将提高生产力水平，加快社会向前发展的步伐。铜器的出现及其所反映的青铜时代的生产力，是人类社会进入文明社会的基本条件之一。②

总之，在河南龙山文化时代尤其是中晚期，无论农业生产还是畜牧业生产，都有了较大的发展。加之制陶业的发达，促进了社会分工的细化，提高了劳动生产力，剩余产品继续增加，私有制随之进一步发展。随着私有财产的产生，出现了奴隶和自由民，出现了贫者和富者，出现了阶级。伴随私有制和阶级的产生、阶级斗争的尖锐化、掠夺战争的盛行，氏族制度已走向衰亡阶段，这时的中国社会已踏入文明的门槛。③

---

① 杨育彬、袁广阔主编《20世纪河南考古发现与研究》，中州古籍出版社，1997，第234~236页。

② 方酉生：《略论河南龙山文化的社会性质》，《江汉考古》1980年第2期。

③ 杨育彬、袁广阔主编《20世纪河南考古发现与研究》，中州古籍出版社，1997，第275页。

四　河南境内的其他新石器文化

需要说明的是，新石器时代河南考古文化除了裴李岗文化—仰韶文化—龙山文化主系列，也有受到周边地区影响的其他文化遗存，如山东大汶口文化、湖北屈家岭文化等。它们在河南中部交汇，为全国所仅见，反映了诸多新石器时代的交流、融合和影响。

大汶口文化是分布于黄河下游及东部沿海地区的一种新石器时代文化，因 1959 年首先发现于山东省泰安县大汶口遗址而得名，距今 6000～4000 年。大汶口文化在豫东、豫南、豫中和豫西也有发现，遍及黄河以南的商丘、周口、许昌、平顶山等地，先后调查或试掘大汶口文化遗存近 60 处。截至目前，河南大汶口文化可以分为早、晚两期，其中早期与山东地区的大汶口文化相比较约相当于大汶口文化的中期，晚期与山东地区的大汶口文化相比较约相当于大汶口文化的晚期。它们与山东境内的大汶口文化联系紧密，墓葬特征、埋葬习俗及出土陶器、石器等均十分接近。大汶口文化早期受到仰韶文化影响，中期以后又反过来影响了仰韶文化，某些器形特征又被仰韶文化吸收。①

屈家岭文化是长江中游地区一支重要的原始文化，因首先发现于湖北京山县屈家岭而得名，距今 5000 多年左右，是长江流域继大溪文化之后的一支新石器时代晚期文化遗存，其蛋壳黑陶、朱绘黑陶、彩陶纺轮等陶器独具一格。自 20 世纪 50 年代以来，河南境内发现 140 多处屈家岭文化遗址，主要集中在南阳、信阳一带。这些发现为研究中原地区新石器时代文化与江汉地区新石器时代文化的关系，探讨同时期不同文化间的相互交流与影响提供了重要资料。②

第三节　构建了中华文明探源研究队伍

中国现代考古学诞生以来，一直致力于中华文明起源、形成、发展的

---

① 杨育彬、袁广阔主编《20 世纪河南考古发现与研究》，中州古籍出版社，1997，第 218～226 页。

② 杨育彬：《河南考古的世纪回顾与前瞻》，《考古》2000 年第 2 期。

不懈探索，“中华文明探源工程”实施以来更是如此。其间，河南考古不仅取得了国内外瞩目的辉煌成就，而且建立了考古发掘、保护和研究专业机构，涌现了一代代专家学者。

一 造就人才的考古工作人员培训班

（一）新中国成立以来的考古工作人员训练班

20世纪30年代中国的考古从河南起步，50年代考古工作人员训练班的实习也从河南郑州、洛阳开始。第一届带实习的队长郭宝钧在新中国成立前发掘过殷墟，他的从殷墟取得的田野考古经验被流传到郑州，通过考古工作人员训练班学员被传达到各省乃至各大学陆续创办的考古专业。通过各省再办训练班这种方式，产生“蝴蝶效应”，这些科学的发掘方法被普及到全国。

民国时期，国内考古专业不成系统，缺乏正规性，新中国成立前后，有限的考古工作者又有相当一部分去了台湾，而各个地方省市几乎没有考古力量。20世纪50年代初，新中国社会主义建设事业如火如荼，为了应对配合基本建设考古力量严重匮乏的局面，文化部联合中国科学院考古研究所、北京大学培养考古人才，自1952年至1955年期间共举办了四期训练班，学员总数达369人，当时留在大陆的文物考古界知名学者几乎都参与了授课。从50年代中期到“文革”之前，各地重大考古发掘多数是由训练班学员主持或组织的，这四期也被称为考古界的“黄埔四期”。[①] 不少省份在考古人才“一穷二白”的情况下，正是靠这四期训练班培养了第一批干部，并使全国的考古力量初具规模。四期训练班讲授的内容与河南考古发掘多有关系，而且田野实践的地点也集中于河南。

1952年8月第一期考古工作人员训练班开学，主修文物政策法令、考古学和文物常识三大类课程。其中，考古学又被细分为中国考古学及田野考古方法。史前考古学教员是裴文中、贾兰坡、安志敏，殷周考古教员是郭宝钧、张政烺、唐兰、梁思永、苏秉琦，汉唐考古及汉以后考古教员是

---

① 孙秀丽：《考古的黄埔四期：记1950年代考古工作人员训练班》，《中国文化遗产》2005年第3期。

张政烺、苏秉琦、夏鼐、曾昭燏、王仲殊。田野考古则由梁思永、夏鼐、裴文中、曾昭燏、郭宝钧、苏秉琦、石兴邦、安志敏授课。第三期又增加了尹达、郭沫若、翦伯赞讲授的原始社会、奴隶社会及封建社会史课程。在夏鼐先生1952~1954年的部分日记中，记录了训练班进展，开学、上课、实习及结业等情况。考古知识培训结束，进入田野实习阶段。全体师生于1952年10月兵分两路，一组去郑州发掘二里岗商代遗址，一组去洛阳发掘周至汉代墓葬，实习辅导教员有郭宝钧、夏鼐、裴文中、安志敏、王仲殊、陈公柔、石兴邦以及宿白等。后来，第二期实习全部去了洛阳，第三期转到西安半坡遗址，第四期又到洛阳和三门峡水库。

1955年前后，大行政区考古队撤销建制陆续解散，学员也回到河南省文物单位。这一时期，郑州作为全国考古的重中之重，形成了全国支援郑州的局面，参与者也多有训练班学习经历。由于郑州商城遗址的发现，整个华东文物工作队20余名业务人员被调到郑州支援，华东文物工作队队长、南京博物院院长曾昭燏在1954~1955年兼郑州考古队队长。加上来支援的训练班学员，考古队业务人员最多达到上百人。郑州也因此成为很多人学考古的启蒙地。1956~1958年，中国科学院考古所又成立了黄河水库考古队，主要是配合三门峡水库和刘家峡水库建设。队长夏鼐，副队长安志敏，成员从全国抽调。①

从1983年河南连续承办“文化部文物局郑州文物干部训练班”以来，共举办全国招生的训练班和大专班、中专班8次，培训人员305人；在河南省范围内招生的训练班7次，培训人员460人。1993~1996年，类似“黄埔四期”的领队班又在郑州西山继续举办了三期。这是国家文物局继50年代训练班之后第二次全国性地大规模培训考古发掘人才，参加者在90年代以后成为田野考古前线活跃的主力，今天全国考古领域的不少领军人物出自这里。来自全国24个省区市37个文博单位的75名学员先后在这里接受了严格的培训，当时为了教学需要，对西山遗址进行了全面布方，持续发掘6385平方米，一座以城池为核心的仰韶文化遗址赫然面世。西山遗址整个发掘工作历时5年，因西山仰韶时期城址的发现和确认，入选1995年中国

---

① 孙秀丽：《考古的黄埔四期：记1950年代考古工作人员训练班》，《中国文化遗产》2005年第3期。

十大考古新发现，1996 年又被国务院公布为第四批全国重点文物保护单位。[①]

河南方面，1953~1979 年在原河南省文化局的直接领导下，曾委托河南省文物工作队举办了四期文物干部训练班，共培训学员 200 多人。1958 年，举办“河南省中学历史教师文物训练班”。1958~1965 年，委托河南省文物工作队到各地、市、县协助举办了文物工作人员训练班 30 多期，培训人员 500 余人，保障了地、市、县文物普查工作的顺利开展。[②]

（二）中华文明探源工程以来的考古培训班

近年来，国家文物局陆续举办多期考古发掘培训班，也经常定点选择文物考古大省。如 2022 年度国家新任考古发掘项目负责人岗前培训班在周口市淮阳区举行，由国家文物局主办，中国文化遗产研究院承办，河南省文物考古研究院协办，旨在进一步加强考古发掘专业技术人才培养、提高考古发掘工作质量和水平。

河南省文物局也长期开办考古发掘技术人员培训班，采取理论教学与田野实习相结合，讲授田野考古相关法律法规、田野考古工作规程、田野考古勘探技术、考古勘探记录规范、田野考古调查与 GIS 考古、地层划分与遗迹辨别、考古遗物收集与采样、田野考古绘图、考古发掘现场重要遗存应急处置、考古资料整理及考古报告编写规范、田野考古摄影技术、考古发掘资料数字化、田野现场植物考古遗存采集等相关知识，所有学员须至少在工地完成 570 个学时的实践操作。自 2019 年以来已连续举办四届，是推进基层考古队伍建设、提升全省考古业务人员综合能力的持续性重要举措。[③]

此外，还有相关高校、考古工作队（博物馆）主办的考古专题研修班。夏文化研究是中国考古学的重大命题。2018~2023 年河南大学连续主办六届

---

① 安金槐：《河南省文物研究所四十年发展历程的回顾》，《华夏考古》1992 年第 3 期。孙秀丽：《考古的黄埔四期：记 1950 年代考古工作人员训练班》，《中国文化遗产》2005 年第 3 期。需要说明的是，1992 年 9 月至 11 月，河南省文物局先期在西山遗址举办首届考古钻探领队培训班。

② 安金槐：《河南省文物研究所四十年发展历程的回顾》，《华夏考古》1992 年第 3 期。

③ 《2022 年度河南省考古发掘技术人员培训班开班》，河南省人民政府门户网站，www.henan.gov.cn，访问时间：2022 年 9 月 13 日。

“夏文化”暑期研讨班，邀请业内知名专家进行授课，从不同角度深化对夏文化内涵的解读，培养了大批夏文化研究的青年学者。[①] 2021 年 4 月，“夏文化考古研究”研修班开班仪式在二里头遗址举行，研修班 9 名学员来自河南、山西、陕西、河北等地多家考古研究机构和高校，在偃师二里头工作队的具体安排下展开为期两个月的理论学习和考古实践，并由原队长、研究员许宏亲自担任班主任。[②]

二　不断完备的发掘研究机构

（一）长期扎根河南的国家级考古派出机构

中国社会科学院考古研究所是中国考古学发掘研究的权威机构，因河南考古资源丰富，其长期扎根于河南并设立多个工作队，如偃师商城队、偃师二里头队、洛阳汉魏故城队、洛阳唐城队、安阳队等。在中国社会科学院考古研究所 2022 年度田野考古工作汇报会上，37 个考古发掘项目中 11 个与河南密切相关，包括新郑裴李岗遗址、偃师二里头遗址、偃师商城、安阳殷墟、商丘宋国故城、汉魏洛阳城、隋唐洛阳城等，从不同角度讲述了中原文明、黄河文化的故事。[③]

以公众较为熟悉的二里头工作队为例，半个多世纪的时间充分见证了四代考古人前后相继扎根中原大地、探源中华文明的历程与成就。1959 年秋，首任队长赵芝荃和同事进驻二里头开展考古工作，陆续完成了 1 号宫殿建筑和 2 号宫殿建筑的基址发掘，发现了宫殿区外贵族墓葬、铜玉礼器、部分手工业作坊遗址。1979 年，郑光接任第二代队长，进一步细化了二里头文化分期，发掘了铸铜作坊等重要遗址及大量器物，以实物证明二里头文化进入青铜文明阶段，还建立了工作站。[④] 1999～2019 年，许宏成为第三代队长。这是二里头考古取得最丰硕成果的时期，出版了五卷本考古报告《二里头：1999—2006》，发现了“超级国宝”大型绿松石龙形器，勘探发

---

① 《河南大学六届“夏文化”暑期研讨班顺利结束》，河南大学历史文化学院，2023 年 7 月 18 日。

② 《“夏文化考古研究”研修班开班仪式在二里头遗址举行》，中国考古网，2021 年 5 月 11 日。

③ 《新进展 新发现——中国社会科学院考古研究所 2022 年度田野考古工作汇报会纪要》，中国考古网，2023 年 1 月 13 日。

④ 程小宁：《古老的中国》，《旅游》2020 年第 5 期。

掘出的“井”字形4条大道把宫殿建筑群、作坊、祭祀区等划分在不同区域内，堪称中国第一个主干道上的“十字路口”，还发现了中国最早的双轮车辙、最早的中轴线布局的宫殿建筑群、最早的绿松石器作坊等，入选2004年“中国十大考古新发现”。2019年，赵海涛成为第四任队长。其间，二里头夏都遗址博物馆和遗址公园2019年同时建成开放，工作队钻探、发掘、资料整理，全程参与遗址公园和博物馆建设。60多年的考古探索表明，二里头遗址是夏朝晚期都城遗址，是最早在洛阳盆地建都的广域王权国家都城。遗址现存面积约300万平方米，以其为典型遗址命名的二里头文化，是中华文明总进程的核心与引领者。①

中国社会科学院考古研究所洛阳工作站。位于洛阳市老城区周公路5号院，始建于20世纪50年代。当时国家在洛阳及其周边地区派出了多支考古工作队开展发掘工作，为做好后勤保障服务和文物研究工作，1954年专门设立洛阳工作站，作为京外派出的分支机构。工作站的建筑院落由考古所副所长、考古学家梁思永延请兄长梁思成亲自设计，院内收藏有距今3700年左右的大型绿松石龙形器，为中华民族的龙图腾找到了最直接、最正统的根源。

安阳工作站。一部殷墟考古学史，半部中国现代考古学史。百余年来安阳殷墟及甲骨文的持续发掘与研究，不但证实了商朝的信史地位，而且开辟了甲骨学研究新纪元。殷墟发掘始于1928年，安阳工作站始建于1959年，位于今安阳市殷都区西郊乡小屯村委附近。殷墟持续90余年的田野工作，揭示了“大邑商”的规模与内涵，路网、水网、聚落、作坊相互交织，形成“族邑为本、内密外稀”的无城都邑。同时，城址、冶金术、发达的礼制和文字等文明因素在殷墟遗址中均有体现。2001年殷墟在“中国20世纪100项考古大发现”评选活动中名列第一，2006年入选世界遗产名录。

（二）不断壮大的河南省级文物考古机构

河南省文物考古研究院。前身是成立于1952年的河南省文物工作队，是全国最早的文物考古研究院所之一。1970~1981年曾与河南省博物馆合署办公，1981年改回河南省文物研究所，1994年更名为河南省文物考古研究

① 魏剑、陈茁、张冬云：《走近二里头执钥者》，《河南日报》2021年12月29日。

所，2014 年正式定名河南省文物考古研究院。主要从事河南文物考古调查、发掘、保护与科学研究任务。成立 60 余年来，配合国家大型基本建设工程、地方城市建设工程，完成了大量繁重、艰苦的抢救性考古发掘工作任务，取得了许多重大的考古发现和科研成果，其中 6 项被列入“中国 20 世纪 100 项考古大发现”，25 项获当年全国十大考古新发现，获奖数量在全国考古院所中名列第一。同时，主办考古专业刊物《华夏考古》。70 年来，赵全嘏、许顺湛、丁伯泉、安金槐、郝本性、杨育彬、杨肇清、孙新民、贾连敏、刘海旺先后担任队长、所长、院长，皆是享誉省内外的知名考古专家。现任院长刘海旺，主持挖掘三杨庄汉代聚落等多项遗址，入选 2003 年度三峡库区十项重要考古新发现、2005 年度全国十大考古新发现。①

河南博物院。1927 年创建，是我国成立较早的博物馆之一。1928 年改称民族博物院，1930 年恢复为河南博物馆，1961 年从开封迁至郑州。历任馆长和专家对考古发掘研究多有造诣。关百益于 1931～1935 年担任馆长，是 20 世纪 30 年代著名学者、考古学家，精于史学、金石学、考古学、甲骨学、方志学，1935 年参与汲县山彪镇战国墓发掘；孙文青 30 年代开辟汉画研究新天地，并参加了殷墟第十三次发掘。新中国成立后，许顺湛、韩绍诗、杨焕成、杨育彬、孙传贤、任常中、周到、王瀛三、张维华、汤文兴、吕品等专家著述甚丰，在国内外享有较高知名度。河南博物院现馆藏文物达 10 万件，史前文物、商周青铜器和历代陶瓷器享誉世界，具有较高的历史、科学、艺术价值，如郑州大河村遗址出土的新石器彩陶、临汝出土的彩绘鹳鱼石斧图陶缸、淅川下寺出土的楚国青铜器、平顶山应国墓地出土的铜器、三门峡虢国墓地出土的铜器等。同时，主办专业刊物《中原文物》，是史前文化、夏商文化、汉画、楚文化及科技考古研究的重要园地。

郑州大学历史学院考古系。考古学专业创设于 1976 年，是国内较早成立的考古学专业之一，先后有荆三林、刘铭恕、王兵翔、陈旭、李友谋、张文彬、贾洲杰、匡瑜、吴曾德、宋豫秦等著名专家学者任教。近 50 年来，形成了重视田野、以田野促教学研究的优良传统，主持、参加了杞县鹿台岗与段岗、郑州小双桥、新乡李大召、登封南洼、淅川沟湾、荥阳官庄和

---

① 安金槐：《河南省文物研究所四十年发展历程的回顾》，《华夏考古》1992 年第 3 期。同时参阅河南省文物考古研究员官网等。

鹤壁刘庄等遗址和墓地的发掘研究，成果多次入选“全国十大考古新发现”、获国家文物局“田野考古奖”。此外，在河南高校中，河南大学、河南师范大学、河南科技大学等均开设有考古专业。河南大学考古学科可以追溯到20世纪20年代，董作宾和徐旭生先生都曾在此执教。1931年，师生参加了殷墟考古第四次发掘，参加的学生中石璋如、尹达等后来也成为蜚声中外的考古学家。1945年，聘请著名考古学家郭宝钧执教。新中国成立后，任教的孙海波、朱芳圃等先生皆是当时著名的考古学家和甲骨学家。现在考古文博专业拥有考古学一级学科博士点、考古发掘团体领队资质以及博士后科研流动站。

河南省社会科学院历史与考古研究所。1983年，著名学者、河南省社会科学院副院长张文斌（后任河南省委宣传部副部长、国家文物局局长等职）倡建河南省社会科学院考古研究所，这是当时全国地方社科院系统中唯一的考古研究所，吸引多位曾在河南省文物研究所、河南省博物馆（院）供职的考古学者加入，如李绍连为新石器时代考古和先秦史研究专家、郑杰祥为夏商考古与历史专家、马世之为东周与古城考古专家，他们皆为中原华夏文明探索和研究的大家。2007年与历史研究所合并为历史与考古研究所，张新斌长期担任所长，多年深耕先秦历史与考古研究，成果丰硕，兼任中国先秦史学会副会长。现任所长陈建魁研究员，师从史学大家田昌五先生，长期致力于先秦历史考古、姓氏文化研究。

（三）日趋完备的各市县文物考古机构

自20世纪80年代开始，河南省各辖市先后成立了文物工作队，90年代以来改称考古研究所（院），如郑州市文物考古研究院、洛阳市文物考古研究院以及安阳市文物考古研究所、新乡市文物考古研究所、南阳市文物考古研究所等，在参与夏商周断代工程、中华文明探源工程中不断发展壮大。2022年，洛阳市整合文物考古研究院、文物交流中心、文物勘探中心，组建洛阳考古研究院。商丘市、开封市在揭牌成立文物考古研究院的同时，分别围绕殷商文化、宋文化成立研究中心。2023年5月，中国考古学会考古遗产专业委员会、河南省文物考古研究院豫东考古研究中心，分别在郑州市、周口市揭牌成立。此外，河南各县也设有专门的文物保护、展示、管理机构。

三　薪火相传的考古专家队伍

中国考古学中具有明显的“河南团队”，他们在河南考古中成长为一代大师并开启了现代考古学的先河，如李济、董作宾、尹达、石璋如、郭宝钧等大师名家。新中国成立之后，夏鼐、苏秉琦、安志敏、王仲殊、宿白、邹衡等顶尖级考古专家都有在河南考古与研究的经历。董作宾、郭宝钧、尹达等都是河南人，还培养了在国内外皆有影响的安金槐、许顺湛、蒋若是等本土考古专家。郑州大学、河南大学、河南科技大学、河南师范大学等高校均设有考古专业，成为河南本土考古人才培养的重要基地。李伯谦、刘庆柱、王巍、王震中等国内知名专家加盟并领军河南考古队伍前行。[①]

李济（1896~1979），湖北钟祥人，中国现代考古学的奠基者，被誉为“中国考古学之父”。20 世纪 20 年代毕业于哈佛大学，是第一个取得人类学博士的中国人。后来长期在史语所工作，是典型的“科学考古派”。他主持了殷墟的大部分发掘工作，终生的研究成果与安阳殷墟密切相关，以殷墟陶器和青铜器系统研究最具代表性，著有《小屯第三本·殷虚[②]器物甲编：陶器上辑》《殷虚出土青铜觚形器之研究》等书，去世前还在写作英文版《安阳》初稿，可以说是安阳殷墟成就了考古大师李济。[③]

董作宾（1895~1963），河南南阳人，河南科学考古的奠基人。1923 年考入北京大学研究所国学门，师从王国维精研甲骨文。1926 年受聘于河南中州大学（后为河南大学）文学院，1928 年，进入中央研究院历史语言研究所工作。他是安阳殷墟首次发掘的主持者，这是中国学者主持的首次考古发掘，参与者还有河南代表张统三、郭宝钧。可见，新中国成立前中国官方组织的第一次田野考古发掘，不仅是在河南安阳殷墟举行的，也是河南籍学者对中国考古学的标志性贡献。在安阳殷墟的 15 次发掘活动中，董作宾主持了 8 次（具体包括前 7 次和第 9 次），并为中国考古学培养了大批专门人才。

郭宝钧（1893~1971），河南南阳人，是另一位颇具代表性的河南籍考

---

① 张新斌：《努力打造中国特色考古学的河南学派》，《河南日报》2021 年 10 月 22 日。

② 无误，原书如此，后同。

③ 黄剑华：《李济：中国现代考古自他而始》，《共识》2009 年秋刊第 2 期。

古专家。在早期的考古活动中，郭宝钧不仅是河南官方机构的代表，后来也加入了中研院史语所考古组。他参加了安阳殷墟第 1、4、5 次考古发掘，并主持了第 8、13 次殷墟发掘活动。此外，他还主持了浚县辛村墓地、汲县山彪镇、辉县琉璃阁遗址和墓地的发掘。1950 年安阳武官村大墓的发掘以及辉县发掘，不仅体现了中央考古机构的河南传统，也是郭宝钧河南情怀的具体体现。郭宝钧出版了大量的研究成果，其中《浚县辛村》《山彪镇与琉璃阁》等均具有鲜明的河南痕迹。

安金槐（1921~2001），河南登封人，毕业于河南大学历史系，新中国成立后长期在考古一线工作，也是全国考古工作人员训练班一期学员。他先后主持郑州商城、登封王城岗、淅川下王岗、洛阳含嘉仓考古发掘，在夏商考古方面的成就得到了国内学术界的广泛认可。

许顺湛（1928~2017），全国考古工作人员培训班二期学员。虽非考古学科班出身，但后来长期在河南从事考古管理和研究工作。他是仰韶文化“父系说”的最早倡导者，也是夏文化研究的开拓者。20 世纪 80 年代以来，先后出版了《中原远古文化》《黄河文明的曙光》《五帝时代研究》《豫晋陕史前聚落研究》等标志性成果，在河南历史文化的宏观研究与认知方面，始终走在河南考古研究团队的前列。

李伯谦（1937~），河南荥阳人，北京大学考古系教授、中国社会科学院学部委员、“夏商周断代工程”首席专家，长期从事夏商文化研究。曾参加、主持多处遗址的考古发掘，包括河南偃师二里头、安阳小屯殷墟、山西曲沃晋侯墓地等遗址，出版有《中国青铜文化结构体系研究》专著。近年来，较多参与了嵩山文明的学术组织与学术指导。

刘庆柱（1943~），河南南乐人，中国社会科学院考古研究所原所长、德国考古研究院通讯院士。参加主持西汉十一陵、关中唐十八陵、汉长安城遗址、秦阿房宫遗址等城址和帝陵遗址的考古勘探、发掘，出版《中国考古学·秦汉卷》《古代都城与帝陵考古学研究》《不断裂的文明史：对中国国家认同的五千年考古学解读》《中国古代都城考古发现与研究》等著作。[①] 2016 年任郑州大学历史学院院长，2020 年任黄河考古研究院院长，主持河南考古与中原文化研究。

---

① 《刘庆柱学术成就简介》，《江汉论坛》2008 年第 2 期。

此外，还有中国社会科学院历史学部主任、中华文明探源工程首席专家王巍，受聘担任河南省夏文化研究中心学术顾问，河南大学生物考古实验室主任、夏文化协同创新中心主任。中国社会科学院学部委员、历史学部副主任、中国殷商文化学会会长王震中，受聘担任河南大学“攀登计划”特聘教授、安阳师范学院“殷都学者”、河南省（社会科学院）特聘研究员。

以上大师名家中，既有研究河南的外地与本地（在外地工作）专家，也有研究河南的本土专家（长期在河南工作的本地人与外地人），他们共同成就了河南考古的百年辉煌，正在并继续为“中华文明探源工程”贡献中原智慧与力量。①

第四节　承担了中华文明探源工程重要任务

河南位居“天下之中”，平原沃野、名山大川交相辉映。优渥的自然地理环境造就了河南灿烂的文明史，是中华民族和华夏文明的重要发祥地，是我国现代考古学的诞生地。中华文明探源从中原大地开始，中华文明探源工程中河南具有举足轻重的重大使命和贡献。从符号到文字，从祖规到礼制，聚落壮大成为王朝都邑，中原点亮了中华民族走向早期国家的文明之光。一代代河南考古人筚路蓝缕，解封了中华民族关于祖先的记忆，见证了中华文明的起源与繁盛。②

一　伴随百年现代考古学探寻中华文明足迹的中原贡献

河南是中国现代考古学的诞生地。1921年，瑞典地质学家安特生来到中国，在河南渑池仰韶村遗址开展系统的考古发掘，发现并命名了仰韶文化。根据在仰韶村遗址的考古发现，一些西方学者提出了“仰韶文化西来说”甚至“中国文化西来说”。与此同时，中国学界出现了“古史辨派”，提出“层累地造成的中国古史”，怀疑中国文献构成的古史系统。面对这样

---

① 以上专家介绍，主要参考张新斌、李龙、王建华《河南考古史》，大象出版社，2019，第501~505页。

② 方燕明：《中华文明探源工程的河南贡献》，《河南日报》2022年6月24日。

的挑战，王国维通过对甲骨文的系统研究，证明了历史文献记载的殷商帝王世系是可靠的，并提出了把古书记载与出土文献结合起来的“二重证据法”。始于1928年的殷墟考古系列发掘，更是证实了商朝历史是信史。之后众多考古发现，反复实证了中华文明于本土起源并独立发展的过程，同时也有对其他文明的吸收借鉴。①

中国现代考古学百年来最为重大的命题，始终都是中华文明探源。作为中国现代考古学的摇篮、华夏文明的主要发祥地，河南自考古学诞生以来始终肩负着探索中华文明起源的使命。② 伴随河南考古机构、专家队伍的不断发展壮大，各地重要考古发掘不断涌现，从旧石器时代的栾川孙家洞遗址、荥阳织机洞遗址、郑州老奶奶庙遗址，到新石器时代的新郑裴李岗遗址、三门峡庙底沟遗址、巩义双槐树遗址，再到夏商周三代的偃师二里头、郑州商城、安阳殷墟等都邑遗址，考古工作者逐步建立起了各考古学文化的年代序列，明晰了各考古学文化在中华文明起源过程中的文化定位。③

二　承担中华文明起源工程重大课题的中坚力量

自2001年起，在党中央、国务院的关怀和领导下，科技部、国家文物局等组织开启了多学科联合攻关的中华文明探源工程，这是迄今为止我国规模最大的综合性多学科参与研究人文科学重大问题的国家级研究项目。④

中华文明探源工程秉持多学科、多角度、全方位的理念，对中原地区六座规模大、等级高的中心性城邑实施重点研究，其中位于河南的就有五座。自2002年始，河南先后有灵宝西坡、登封王城岗、新密新砦、偃师二里头、荥阳大师姑、禹州瓦店、郑州西山遗址、巩义花地嘴遗址、邓州八里岗遗址、巩义双槐树遗址等重要考古遗址进入中华文明探源工程。河南考古工作者在中华文明探源工程中先后负责并参与了13个子课题的研究，

① 田凯：《看中华文明探源的中原方位——“考古中国之河南篇”之一》，《博览群书》2022年第12期。

② 《中华文明探源工程中的河南进行时》，河南省文化和旅游厅，https：//hct. henan. gov. cn//2022/06—02/2460995. html。

③ 《谋划中华文明起源研究新发展》，《中国文化报》2023年6月1日。

④ 王巍、赵辉：《关于中华文明探源工程》，《中国文物报》2012年7月13日。

成为该项目的中坚力量。[①]

同时，河南围绕国家文物局“考古中国”重大项目，自2018年起陆续启动“中原地区文明化进程研究”“夏文化研究”两个项目，旨在持续深化中华文明探源研究，对中华文明探源工程尚未解决的重大问题进行更加深入的研究阐释。[②]

三　取得中华文明起源、形成与发展的重大成果

百年来，中华文明探源不断取得新成就。20年来，中华文明探源工程成果丰硕。最重要的是，突破了既往西方“文明三要素”的窒碍，根据中国的大量考古发现并兼顾其他古老文明的普遍特点，提出了判断进入文明社会标准的“中国方案”。同时，通过高精度测年，准确把握了距今5500~3500年我国各个区域考古学文化的年代序列、各个都邑性遗址及其他区域性中心性遗址的年代；初步探明了中华文明演进与环境变化的关系；系统考察了各地区文明形成的生业基础——农业和手工业的发展状况；等等。总之，对中华文明起源、形成和发展的历史脉络有了较为清晰的认识，对中华文明多元一体格局的形成和发展过程及其背景、原因、机制与动力有了较为系统的认识。[③] 其间，考古大省河南发挥了至关重要的作用，实证了中华文明起源、形成与发展的关键时空节点，为判断文明社会标准的中国方案提供了坚实的支撑。

大量中原考古发现表明，距今约5800~5400年，灵宝铸鼎塬周围作为仰韶文化庙底沟类型分布的核心区，出现了明显的社会分化。距今约5500~5000年左右，郑州地区出现了双槐树、青台、汪沟等数个大中型聚落，可以窥测当时中原的政治中心或已从西部转移到中部。距今约5000年，社会分化加剧，形成了兼有军事权力、祭祀权力的王者，出现了早期国家，进入了区域文明社会，郑州西山城址是黄河流域中原地区带有防御性的最早城址。[④]迨至龙山文化时期，中原地区文明化进程加速发展，社会分化加剧。

① 王巍：《河南在中华文明探源工程中的地位》，《河南日报》2022年6月24日，第6版。

② 《中华文明探源工程中的河南进行时》，河南省文化和旅游厅，https：//hct. henan. gov. cn//2022/06—02/2460995. html。

③ 王巍、赵辉：《“中华文明探源工程”及其主要收获》，《中国史研究》2022年第4期。

④ 王巍：《河南在中华文明探源工程中的地位》，《河南日报》2022年6月24日，第6版。

在环嵩山地区以王城岗、瓦店、古城寨、新砦城址等为代表，生产发展、人口增加并出现了城市。[①]

偃师二里头遗址是夏王朝中晚期都城，伴随权力不断强化，出现了王权国家夏王朝，成为进入文明社会的标志。距今5000~4000年，中国各地区进入文明社会，周围地区先进文化因素向中原地区汇聚，中华文明多元一体的格局逐渐形成。中原各地陆续进入龙山时代晚期，人口普遍增长，聚落规模扩大，发现若干新型区域性中心，其中王城岗被部分学者推断为禹都阳城。距今3800年前后，偃师二里头遗址已基本可以确定为夏王朝中晚期的都城遗址。此时甚或更早，中原地区已经确切形成了更为成熟的文明形态并辐射影响四方，成为中华文明总进程的核心与引领者。[②]

四　推动中华文明探源考古研究成果的活化利用

河南省以考古发掘、研究为基础，持续拉近专业阐释与大众认识之间的距离；以公共考古及公共阐释、公众史学等理论为依托，实现其公共价值；在提升人民群众获得感的同时，通过耳濡目染持续深化中华文化自信。

在推动相关考古研究的过程中，河南省一系列重要大遗址得到保护、展示和利用，建立了一批重要的考古遗址博物馆，如庙底沟博物馆、仰韶文化博物馆、二里头夏都遗址博物馆、大河村遗址博物馆等；同时，建立了一批考古遗址公园，包括舞阳贾湖、渑池仰韶村、偃师二里头、郑州商城、安阳殷墟等。截至目前，河南已经建成并对外开放11处遗址博物馆，另外尚有7处正在建设过程中。河南省已经获批并挂牌的国家考古遗址公园有4处，另有9处被列入国家考古遗址公园立项名单。

2019年10月19日，二里头夏都遗址博物馆建成开放并成立了早期中国研究中心，先后举办多届夏文化论坛和公众考古活动，逐渐成为夏文化研究、传播的重要阵地。2021年10月17日，“仰韶文化发现暨中国现代考古学诞生100周年纪念大会”举办期间，仰韶村考古遗址公园和庙底沟博物馆同时建成开放，中国考古学大会及其他一系列纪念活动同期举行，成

① 方燕明：《中华文明探源工程中的中原考古》，《郑州大学学报》（哲学社会科学版）2022年第6期。

② 方燕明：《中华文明探源工程中的中原考古》，《郑州大学学报》（哲学社会科学版）2022年第6期。

为中国考古学发展史上的盛事。

河南建成开放的各类考古遗址博物馆（公园），已成为考古研究机构推进中华文明探源研究的科研基地，成为文物部门向社会公众宣传文明探源成果的主要窗口，成为考古遗址保护和服务社会公众的重要文化设施，成为教育和文化旅游部门开展爱国主义教育、研学旅游的重要场所，在推动文明探源成果宣传普及推广、服务社会主义精神文明建设方面发挥着越来越重要的作用。同时，让诸多陈列在中原大地上的珍贵遗产，重新绽放璀璨光彩，推动考古遗址逐步成为展示城市形象的新的文化地标，保留了城市的历史文化基因，增加了遗址所在城市的文化内涵，提升了考古遗址所在城市的文化知名度，优化了考古遗址周边居民生活环境，为市民提供了优美的文化生活空间，使文物保护成果惠及广大公众，初步凸显了考古遗址保护与文明探源工程的政治、文化和社会效益。①

① 《中华文明探源工程中的河南进行时》，河南省文化和旅游厅，https：//hct. henan. gov. cn//2022/06—02/2460995. html。

第六章　方向：中华文明探源的河南工作思路

河南地区作为中国考古工作最早开始的地方，也是目前开展考古工作数量最多的地方，始终代表着中国考古工作的重点和走向。从考古学传入中国后的第一次考古发掘实践——河南三门峡渑池县仰韶村的考古发掘工作开始，到首次由中国政府支持、中国学术机构和团体承担、中国考古学者李济主持的河南安阳殷墟的考古发掘，再到后来影响中国考古学发展的河南偃师二里头遗址、郑州商城遗址、偃师商城遗址的发掘，以及“夏商周断代工程”和“中华文明探源工程”的实施，都是在河南地区开展或者以河南地区为核心的遗址展开的，百余年间河南地区持续不断地进行着各类重要的考古工作。

河南地区也是中华文明的主要发祥地，是中华文明形成与发展壮大的核心区域，从旧石器时代开始，一直到近现代以来，河南地区的文明传承未曾断裂，文化序列完整，文明演进一脉相承。围绕着河南地区诸古代文化遗址开展的考古工作，不仅对于认识和研究古代社会以及文明发展演进过程有着重要的作用和意义，对深化中华文明探源工程工作，培养从事相关考古工作的人才，形成多学科、多领域、多方向的综合研究范式，给出文明社会标准的中国方案，建设“中国特色、中国风格、中国气派”的考古学，都有着功不可没的重大贡献和重要价值。

第一节　从“考古发掘”到“文明探源”

河南考古发展的历程，是我国考古事业发展的缩影。可以说河南考古经历的发展阶段、取得的考古成果、具有的学术影响，都代表了我国考古的发展状况。河南考古经历了从“考古发掘”到“文明探源”的发展过程，为我国考古事业的发展做出了巨大贡献。

一　考古发掘

1920年，时任国民政府农商部矿政司地质调查所顾问的安特生派助手刘长山在河南地区采集古生物化石，在三门峡渑池县仰韶村附近开展调查采集时，发现了一批丰富的古文化遗存，采集到六百多件石器，于是安特生怀疑在仰韶村有史前聚落遗址，于是第二年即1921年4月，安特生进入三门峡渑池县仰韶村进行调查，在仰韶村边的崖壁上发现了一些石器和彩陶等史前文化遗存，安特生认为这是一处重要的史前遗存，于是从10月开始，对仰韶村遗址展开发掘，发掘由安特生领导，丁文江、袁复礼等人参与了此次发掘。这次发掘标志着近代中国考古学的诞生，也是在中国的第一次考古活动。在当时由于调查活动由地质调查所领导和支持，因此调查发掘活动也以地质调查为主，没有开展较为科学的发掘工作，发掘过程中以同样厚度为单位发掘地层，并且以记录和收集遗物为主，对遗物的地层及年代的辨认有所缺失。虽然规模很小也不甚科学，但这种地质调查和考古发掘活动为国人展示了一种新的研究古代社会和历史的途径，许多从事历史和古文化研究的学者开始关注和学习，为后来的考古研究和文明探源拉开了序幕。

1928年，被称为中国考古学之父的李济先生带队前往河南安阳地区开展考古发掘工作，寻找商朝后期遗址——殷墟。李济先生从大学起就留学美国，先后攻读心理学、社会学和人类学专业，在哈佛大学获得人类学博士学位后回国，在读博期间参加过国外的考古发掘，因此回国后即开始主持考古发掘工作。李济先生的第一次考古发掘选在被称为“夏墟”的夏县，由美国弗利尔美术馆赞助支持。到1927年，受中研院史语所傅斯年先生之邀，李济先生到史语所筹备考古组，担任组长。考古组建立后开始筹备发掘事宜，当时安阳小屯地区因为刻字甲骨的发现而远近闻名，许多古史学家对其进行研究，认为刻在甲骨上的刻字是商代后期商王等用来记录占卜的文字，带字甲骨是占卜所用卜骨，因此一些研究者如董作宾先生，已经开始组织发掘获取甲骨，海内外也掀起了一股收藏和研究甲骨的热潮。鉴于此，史语所决定以甲骨刻辞所记载的商代殷墟遗址为对象展开发掘，由傅斯年先生领导，李济组长带队，河南地区董作宾先生协同，在安阳小屯地区全面开展考古工作。1928年10月开始，先由河南地区的董作宾先生领导开展试掘工作，试掘结束后便由李济先生和董作宾先生合作继续开展考古发掘工作，发掘过程也逐渐科学，不再以“挖宝”为主要目的，而是将所有遗物都进行登记和收集，并且按照地层的天然层位逐层发掘。但是一开始的发掘在记录方面仍有不科学之处，关于地层的记录中仅记录了出土遗物信息，地层的年代等记录较少。1931 年，在国外学习考古学的梁思永先生加入殷墟的考古发掘，负责后岗区域部分发掘工作，此次发掘首次发现了彩陶、黑陶和小屯文化的地层以及相互叠压的地层关系，即发现了仰韶文化、龙山文化与殷墟文化的早晚关系，发现了除遗物之外的地层年代证据，标志着考古发掘工作进入科学化和正规化。

之后殷墟在数年间又进行了 10 余次发掘，不仅发现了重要商代遗址和文物，也证实了《史记》等史书记载的古史为信史。这些考古工作开启了中国科学考古的先河，也培养了大量从事考古的专业人才。考古工作者以殷墟为基点，开始了对整个上古史和文明起源的研究探索。

新中国成立以后，考古工作继续如火如荼地开展，河南地区尤其突出。随着考古调查和发掘的进行，20 世纪 50 年代在郑州地区又发现了丰富的商文化遗存和一处大型的商文化遗址。1950 年韩维周先生在郑州二里岗一带发现了一些商代的陶片等遗物，认为该处有可能为一处大型商代遗址。1952 年开始，第一届考古工作人员训练班在二里岗地区展开发掘，发现了丰富的商代遗存。1953 年，河南省文化局文物工作队继续发掘，除商代灰坑外，还发现了夯土墙、墓葬等重要遗物，并且通过调查，了解到遗址面积达到 25 平方公里。1954 年又发掘了铸铜作坊、制骨作坊以及人民公园期和白家庄期的商代遗址和墓葬，并且发现了二里岗文化层和殷墟文化层的叠压关系，不仅证明了二里岗遗址为一处大型商代城址，还表明其年代早于安阳殷墟。1955 年的继续发掘中，发现了二里岗期的夯土城墙遗址，并且随着后续的发掘，发现了围绕二里岗遗址四面相连接的长方形夯土城垣遗迹，证明了其为早于安阳殷墟的商代都邑遗址。

新发现的此处商代城址不仅规模庞大，发现的遗物也数量众多，规格较高，除陶器外还有相当多的铜器、玉器、骨器、石器等遗物，还有象征礼制权力的青铜容器、瓷器、白陶、象牙器、玉器等遗物。除此之外还有铜器窖藏、铸铜作坊、制骨作坊等高等级器物和专门的手工业作坊区，并且其地层和年代要早于安阳殷墟，因此许多学者结合文献材料和地理位置进行考证，认为其极有可能为商代前期仲丁所居的“隞都”。这一考古发现又将河南地区的信史向前推进了几百年，证实了河南地区不仅为商代后期的王都所在，在商代早中期也是商代的都城所在地和核心区。

二里岗商代早期城址的发现和发掘，不只证实了商代早期历史的真实性，更为考古工作提供了新的工作思路和方法经验。首先是对于夯土城墙的认识和发掘，以往的发掘工作中，没有辨认和发掘夯土城墙的先例，郑州商城围垣夯土城墙的发现和发掘，为我们认识和寻找古代城市提供了更好的材料和证据，不仅为后来寻找辨认类似的城墙遗存积累了丰富的经验，也使我们认识到判断古代城市都邑的标准应当包括夯土或城墙，进而延伸到古代文明的判断标准：城市、手工业、陵墓、礼制等诸多要素，为后来的文明探索和文明探源奠定了坚实的基础，也为判断古代是否步入文明阶段，是否产生了文明，是否进入了文明国家提供了新的思路和方法。

1959 年，徐旭生先生带队前往“夏墟”开展考古调查，准备寻找文献中记载的夏代都邑以及夏代的考古学文化。其实考古界对夏代考古学文化的寻找从未间断，1921 年河南三门峡仰韶遗址发掘后，这种彩陶文化给人们留下了深刻的印象，而到了 1928 年，河南安阳殷墟遗址的发掘中，殷墟文化层下大多为仰韶文化遗存，因此便有人提出仰韶文化为夏文化遗存的观点，认为早于殷墟商代遗存的，就是夏文化遗存，并且将仰韶文化的分布范围与文献记载的夏王朝所在区域进行对比，认为两者大致吻合。1930 年龙山镇的考古发现和 1931 年安阳殷墟后岗三叠层的考古发现改变了这一观点，一种新的龙山文化进入人们的视野，这种考古学文化以薄、精、光的黑陶和酒器以及玉器为显著特征，并且与安阳殷墟发现的商文化有直接的地层叠压关系，夏文化的猜测便由仰韶文化转向更有可能的龙山文化，人们开始寻找新的夏都和夏代遗存。这种转变也是探究文明起源过程中人们的认识逐渐转向科学的过程，从猜测、假设到探索、求证再到发掘、研究，最后与文献对应、取证，将考古所见材料与文献记载的证据相结合，经过充分的判断形成证据链，最后得出结论。这是经过几十年的研究探索得出的一套探索古代中国文明起源的方法途径和工作思路，也是文明探源中最行之有效的方法论。

徐旭生先生等人基于当时对于文献材料的考证，再结合地理位置信息进行判断，认为有两处地方可能与传说和古史记载中的夏王朝活动范围以及“夏墟”有关，其中一处为山西西南部晋南地区汾水下游一带；另一处为河南中部洛阳平原附近尤其颍水上游地带。[①] 于是1959年夏季徐旭生先生前往河南洛阳登封地区，在方酉生等先生的协助下开展考古调查工作。经过一系列的考古调查，发现了四处遗址：告成八方间遗址、石羊关遗址、闫砦遗址和二里头遗址。其中有两处较为重要的遗址，一处位于颍水上游登封告成镇地区，一处位于洛阳盆地偃师翟镇地区，其中翟镇地区二里头村发现的这处遗址出土物丰富、面积广大，可能为一处大都会，并且与文献中所记载的商代殷汤所都——西亳地理位置接近，有学者因此猜测其为商汤都城遗址。[②]

随着徐旭生先生的调查，洛阳盆地一处大型遗址呼之欲出，中国科学院考古研究所收到消息后极为重视，随即考古研究所洛阳考古队的赵芝荃先生和高天麟先生对遗址进行了复查，确认了二里头村附近存在一处堆积丰厚的大型遗址，于是便向国家文物局申请发掘此处遗址。得到批复后，当年就开始了对遗址的试掘工作。

1959年秋季，中国科学院考古研究所洛阳发掘队和河南省文物局文物工作队开始对二里头遗址展开试掘工作，河南省文物局文物工作队先试掘了两条探沟，发现了陶窑等遗迹，中国科学院考古研究所洛阳考古队在试掘中发现了从龙山晚期至洛达庙期的连续层位关系，以及仰韶文化、庙底沟二期文化、二里岗文化等不同时期的文化遗存。除了试掘工作之外，中国科学院考古研究所洛阳考古队还对遗址进行了钻探工作，经过钻探大致估算遗址范围东西2~2.5千米，南北约1.5千米，遗址面积达到了300万平方米。

经过调查、钻探与试掘工作之后，考古工作者便对二里头遗址开始了正式发掘工作。1960年春季殷玮璋先生以遗址范围内的村庄、道路、水渠等为地界，将整个二里头遗址划分了9个工作区，平面类似“井”字形，并从南到北、从东到西用罗马数字Ⅰ~Ⅸ对其进行了编号，发掘工作在各区内开始进行。其中遗址最中央的Ⅴ区因陶片较少被殷玮璋先生特殊关注，秋季钻探时发现了一处大型夯土宫殿建筑基址，有面积达到10000平方米的

① 徐旭生：《1959年夏豫西调查“夏墟”的初步报告》，《考古》1959年第11期。
② 徐旭生：《1959年夏豫西调查“夏墟”的初步报告》，《考古》1959年第11期。

夯土台基，将其编号为1号宫殿建筑基址开始发掘，并将其作为重点单位。经过1961~1964年总共6次发掘，揭露了面积约为6500平方米的1号宫殿建筑基址的东半部分，1972年秋继续发掘，到1975年又进行了5次发掘，将1号宫殿建筑基址西半部也发掘清理完毕，整个1号宫殿建筑基址的样貌得以复原。1975~1976年，1号宫殿建筑基址发掘完毕后对遗址周边又进行了钻探，发现了一些夯土基址，1977年开始发掘，编号为2号宫殿建筑基址，至1978年发掘完毕。

通过对二里头遗址1号、2号宫殿建筑基址的发掘，徐旭生先生调查时所说的“大都会”得到证实，其中1号宫殿建筑基址揭露面积达到13400平方米，规模相当宏大，达到了当时的都邑宫殿规格。虽然发现了大量的文化遗存和夯土基址，但在当时因为同类型的文化遗存此前极少见到，仅1953年在登封玉村①、1954年在洛阳东干沟②、1956年在郑州洛达庙③和1958年在偃师灰嘴④的考古发现中有类似的遗存，并且由于这类遗存地层和年代都与二里岗早商文化相接，因此将其归为早商文化的一种，称为“洛达庙类型”，所以二里头遗址的1号宫殿建筑基址一开始也被当作早商时期的都邑遗址。

1961年中国科学院考古研究所发表的《1959年河南偃师二里头试掘简报》中，发掘者指出1959年开始的试掘工作中发现遗址中分布最广的文化就是晚期文化层，即洛达庙类型，认为或许这一时期相当于商汤建都的阶段。⑤ 1965年发表的《河南偃师二里头遗址发掘简报》中，对1号宫殿建筑基址的基本信息和钻探发掘情况以及出土遗物进行了介绍和描述，将遗物分为早、中、晚三期，认为这类遗存年代晚于龙山文化早于郑州二里岗期商文化，并且通过遗址地理位置和文献材料的对比，进一步指出二里头遗址可能为商汤亳都。但值得注意的是，发掘者认为二里头遗址是商汤都城西亳的可能性很大，但是指出遗址中的早期遗存和堆积要早于商汤的建

---

① 韩维周等：《河南登封县玉村古文化遗址概况》，《文物参考资料》1954年第6期。

② 中国科学院考古研究所编著《洛阳中州路（西工段）》，科学出版社，1959。

③ 河南省文化局文物工作队第一队：《郑州洛达庙商代遗址试掘简报》，《文物》1957年第10期。

④ 河南省文化局文物工作队：《河南偃师灰嘴遗址发掘简报》，《文物》1959年12期。

⑤ 中国科学院考古研究所洛阳发掘队：《1959年河南偃师二里头试掘简报》，《考古》1961年第2期。

都时期。[1] 1974 年，1 号宫殿建筑基址的简报发表，发掘者直接将其命名为早商宫殿遗址，简报标题为“河南偃师二里头早商宫殿遗址发掘简报”，其中详细介绍了 1 号宫殿建筑基址的遗迹和遗物，还原出了宫殿遗址的平面和结构特征，并且对文化遗物进行了分类，进一步指出这座早商时期的宫殿建筑基址为商汤亳都的可能性。[2]

二里头遗址的发现和调查发掘，将河南地区乃至中国的文明起源又向前推进了一截，随着二里头宫殿建筑的发现，其作为早于殷墟遗址和二里岗商城的都城遗址，表明国家和文明的产生很早就发生了，并且这些文明创造出了辉煌灿烂的文化和物质遗存，随着考古工作的开展终将得以复现。二里头遗址的发掘也为文明探源工作提供了新的想法和思路，我们认识到城址和宫殿建筑是认识古代文明和国家的关键所在，宫殿和城址等大型建筑的产生就标志着社会财富分化和阶级的诞生，权力和财富向少数人集中使得社会等级开始出现，在这一过程中，象征着王权和贵族特质的遗迹和遗物开始出现，统治者将阶级和等级观念物化为高等级的遗迹和遗物，层层叠加，形成了古代的文明社会。虽然在当时限于材料认识不足，将二里头遗址和宫殿建筑基址识别为早商时期的宫殿建筑和遗迹，但是发掘者和研究者们凭借丰富的经验和深厚的学术能力判断出二里头遗址发现的遗存不同于以往发现的早商文化遗存。1962 年，夏鼐先生分析后将其称呼为“二里头类型”，将其与洛达庙类型、二里岗类型等区分开[3]；1964 年在《我国近五年来的考古新收获》一文中，夏鼐先生指出二里头遗存为夏文化的可能性；到 1977 年，鉴于二里头类型文化遗存发现数量颇为丰富，因此遍直接将其命名为二里头文化，将其与二里岗文化和龙山文化区分开来，让其单独成为一种考古学文化[4]。这种考古与文献相结合的研究方法也是我国学者一直以来探索古代文化以及文明起源的重要手段之一，以考古发现的遗迹和遗址，结合历史文献和出土文字材料的记载，判断考古学文化的

---

① 中国科学院考古研究所洛阳发掘队：《河南偃师二里头遗址发掘简报》，《考古》1965 年第 5 期。

② 中国科学院考古研究所二里头工作队：《河南偃师二里头早商宫殿遗址发掘简报》，《考古》1974 年第 4 期。

③ 夏鼐：《新中国的考古学》，《考古》1962 年第 9 期。

④ 夏鼐：《碳-14 测定年代和中国史前考古学》，《考古》1977 年第 4 期。

族属和性质，进而探索当时的社会发展阶段状态以及文明化进程。

除了偃师二里头遗址外，1959年徐旭生先生在“夏墟”调查中发现了另一处遗址——告成八方间遗址，经过考古调查、发掘和研究，也不断有重要的发现出现。告成八方间遗址位于登封颍水上游地区，因遗址处于告成镇和八方村中间，因此取名告成八方间遗址。① 遗址在五渡河西，八方村东，颍水北岸，调查时有仰韶、龙山、殷商时期的陶片发现。遗址发现后河南省博物馆等单位开始对其进行了数次系统的调查和发掘工作。1975年，河南省博物馆安金槐先生率领文物工作队组成探索夏文化工作组，在登封告成镇展开考古调查和发掘工作，调查完后即开始对遗址进行发掘。1977年4月，河南省博物馆文物工作队和中国历史博物馆联合在告成镇展开重点调查和发掘工作，由安金槐先生带队，而在此次发掘中，除了发掘先前五渡河与八方村之间调查发现的遗址之外，还在五渡河西岸一处当地人称为“王城岗”的高岗上进行了发掘工作，并且在此处高岗地带发掘出一段南北长约20余米的夯土墙和基槽，年代大致在河南龙山文化中晚期之间，之后在夯土墙南北分别间隔10米或30米发掘了一些探沟，发现了河南龙山文化晚期和二里头类型的文化遗存，并且继续向东布设探沟发掘，发现了向东和向北的夯土墙，这些夯土墙互相连接，围绕成一座小城，小城的年代不晚于河南龙山文化晚期。除此之外，1977年上半年的发掘中，在五渡河东岸还发现了一座春秋战国时期的阳城遗址，其中发现的战国时期的陶豆豆柄和豆盘内印有带有“阳城”字样的方形戳记。还有附近出土的汉代西汉筒瓦面上也印有“阳城”的戳记，证明此地一直以阳城为地名。②

这些发现不仅证明了告成镇地区有一处河南龙山晚期有夯土墙围垣的城址，并且证明此地是后来“阳城”的所在地。根据《古本竹书纪年》《世本》《孟子》等古代传世文献记载，“禹都阳城”即夏启的父亲禹定都的阳城，因此结合考古材料与传世文献记载，登封告成遗址极有可能和禹都阳城有关。取得这一认识和发现后，安金槐先生即向河南省文物局和国家文物局以及中国科学院考古研究所的相关专家学者进行了汇报，并且申请在

① 徐旭生：《1959年夏豫西调查“夏墟”的初步报告》，《考古》1959年第11期。

② 河南省博物馆登封工作站：《一九七七年下半年登封告成遗址的调查发掘》，《中原文物》1978年第1期。

登封告成镇考古发掘现场组织一次论证研讨会。

在得到了中国科学院考古研究所所长夏鼐先生和国家文物局的批复之后，安金槐先生便开始准备会议，并且在告成镇河南省博物馆文物工作队站内布置了一个文物陈列室，展览遗址出土的河南龙山文化中晚期城址与东周阳城遗址中出土的遗物。前期准备工作完成后，1977 年 11 月 18 日，登封告成遗址发掘现场会在河南登封县召开。[①] 会议聚集了 32 家相关单位的 110 位专家学者，安金槐先生在会议上做了题为“登封王城岗龙山文化中、晚期夯土城垣遗址和告成北地东周阳城遗址的调查与发掘”的报告，介绍了遗址的发掘情况，并提出了王城岗城址有可能为阳城的观点。[②] 安金槐先生的观点得到了大多数与会者的支持，并且他们大都认为登封王城岗遗址即禹的都城，其也代表夏代的开始。在会议上，还有学者提出了二里头遗址即为商汤所都西亳的观点，并且提出二里头遗址二里头文化一、二期与三、四期属于不同的两种文化，二里头文化三、四期的宫殿遗址属于商代早期，而一、二期的文化遗存则早于商代，进入夏代年代的范畴，加上新发现的登封告成王城岗遗址的禹都阳城，夏代考古学文化应当从河南龙山文化晚期开始，到二里头文化二期结束。会议上大多数人都赞同这种观点，但也有人持反对意见。北京大学的邹衡先生提出，二里头文化是夏文化，河南龙山文化不是龙山文化，二里头文化也不是商文化，二里头文化一期至四期均为夏文化，由此来看，王城岗城址与夏文化没有联系。这种观点在当时提出之后便被议论纷纷，一方面是对夏文化归属以及夏文化起源的争议，另一方面是关于夏文化与早商文化的争议。

虽然在当时考古界同仁未能达成一致的认识，在夏商分界、商代都城以及夏文化问题上展开了长久的论战，但在当时这些关于大型城址以及夯土建筑的发掘和研究，已经总结出了一种研究三代文明、探索夏文化的行之有效的方法，即“都城界定法”。“都城界定法”即以夏代或商代的都城遗址作为界标，用以确定夏商分界或者夏代文化起源和商代文化起源等相关问题的方法。以二里头遗址是早期商都还是夏都来确认二里头遗址到底

---

① 余波：《国家文物局在登封召开告成遗址发掘现场会》，《河南文博通讯》1978 年第 1 期。

② 孙庆伟：《考古学的春天：1977 年“河南登封告成遗址发掘现场会”的学术史解读》，《南方文物》2014 年第 1 期。

属于商文化还是夏文化，以及用王城岗遗址是不是夏代都城遗址来确认河南龙山文化是不是能和夏文化对应，夏文化是从河南龙山文化晚期开始的还是从二里头文化开始的。用“都城界定法”再加上围绕遗址和文化所处的地理位置以及年代，结合“时空对证法”，即可探索夏文化和商文化的族属、性质以及来源，进一步探索相关的先商文化、夏商分界等问题。

随着探索夏文化以及夏商分界问题以及争论的提出，考古界在河南地区掀起了一波探索和研究夏商文化的热潮，越来越多的文化遗存和城址被发现和发掘，既促进了考古学研究的进步，也对探索中华文明起源有着重要的作用和意义。

1983 年，在考古界关于郑州商城是商代隞都还是亳都、二里头遗址是夏都斟鄩还是商都西亳的探讨和争论正如火如荼进行的时候，中国社会科学院考古研究所汉魏故城考古队在配合偃师首阳山镇首阳山发电厂选址的考古勘探中，发现了一座新的商代城址。考古队在首阳山镇城关公社大槐树村西南，邙山以南，洛河以北，西距汉魏洛阳故城 10 公里，南距二里头遗址 6 公里的地方，钻探到地表以下一二米至三四米的地层中，发现了一处商代城址，探出部分北城墙和西城墙，城内有大面积商代地层堆积。勘探发现之后便对此处城址进行了发掘工作，经钻探和初步发掘得知，城址平面大体呈长方形，除南墙已被洛河冲毁外，其余三面城墙都基本完整，东西宽 1200 米，南北长 1700 米，城墙夯筑而成，厚约 18 米，残高 1~2 米。城内有大型建筑基址，并且南部正中的一处建筑基址还有 3 米厚的夯土围墙，墙内有宫殿基址以及道路等遗迹。[①] 因遗址处于偃师县城一带，因此便称其为偃师商城。[②] 偃师商城中部被一条当地人称为“尸乡沟”的大沟贯穿，发掘发现城墙早于二里岗上层，并且废弃于二里岗上层时期，因此年代等同于或早于郑州商城。《汉书·地理志》中有班固自注“偃师，尸乡，殷汤所都”，因此偃师商城与商汤所都西亳联系起来，发掘者即指出偃师商城就是汤都西亳。

偃师商城的发现，为本就精彩的“夏商论战”又添了浓墨重彩的一笔。

---

① 考古编辑部：《偃师尸乡沟发现商代早期都城遗址》，《考古》1984 年第 4 期。

② 中国社会科学院考古研究所洛阳汉魏故城工作队：《偃师商城的初步勘探和发掘》，《考古》1984 年第 6 期。

偃师商城为商汤所都西亳的观点出现以后，由于其所在地理位置与文献所记载的汤都西亳关系更近并且靠近二里头遗址，符合“汤革夏命”以及商汤修建亳都是为灭夏作准备的文献记载，原先坚持二里头遗址为西亳所在的一些学者开始转向偃师商城为汤都西亳的观点。随着越来越多的人秉持偃师商城西亳说的观点，二里头遗址为夏都以及二里头文化为夏文化的观点也越来越被更多的人接受，学界也开始接受和认可二里头文化是夏文化的观点，二里头文化代表夏文化，二里岗文化代表早商文化，殷墟文化代表晚商文化逐渐成为人们的共识。夏商分界问题大致确认，但夏文化的问题还未完全确认，在由晚及早的文明起源探索中，确认完整的夏文化遗存以及夏王朝的历史对于确认国家起源和文明起源非常关键，多数学者主张以王城岗为中心，在河南龙山文化中去探索和寻找夏文化。

二　文明探源

1996 年，为了解决三代文明及年代的问题，国家科委主导的“夏商周断代工程”开始实施，这也是中国考古学史上的第一个国家级的重大科研工程项目。项目设置了 9 个大课题，其中包括夏代年代学研究、商前期年代学的研究和商后期年代学的研究，在大课题中又设置子课题，对新密新砦遗址、偃师二里头遗址、偃师商城遗址、郑州商城遗址、郑州小双桥遗址、安阳殷墟遗址等进行分期与年代测定等相关研究，围绕河南地区的诸多遗址，来进行夏商断代以及年代学的研究。其中在夏代年代学的研究课题中，设置了早期夏文化研究的子课题，由方燕明先生负责，主要以登封王城岗等河南龙山文化城址为中心，探索早期夏文化。配合“夏商周断代工程”工作，河南地区在 1996 年之后又开展了众多考古发掘与研究工作。1997 年，河南省文物考古研究所对禹州瓦店遗址进行了发掘工作，发现了一处较大型的环壕聚落，年代大致与王城岗相当。1999 年，郑州市考古研究所和北京大学对新密新砦遗址重新进行了发掘。1979 年赵芝荃先生发掘新密新砦遗址时，发现了一批不同于河南龙山文化晚期和二里头文化的新考古学文化遗存，但整体上与二里头文化一期更相近，因此将其归入二里头文化系统，称为“新砦期二里头文化”。1999 年及之后在新砦遗址的重新发掘中，发现了二里头文化一期地层—新砦期地层—河南龙山文化晚期地层叠压的场景，表示新砦类遗存在绝对年代上要晚于河南龙山文化而早于二里头文化，并且新砦遗址也发现了环壕聚落、大量的遗迹和遗物，遗物的风格与二里头文化将为相似。通过年代测定，新砦遗址的年代大致在公元前1900～公元前1800年，填补了河南龙山文化与二里头文化之间的缺环。

新发现的禹州瓦店遗址和新密新砦遗址，为河南地区的文明起源研究增添了新的材料，瓦店遗址和新砦遗址的布局与形态类似，并且地理位置都在禹州附近，禹州正是钧台、钧州等地名所在，钧台所在的地区经考证又与古阳翟有关，因此瓦店遗址和新砦遗址很可能与夏启有关，可能是夏启时期的遗址。这样一来，从王城岗遗址到瓦店遗址、新砦遗址，再到二里头遗址，整个夏代包括禹时期的考古学文化就相对完整了。

2000年，“夏商周断代工程”报告的简本出版，将王城岗一期至二里头四期定为夏文化，具体年代为公元前2070年至公元前1600年。虽然学术界对此种划分方法尚有不同意见，但在文明发展演进的道路上，这种文化序列的划分方法是值得肯定的，并且以都城遗址为界标来区分文明发展演进中的各个阶段，也是一种行之有效的办法。

在大致确定了夏商周文化以后，再往前追溯更早的文明，进行文明探源工作成了考古工作的又一重要研究方向。因为结合考古发现和文献记载，在龙山时期就已经出现了阶级和城市，尤其在以河南为主的中原地区，龙山时代已经城址林立，由此可见文明和阶级在这一阶段已经产生了，因此对中华文明起源的探索应该着眼于比河南龙山文化更早的仰韶文化时代。

2002年，国家科技攻关项目——“中华文明起源与早期发展综合研究”也就是“中华文明探源工程”立项，工程围绕浙江余杭良渚、山西襄汾陶寺、陕西神木石峁、河南偃师二里头四处大型都邑性遗址以及黄河流域、长江流域、辽河流域的其他中心性遗址进行文明起源研究，对这些遗址周边的聚落群展开考古调查和发掘。

2000年开始，河南省文物考古研究所和中国社会科学院考古研究所对河南三门峡地区的灵宝西坡展开调查和发掘，发现了大量仰韶文化中期的墓葬和房址，有的房址占地面积达到了516平方米，室内面积达到204平方米，并且在这些遗址的附近还发现了中心广场以及壕沟等建筑设施，表明此处在仰韶文化时期是一处大型的中心性聚落遗址，而遗址所在的铸鼎塬地区，可能也为仰韶文化庙底沟时期的文化核心区，以此为中心辐射散布到周边地区。2001年，对北阳平遗址进行了发掘，其与西坡遗址同为铸鼎塬地区仰韶文化庙底沟期的大型聚落遗址，遗物数量丰富，遗迹规格较高。这些发现逐渐表示河南三门峡灵宝地区铸鼎塬为仰韶文化时期的中心，并且等级阶级观念以及王权和军权已经产生，成为维护社会秩序的重要手段。

2003 年，郑州西山城址被发现，经发掘后得知，西山遗址是仰韶文化晚期的城址，城址由城墙及城壕组成，平面近圆形，并且城墙的夯筑方式以版筑法为主，因此才建造有大规模的城垣，这也是城市建造历史上的一大创举。城址内发现了房址、窖穴、墓葬等设施以及大量的陶器、骨器、石器、蚌器等遗物，显示西山城址为一处重要的仰韶文化晚期遗址。之后在西山城址附近，又发现了荥阳点军台等小型城址，这些大大小小的城址，表明了在仰韶时期，河南地区已经步入了文明社会，有了文明的气象。

随着中华文明探源工程的持续推进，河南地区对郑州大河村遗址和巩义双槐树遗址等重要遗址都重新进行了发掘工作，并且都有新的重要发现。大河村遗址和双槐树遗址都发现了环壕聚落，中间有大型房址以及集中分布的墓葬区等功能区，另外还有广场等举行大型活动的地方。在双槐树遗址内，还发现了大型夯土建筑群、中心居址区以及围墙等建筑设施，遗址有三重环壕、四处集中的墓葬区，以及道路、祭祀区等相关的活动设施，是古代宫殿建筑规划布局的先河。另外在遗址内也发现了丰富的文化遗物，如牙雕艺术品，表示当时人们的思想水平已经极其高超。双槐树遗址的面积达到了 117 万平方米，规模远超同时期的其他遗址，三重环壕、大型夯土建筑基址、中心居址区、有规划的墓地、类似宫城性质的围墙以及丰富的遗迹遗物等，都表明双槐树遗址已经处于文明起源的关键时期，已经出现了文明的曙光。

由此可见，河南地区的考古工作，从一开始的地质调查，到后来的考古发掘，再到后来的文明探源，一直以循序渐进的方式不断深入。在这个过程中，逐渐形成了一套中国特色、中国风格的考古学研究方法，将考古研究与实践紧密结合，以殷墟为代表的商代后期信史为基点，通过不断追溯，运用文献与考古相结合、文化因素分析、都城界定法、时空对证法等具体方法，结合考古调查与发掘研究，不断探索出整个河南地区的文明起源和发展演进之路，也形成了一整套中国考古学的研究范式和体系。经过不断改进，这套研究体系已经成为一种科学的研究方法，也是研究古代社会以及文明演进的行之有效的办法，在这种方法和理论的指导下，河南地区的考古工作乃至全中国的考古工作，都取得了长足的进步和发展，为研究古代文明起源和发展演进增光添彩。

第二节　从“单一研究”到“交叉研究”

最开始的考古发掘是以获取古代文物为主要目标的，通过发掘来获得地下文物，再通过地下文物来研究古代社会和古代文化。西方的考古学来自传统的古物学，从研究博物馆中的古代文物来研究古代社会，进而延伸到探险和考古发掘，考古发掘以获得地下埋藏文物为首要目标，并记录文物的埋藏环境，进而诞生了埋藏学等相关学科。中国的考古学诞生伊始，与国外的考古学发展道路相似，都是先以获得文物为主，进而研究其埋葬环境，再到全面的考古发掘研究。

一　单一研究

1921 年安特生在河南三门峡仰韶村调查远古文化时，在断崖的地层中发现了一些彩陶遗存，这些彩陶让安特生认识到此处应为一处重要的史前聚落遗存，因此便开始着手发掘。发掘工作以寻找彩陶等文化遗存为主。1928 年安阳殷墟遗址开始发掘，仍然以出土文物为主，其中最主要的任务就是寻找甲骨材料等出土文献材料，因此在早期殷墟的发掘中，以 YH127 甲骨坑最为著名。在 1931 年以后殷墟的发掘中，开始以地层为主要单位进行科学发掘，不光记录出土文物，对地层的信息以及年代等埋藏特征也进行了详细的记录，在考古研究中，也将地层当作判断遗址相对年代的主要依据，并且以地层间的关系来判断遗址的早晚关系，进而得出仰韶—龙山—小屯文化的年代序列。虽然开始以更详细的信息来记载考古发掘时的材料和情况，但在研究中仍然以出土文字材料为主，而文物遗存仅被用来作为判断社会发展进程的佐证，以出土的陶器、铜器、玉器等来作为判断生产力发展以及社会发展阶段的材料。

到了 1933 年，苏秉琦先生开始在陕西渭河流域开展田野调查，1934 年徐旭生先生主持陕西宝鸡斗鸡台墓地的发掘，苏秉琦先生也加入发掘工作中，在斗鸡台遗址的沟东区进行发掘，发掘工作一直持续到 1935 年。到

1937 年，遗址重新开始发掘，但是由于抗日战争全面爆发，发掘工作被迫中止，徐旭生先生等因为战事影响无法整理发掘获得的材料，苏秉琦先生便开始着手研究和整理斗鸡台遗址所出遗物，经过长时间的分类整理研究工作，最终对陶器进行了分类排队，总结出一套类型学的理论，按照不同的类、型、式对遗物进行区分，并且按照演变顺序排列出早晚关系，区分出了龙山时期的陶鬲和殷周时期的陶鬲，并且排列出两个时代中间陶鬲的演化，按照遗物的风格特征区别其时代。这种按照类型划分和研究陶器等遗物的方法被称为“类型学”，后来与地层学研究方法一起，成为考古学研究中两种最基本的方法，考古学研究在这两种方法的加持下也成为一种科学的研究方法。

1939 年，梁思永先生在研究殷墟的龙山文化和小屯文化时，提到了“龙山文化中的有流的空足陶鬶在殷代陶器中没有见到”，表明这一时期的考古研究中已经意识到并且开始运用陶器作为判断不同时代不同文化的标准。1941 年夏鼐先生在讲解类型学时指出：“根据演化之原则，同一性质之物，逐渐演化，或进化由简而繁，或退化由繁而简，可以排成一连贯之次序，每一阶级各有其标准之典型。”他将器物类型学的研究简单地归纳总结出来，这也是类型学最开始的作用，即通过排列顺序来区分遗物的早晚演变关系，从而得出一个遗址除地层关系之外的早晚演进关系。

20 世纪 50 年代之后的河南郑州地区的发掘中，不仅发现了地层以及普通的灰坑、窖穴、墓葬等遗迹，还发现有夯土和城墙等遗迹，并且发现了窖藏的青铜器等重要遗物，因此除了考古学最基本的地层学、类型学之外，建筑学、金属冶铸加工等自然科学的研究方法也被纳入进来，用来研究考古发现的遗迹和遗物。

1955 年邹衡先生以郑州发掘的材料完成自己的副博士学位论文《试论郑州新发现的殷商文化遗址》，他在苏秉琦先生的指导下，运用类型学分期方法，将郑州、安阳等地的殷商时期遗存进行了分型，并以此为依据对遗址进行了分期研究，将郑州地区的龙山文化与殷商文化进行了排比，并与小屯地区的进行了类比，通过两者之间的纵向和横向比较，最终得出了郑州和安阳地区商文化的分期，总结出了郑州早期—郑州中期—小屯早期—郑州晚期/小屯中期—小屯晚期这样一条商文化的文化发展序列，后续的发掘和研究工作也逐渐证实了邹衡先生此种分期方法的科学性。这篇论文成为邹衡先生的代表作之一，也是最早系统的以考古材料研究商文化分期及演变序列的文章，奠定了后来夏商研究的基础。邹衡先生后来也被称为“商周考古第一人”。

1959 年，河南洛阳地区配合基建开展大规模考古发掘工作的成果相继发表，在考古界享有盛誉的《洛阳中州路（西工段）》和《洛阳烧沟汉墓》相继出版，推动类型学和考古研究工作更进一步发展。

《洛阳中州路（西工段）》是 1954 年秋到 1955 年春在洛阳中州路（西工段）发掘的报告，这本由苏秉琦先生与安志敏先生、林寿晋先生合著的考古发掘报告，以中州路围绕洛阳周王城及周边遗址发掘获得材料的整理汇总分类研究，奠定了考古类型学研究的范式。报告除了对考古发掘材料的描述和梳理之外，还对墓葬形制以及器物形态的演变做了综合性的系统研究，对 161 座东周墓葬中出土的 774 件陶器以类、型、式进行分类和排比，进而对墓葬形制进行类比和分期，建立了东周的器物发展演变序列，成为后来研究东周时期考古材料必不可少的标杆。其建立的器物分期和年代框架，奠定了后来东周乃至整个周代的研究体系，是研究河南洛阳地区以及全中国东周考古材料的必备参考资料。

《洛阳烧沟汉墓》是同年洛阳地区的另外一本重量级的考古发掘报告，《洛阳烧沟汉墓》对 1953 年洛阳烧沟区发掘的 225 座汉代墓葬的 1 万多件随葬器物进行了系统的整理和分型分期，以墓室结构、形制等为基准将墓葬进行了完整系统的分型分式，在以往分型研究时代演变序列的基础上又进行了分式，在同一型下面以式的演变来区分具体特征，使类型分析更加细致和完善，建立了洛阳及河南地区汉代墓葬的年代序列。《洛阳烧沟汉墓》开创了以墓葬为单位，对墓型、器型进行综合排比，找出其发展规律和内在联系，作为分期断代的依据的先例，这本报告也成为后来研究和分期汉代墓葬等最好的类型学标杆。

这两本同一年出版的河南洛阳地区的田野考古发掘报告，将中国考古学的研究推向了新的高峰，对后来考古学界的发掘和研究工作影响极大，学术意义非凡。1959 年邹衡先生在带领北京大学考古实习队在洛阳王湾地区的发掘以及后来的整理工作中，就受到这两种报告的影响，以型和式作为区分器物特质进行器物排队的主要标准，并且认识到型注重器物形制特征的较大变化，而式反映的是器物形制特征的细微变化，分期意义不大明显。

1964年，邹衡先生发表了另外一篇代表作——《试论殷墟文化分期》，在对器物进行型、式以及亚型区分的基础上，将同一种特征的同一种器物当作一种型，在同一类器物下划分型和亚型，然后根据其早晚演变划分不同的式，确定出横向并列的型和纵向发展的式，最后建立起不同型和式的并列以及发展演进关系，对殷墟的考古材料进行了全面系统的类型学研究，对遗址和墓葬进行了分期，总结出各期的文化内涵和特征，并且结合甲骨文记载内容对各期的年代进行了估计。

自此，中国考古学的两种基本研究方法算是成熟完善了，即研究遗迹层位关系的地层学以及研究遗物演变的类型学。田野发掘方法在中央研究院历史语言研究所和后来中国科学院考古研究所在河南安阳殷墟地区的不断实践中逐渐完善，科学的地层认识以及地层学的研究方法也不断精进。在以北京大学苏秉琦先生和邹衡先生为主的考古材料整理研究的实践中，器物类型学不断发展完善并且形成体系。最后二者相结合，地层学和类型学共同成为考古学研究的两扇翅膀，促进中国考古学的进步和腾飞。

虽然在河南地区的发掘和研究中，考古学研究方法不断精进，但究其根本，还只是考古学单一的研究手段和方法，这种方法也只能解决考古学中最基本的问题，如遗迹遗物的年代、分期、序列等，对于更详细和更复杂深入的古代社会特征则无法更好地展现，因此考古学急需一些其他的方法和手段来参与其中，从而更好地对古代社会进行更加全面的研究和复原，多学科交叉的考古学研究方法就此应运而生。

二　交叉研究

早在1933年，德日进和杨钟健等人就对河南地区安阳殷墟遗址中发现的动物骨骼等标本进行了鉴别和研究，判断出了其中的29种哺乳动物，并将其分为三群，这是中国的第一次科技考古实践，也是最早对考古材料进行交叉研究的典范。

1959年，国外诞生的^{14}C测年技术引进中国，中国科学院考古研究所成立^{14}C年代测定实验室，用以解决考古遗存的绝对年代问题，第一批材料就选用了1950年河南安阳地区殷墟武官村大墓出土的木炭材料，并且在1972年公布了其大致年代范围——距今3050±100年，即公元前1100年前后的商代晚期。因此，放射性元素测年技术成为参与河南地区考古和文明探源中的第一种自然科学手段。此后，越来越多的科技手段和自然科学学科参与到考古研究中来。

1971 年，河南省博物馆文物工作队对淅川下王岗遗址进行了首次发掘，在遗物的整理研究过程中，贾兰坡先生首次对遗址中出土的动物骨骼进行了系统性的鉴别和研究，鉴定出其中的家畜和多种野生动物，对遗址中动物的食性和饲养情况进行了分析，从动物的角度还原了当时古代社会的情况。

1972 年，竺可桢先生在《中国近五千年来气候变迁的初步研究》中，运用河南安阳地区的考古材料以及甲骨文中关于气候、气象、地貌等特征以及出土的植物、动物材料，结合陕西省半坡遗址和山东省历城龙山遗址中发现的动植物遗存和环境情况，对中国五千年以来的气候和环境做了详细的研究，推论从仰韶时代至殷商时期是中国的温和气候时代。

1976 年，河南安阳殷墟遗址妇好墓的发掘清理过程中，为了保护象牙器皿等易损遗物并且不影响发掘，考古工作者对墓葬中的遗物进行了整体套箱提取和化学加固的方法，运用化学技术对遗物进行了清理、加固和修补复原。1983 年河南安阳孝民屯的车马坑遗迹发掘中，也运用了这样的手段和方法。

1984 年，韩康信等人对河南安阳殷墟遗址中小墓葬的人骨进行了体质人类学的研究和鉴定，发现安阳殷墟遗址发现的人群中，有着两种不同的体质类型，其中大部分是具有中颅、高颅和狭颅特点以及较窄的面宽和中等的上面部扁平度等性状的东亚蒙古人种；另外一小部分为具有颅高值偏低，面部极宽，颧骨大而突出，鼻根偏高等特征的北亚人种和东亚人种的混合性状。通过殷墟遗址发现的人骨材料，用体质人类学的方法来研究不同的体质特征呈现出来的不同的人群族属，进而探讨殷墟遗址的人群构成和社会形态。这种将生物学和人类学中的体质人类学与考古学相结合进行交叉研究的方法也是现在判断遗址人群构成以及人口来源、等级差异、生活状况、健康状态等信息的重要方法，也为研究和还原更复杂的社会生活状态提供了可能。

1985 年，孙仲田等人对河南偃师二里头遗址出土的陶器陶片进行了微观分析与研究，并且对二里头文化与龙山文化的陶片研究结果进行了对比，探讨两种不同文化的陶器中的选料、结构、烧成温度、加工手段、烧制技术等信息，得出各阶段的生产力技术发展水平以及两种文化不同阶段的差异，进而探讨社会发展阶段差异和文明发展进程的不同。这种微观层面的分析为遗物的研究提供了新的视角和方法，也可以得出更加客观的信息，比起类型学划分等人为主观进行判断的方法来说，以微观科学手段获得的信息更加客观和具体，促进了手工业考古和技术考古研究以及社会复杂化进程研究的进步和发展。

1985 年在安阳殷墟遗址的调查中，对殷墟四种不同类型的遗址进行了汞含量调查，发现殷墟遗址内宫殿区、墓葬区、王陵区等区域内的汞含量都远超安阳市平均值的十倍至百倍，反映出殷墟遗址中的朱砂和青铜冶铸等遗留下来的大量汞异常现象。

1987 年，在对河南安阳地区殷墟遗址的宫殿区和王陵区的考古调查勘探中，运用了电磁探查法进行勘探，探测中发现了 7 处异常点，识别出了墓葬中的青铜器埋藏。

1992 年河南汝州李楼遗址的发掘中，中国社会科学院考古研究所对灰坑中的土样进行了采集，并对采集的土样进行了水洗浮选，发现了百余粒炭化稻米和小米、高粱等农作物，这是植物浮选手段在我国考古发掘研究中的第一次运用。

1996 年，在对颍河上游地区聚落的考古调查中，GIS 和 GPS 技术被首次运用到考古调查中来，并且成为后来考古调查和发掘中记录地理位置最常用的方法和手段。

1996 年开始的由国家科委主导的“夏商周断代工程”是第一次考古学交叉研究的演练，工程总共设置了 9 大课题 44 项专题研究，集结了 28 家科研单位的 204 名专家学者进行综合研究，课题涉及领域包括历史学、考古学、文献学、古文字学、天文学、地理学、物理学、古生物学、数学、化学等，具体方向有考古、中国史、世界史、历史地理、文献、古文字、天文、天文历法、年代、核物理、测年、地磁、遥感、地理信息系统、定位系统、动物、植物、体质人类学、统计、数据库等几十种，前后总共举办了 75 次各类主题的研讨论证会。经过 1996~2000 年四年时间的综合研究，最终将夏商周年表公布出来。

如果说“夏商周断代工程”是一次多学科交叉研究考古学的演练，那么断代工程结束以后，2002 年开始的“中华文明探源工程”就是真正的多学科交叉研究的典范，其规模之大、时间之长、参加人员之多、研究成果之丰，都超越了以往所有人文学科的研究项目。这次由科技部主导的国家科技攻关项目，从2002年开始至今一直在进行，20余年间有几乎涵盖了所有自然科学一级学科的近20个学科进行综合研究，参与项目的有来自60多家单位的近400位专家学者，到现在已经进入了第五阶段的实施，促进了考古学与各种自然科学的有机结合。

在“中华文明探源工程”五个阶段的综合研究过程中，河南地区始终作为主战场，见证了工程的不断推进与实施，并取得了许多重要的研究成果。2002年，探源工程项目与研究开始，整体目标为制订探源工程研究的总体思路及技术路线，为进一步开展华夏文明孕育的过程和早期国家形成等研究奠定基础，包括年代测定、古环境研究、文字与刻符研究、上古天象与历法研究、中外古代文明起源的比较研究等9个课题。其中选定了河南登封王城岗、新密古城寨、新密新砦、洛阳洛宁西王村遗址等几处河南地区的遗址作为主要研究对象。2004年，“中华文明探源工程”第一期开始实施，对夏文化分布范围和华夏文明起源问题通过各种学科交叉配合开展综合研究工作，为配合项目研究，河南地区在河南灵宝西坡、河南登封王城岗、新密新砦、偃师二里头、郑州大师姑等几处遗址进行重点考古工作。2006年，“中华文明探源工程”第二期实施，将研究的时间范围和空间范围都进行了扩大，设置了文化谱系精确测年、自然环境变化、经济技术发展、社会与精神文化的发展等课题，河南地区对灵宝铸鼎塬、登封王城岗、禹州瓦店、偃师二里头以及郑州西山、巩义花地嘴等遗址进行了一系列发掘和研究。2010年，“中华文明探源工程”第三期开始实施，将研究方向进行了拓展，包括生业经济、冶金考古等科技考古的研究方向。2013年，“中华文明探源工程”第四期实施，对各区域聚落群进行综合研究，包括文物保护与展示的技术研究，河南地区的新砦遗址、王城岗与瓦店遗址、邓州八里岗遗址等遗址聚落群成为研究对象。2020年以来，“中华文明探源工程”第五期开展实施，研究的重点转到区域文明化进程方面，设置了北方长城地带、中原和海岱地区、长江流域三个关键区域进行综合研究以及中华文明起源进程的整体性研究。研究涉及年代学、古环境和人地关系、生业、资源与技术、古代人群与分子生物学等相关课题，河南地区的巩义双槐树、新密新砦、偃师二里头等遗址成为重点研究对象。

随着五期探源工程的实施，逐渐形成了一套完备的多学科交叉研究体系，除了考古学本身的研究方法以外，还有数字考古、放射性年代测定、古 DNA 研究、同位素研究、有机残留物分析、资源与环境考古、体质人类学考古、动物考古、植物考古、冶金考古、陶瓷科技考古、玉石器科技考古、建筑考古、实验室考古、微痕分析、微生物考古、统计学分析、地理测绘、景观考古等领域，所有自然科学的研究手段基本都被纳入进来，通过自然科学研究方法和技术手段的交叉，考古学形成了完善的研究范式，通过各种手段对遗址、遗迹、遗物进行综合研究，可以更好地还原古代社会和探索中华文明的起源。

河南地区的考古工作，从一开始的单纯文物考古，到后来的考古调查发掘，然后形成地层学与类型学的研究手段，再通过引进各种学科的不同研究方法，最终形成了多学科交叉研究的范式，走过了一条从“单一研究”到“交叉研究”的学科发展之路。

第三节　从“文明遗址”到“文明殿堂”

河南地区的考古工作开展最早，做的工作最多，因此发展演变序列完善的古代遗址也发现得最多。河南地区的众多古代遗址，都见证了中华文明的起源与发展。

一　文明遗址

在距今 5800 年的仰韶文化时期，河南地区就已经出现文明的迹象。在河南三门峡地区的灵宝铸鼎塬遗址群，发现了数个年代为距今 5800 ~ 5500 年的超大型聚落和一批同时期的中小型聚落，其中处于遗址中心的北阳平遗址和西坡遗址面积达到了 40 万和 70 万平方米。西坡遗址发现有建筑面积超过 500 平方米的大型基址，遗址中心有一处广场，广场周围有四座大型建筑基址，遗址周围有围绕一圈的宽大壕沟，壕沟外侧发现有公共墓地，墓葬中发现有玉石器等随葬品。这些仰韶时期遗址、遗迹和遗物，表明这一时期的河南地区已经出现了社会分化，社会上层已经开始产生以高规格而规模庞大的居住址和墓葬将自己与普通大众区别开来，从而彰显其社会地位，孕育国家形态的阶级等级观念已经逐渐开始产生。

距今 5300 年前，豫西地区的铸鼎塬遗址群逐渐衰落，中原中心区嵩山北麓的巩义—郑州地区开始成为新的中心，出现了双槐树遗址、大河村遗址、青台遗址和西山遗址等。这一时期不仅社会分化加剧，社会阶级分化更加明显，西山等遗址还出现了凸显军事防御特征的城址，也预示着古国时代即将到来。其中双槐树遗址面积达到了117万平方米，是这一时期规模最大的聚落遗址。遗迹内发现有环壕、中心居址、大型夯土建筑群基址、大型版筑遗迹、墓葬、夯土祭坛、灰坑和陶窑等遗迹。环壕共有3道，内壕周长约1000米，中壕周长1500余米，外壕残存周长1600余米。中心居址区位于内壕内北部，居址内发现有大型房址，分布较密集。大型夯土建筑群基址位于内壕内中部，中心居址区以南，总面积约5300平方米，采用版筑法夯筑而成，中间有三处大型院落。大型版筑遗迹位于一号院落南部，平面呈长方形，面积约700平方米。聚落内发现总共有四个墓葬区1700余座墓葬，一区分布于遗址西北部、二区位于内壕内侧、三区在外壕与中壕西南部、四区在外壕与中壕东南部。墓葬均成排分布，基本不见随葬器物。墓葬区内发现三处夯土祭坛，其中一区一处，二区两处，用红褐色黏土版筑夯打而成。双槐树遗址的中心区位于北部正中，其余遗址和功能区向南排开，体现出更为严重的社会分化，并且遗址中心区用围墙与其他区域隔开，也是后来的宫城等宫室建筑规划布局的先声，代表这一时期河南地区的聚落遗址已经望见了文明的曙光。

距今4500年前的龙山时代，中原地区完全进入文明时代，文明遗址林立，社会财富分化，阶级斗争加剧，城址和国家应运而生。其中包括淮阳平粮台、安阳后岗、登封王城岗、新密古城寨、辉县孟庄、博爱西金城、温县徐堡、濮阳戚城、濮阳高城、郾城郝家台、平顶山蒲城店大小11处城址，这些城址的诞生标志着这一时期生产力的发展和战争的频繁，另一方面也体现出国家诞生之前聚落与聚落之间、贵族与平民之间不可调和的阶级矛盾，最终导致战争的爆发和国家的产生。其中较有代表性的登封王城岗遗址有两座东西并列的龙山时期小城和一座大城，大城面积有34.8万平方米，是当时规模最大的城址。城址内发现大面积的夯土遗迹和龙山晚期的祭祀坑、玉石琮、白陶器等重要遗存，反映出当时已经有较为原始的礼制等级观念，统治者将其用于统治和维护王权秩序。

到了距今4000年左右，河南地区的遗址中，文明特征进一步加强，生产力进一步发展，财富更加集中，并且对四方文化的吸收和汇聚更加明显，凸显出河南所在的中原地区处于文明起源核心区。这一时期以瓦店遗址为代表，遗址位于瓦店西北—东南向的岗地上，现存面积达100多万平方米，在遗址中发现龙山晚期壕沟数条，壕沟长上千米或数百米不等，这些壕沟可能为当时的水利设施并兼具防御和分区的功能，在遗址中部偏南处发现龙山晚期的大型夯土建筑基址，由数条围沟组成，平面呈“回”字形，面积为800余平方米，其上发现用于奠基或祭祀的人牲数十具、动物牺牲数具以及其他大量与祭祀活动相关的遗迹和遗物。遗址中发现的遗物五谷俱全、四畜兴旺，以陶列鼎、陶列瓮、陶列觚、白陶和蛋壳黑陶、成套陶酒器等代表着高水平的制陶技术，并且汇聚了来自王湾三期文化、山东龙山文化、石家河文化和北方龙山文化等因素，表明瓦店聚落在龙山晚期的环嵩山地区具有重要的政治经济文化地位。这种聚合性的文化特征正是这一时期文明遗址的显著特点，聚合各地区的优秀文明因素，兼收并蓄，形成独特的中华文明。

二　文明殿堂

距今3800年左右，河南地区的文明化进程进一步加强，各地文化在中原地区的聚合使得社会生产力飞速发展，人群的汇集也带来了各地不同风格的文化因素，资源与文化的聚合最终在河南地区促进了文明殿堂——二里头夏都的诞生。

二里头遗址位于河南省偃师二里头村，遗址面积达300万平方米，其中宫城面积10万平方米，宫城内有各期总共有10余处宫殿建筑基址，宫殿外围有4条与宫墙方向一致的大型主干道，在主干道外围有不同的功能区和居住区，而且都有围墙与其他区域隔开。以宫城为最中心且面积最大，宫城区北部为祭祀区，南部为手工业作坊区，东西侧都是生活区，各区围墙之间有道路相隔，组成二里头遗址多网格式的规划布局。宫殿区内部有大型宫殿建筑式院落，也有多进式院落，院落中还有大型墓葬发现，随葬品有铜器、玉器、骨器等高规格遗物以及绿松石龙和绿松石铜牌饰等象征身份的精加工器物。这些完整规划布局的建筑以及高等级的墓葬和随葬器物，都反映出成熟的国家结构体系，资源和财富的进一步集中更体现出阶级等级的差异。这种远超同时期其他遗址规模的宏大聚落建筑群正反映这一时期二里头遗址作为王都所在的繁荣气象。

二里头都邑以道路和墙垣规划为多个方正、规整的功能区，形成网格式宏大格局，确立了都邑规划布局的基础框架：祭祀区、宫殿区和官营作坊区这三个重要的区域位于中间，宫殿区位居中心，重要遗存分布在宫殿区的周围。这完全符合“择天下之中而立国，择国之中而立宫，择宫之中而立庙”的都城规划特点，这种严谨、规整的规划布局，显示二里头文化社会结构分明、等级明显，统治格局井然有序，这是进入王朝国家的最重要标志。

除了规模庞大、布局严整的建筑遗存外，二里头遗址的生产制造与生业经济也同样发达。在祭祀区以西、遗址西北部发现较大面积、较丰富的制陶有关遗存，包括陶窑、存泥坑、泥坯、烧土、炉渣、变形陶器、大量碎陶片及陶垫、修整工具等。在宫城区西南角发现近百平方米的骨、角器加工作坊，表面散落大量骨、角质遗物，有动物肢骨、肋骨和牛角、鹿角等。骨、角质遗物中有不少存在砸击、切割、磨制的痕迹，有原料、半成品和废料，有锥、镞、簪等成品，包括了骨、角器加工过程中多个环节的遗物。在宫殿区的南边围垣作坊内，有成熟的青铜铸造加工体系和绿松石加工制作区，发现了大量的铸铜遗迹遗物和绿松石原料。在二里头遗址中，还发现了40余种动物以及6种饲养动物，作为肉食来源和骨制品加工来源，发现有多品种农作物的饮食结构，除粟、黍、水稻、小麦、大豆等农作物外，还有大量的野生植物种子以及其他植物遗存，反映出二里头发达的农业和广泛的食物来源。

这种四方汇聚的超大型都邑遗址的产生，正是王权国家产生和文明汇聚的重要标志，四方的先进技术和资源在中心都邑汇集，各地往来的人口为都邑带来不同的文化因素，这些因素交流融合，形成新的文化特征，又开始向四方扩散，影响到各地。王权诞生以后，贵族阶层控制资源和生产力的分配，并且安排一部分多余的生产力专门供应都邑内部的资源消耗供应和生产力需求，专门为王权和贵族阶级生产彰显其身份和等级的高规格器物，这些手工业者也往往享有一定的特权。在军权和王权的控制下，二里头都邑达到了空前的繁荣，成为当时整个中国最辉煌的文明殿堂。从二里头遗址1959年被发现到如今复原的文明殿堂，已经连续发掘了64年，经过60多年的不断努力，考古工作者将二里头遗址的样貌和古代社会逐渐还原出来，为我们呈现出一个规模宏大的都邑遗址，也体现出60多年来河南地区考古工作的不断进步，文明探源思路的逐渐深化和研究技术的精进与发展。

第四节 从“学术需求”到“国家需要”

河南地区最早开始的考古活动，是出于调查和研究的目的而展开的。当时安特生受聘调查中国矿产资源，在调查过程中也穿插着自己的学术研究，探索中华远古文化。1928 年，中央研究院历史语言研究所为了研究甲骨文和商代史，在安阳小屯地区展开考古调查发掘活动，出于学术研究的目的，推动考古事业的开展。之后的几十年中，考古学者和历史学者为了探寻夏商考古学文化以及史前的社会状况，在河南地区不断地进行考古调查和发掘工作，也取得了非常丰硕的成果，为学术界研究先秦时期的社会生活与历史文化提供了全面翔实的考古材料，推动了先秦考古以及先秦史尤其夏商考古学研究的巨大进步。

一 学术需求

随着 1928 年殷墟遗址开始发掘，河南地区也开始重视考古发掘与研究工作，并且专门组织人员来进行学术研究。1932 年，在殷墟遗址发掘的同时，河南古迹研究会成立，这是河南历史上第一个中国现代考古学团体，专门负责发掘和研究河南地区的考古遗址。1932~1937 年发掘了多个考古遗址并出版了研究报告，包括《浚县辛村》《河南浚县大赉店史前遗址》《山彪镇与琉璃阁》等，但比较可惜的是，随着抗战的开始，研究会的工作宣告结束。

抗战结束后，考古工作还在陆续开展，但是重要发现较少，一直持续到新中国成立，考古工作才得以重新展开。

二 河南需要

新中国成立以后，随着大量基建工作的开展，为了配合基本建设，河南地区开始进行大规模的田野考古发掘和研究工作，因此从这一时期开始，河南地区的考古工作也开始由主动发掘和学术需求慢慢转变为工作需要和河南需要。

1950 年，河南省成立文物管理委员会，即后来的河南省文物局。又在省文化局成立文物科，专门负责全省的文物保护工作；1952 年，河南省文化局又成立文物工作队，专门负责全省的考古发掘和文物保护；1956 年，又在洛阳成立第二工作队，并且开始在全省大规模开展考古工作。

这一时期，河南地区发现了诸多重要的文化遗迹，并且进行了深入研究，对我国考古学科的发展和古代历史研究有着功不可没的作用。

首先是郑州地区，郑州商城遗址的发现和研究，为学术界关于殷商时期社会历史的研究提供了新的材料和视野，也促进了夏商考古的巨大进步，对商代早期城址的认识在众多考古学界专家学者的论战中达成共识，商代历史由之前的殷墟扩展到整个商王朝历史时期。洛阳地区中州路和天子驾六等周王城遗址的考古发掘，直观地展示了周代的宗法礼制社会原貌，为研究和探索当时天子的出行方式以及车马等交通工具的结构有着极为重要的作用。三门峡地区虢国遗址和墓地的研究，解决了周代诸侯国研究的困境。而巩县冶铁遗址的发掘，揭开了古代生产技术发展研究新的一页。鹤壁地区宋代采矿遗址的发现，为研究古代采矿行业的发展演变提供了重要资料。诸如此类的考古研究工作还有很多，不仅促进了河南考古本身的长足进步，对于研究河南地区古代社会也有着极为关键的作用。

到了 70 年代，这种地区性学术需求更加强烈，随着全国各地考古研究工作如火如荼地开展，河南地区也不甘示弱，开始了新时期的考古研究。这一时期不仅在几处重要的遗址进行深入的发掘研究工作，全省各个地区的工作也相继展开，并且考古发掘和勘探工作同时开展，不仅在单个遗址的深入研究上取得了进步，在整个河南地区的宏观范围内考古勘探工作也取得了重大成果。全省各地区以河流流域为主，进行了全面的文物勘探工作，发现了许多重要的文化遗址，为研究史前及古代社会提供了丰富而翔实的材料。

1980 年，河南省考古学会成立，开始专门进行相关文物考古研究与交流。1981 年，河南省文物研究所成立，配合大规模的基本建设进一步深化和加强考古发掘研究相关工作，发现了偃师商城、淮阳平粮台、淅川下寺等极其重要的文化遗址，填补了相关研究领域的空白，尤其淅川下寺楚墓群青铜器的发现，为研究古代青铜器铸造技术的发展提供了极其重要的材料。

三　国家需要

进入20世纪90年代，河南地区的考古工作继续进行，国家层面也极度重视文明起源以及夏商周时期等的文明探索及考古研究，因此在国家层面开始主导相关的科学研究，河南地区的考古研究也转变为真正的“国家需要”。

1996年，随着科技部“夏商周断代工程”项目的开展，由国家部门牵头推动的综合性考古研究项目开始实施，经过项目组成员4年的不断努力，项目工作前半部分顺利完成，最终将夏商周年表作为阶段性成果公布出来，并发出断代工程报告的简本，又经过20余年的后续研究工作与总结，2022年断代工程报告全面问世。

21世纪以来，考古学科的发展进步取得了质的飞跃，许多先进的理论和方法开始运用到考古工作中来，自然科学等领域的学科也加入考古研究，展开全方位多学科多领域的交叉研究，考古研究开始走向科学化、国际化的道路。

2002年，随着科技部攻关项目——“中华文明探源工程”的持续实施开展，河南地区更多的考古发掘工作配合项目展开，投入了大量的人力、物力、财力为探源工程贡献了河南力量。

2020年，国家文物局“考古中国”项目开始实施，河南地区有10余处遗址被纳入研究范围，这些遗址也相继开始展开调查发掘工作，大量的考古行业从业者共同配合展开研究工作，争取将中国古代的社会文化和历史还原出来。

自从中国近现代考古学诞生以来，河南地区始终作为中坚力量奋战在考古一线，无论是田野考古发掘还是科学研究方面，都取得了丰硕的成果。在田野考古发掘方面，配合如南水北调中线工程等大型基本建设，以及“中华文明探源工程”等大型学术课题，河南地区的考古发掘活动从一开始的单一研究、独立研究，逐渐发展为交叉学科、综合研究，在这个过程中，不仅完善了考古工作的手段和方法，还培养了大批考古技术人才，并且探索出了一整套适合于中国尤其中原地区的考古发掘工作方式，形成了极具中国特色的考古方法和工作方式。在对遗址、遗迹、遗物的研究方面，河南地区从最开始的单一方面研究，发展到多重技术手段并用的研究与保护办法，形成了包含研究、保护、展示一整套体系和流程的完整工作手段，为河南地区的考古研究和文物保护做出了重要贡献。在考古发掘成果的展示方面，河南地区博物馆建设与大遗址保护措施并行，在对古代遗址进行原址保护的同时，将其建设为适合向公众展示的大型遗址公园，既做到了遗址的保护，也促进了遗址的开发和利用，并且将其展示给公众，让所有人都可以看到考古研究的成果，都能切身体会古代社会的文化遗产。并且河南地区还积极申报世界文化遗产，将代表中国文明发展演进和具有民族精神内涵的文化遗址申报为世界文化遗产进行专门的展示，让全世界更多的人了解河南地区的优秀文化传统，将源远流长的中华文明散播出去，让中华文化在全世界产生更加深远的影响。

经过中国近现代考古学自诞生以来一百余年的发展，河南地区的考古工作不仅在研究技术和方法上取得了长足的进步，研究目的和使命也发生了变化，越来越多的技术方法运用到考古发掘和研究之中，为我们了解和还原古代社会提供了更加丰富全面的材料。考古研究也由单纯的学术研究需要逐渐变成社会大众期待和国家需要的一项重要工作，探究中华文明起源也成为考古工作者不可推卸的责任，争取在建设中国特色、中国风格、中国气派的考古学道路上，还原中国一百万年人类史、一万年文化史和五千多年文明史成为考古工作的重要目标。在考古学科和文物行业的建设中，河南地区坚持增强文化自信心，建立自己独特的学科体系和价值观念，不受外来思想的干涉和影响，提高民族自信心，用自己的考古学方法，深入研究自己的古代文化遗址，还原我们的古代社会，并且将其进行推广，向世界讲好中国故事。随着河南地区以及全国各地考古机构和学者的不懈努力，中国的文明探源工作必将取得更为令人瞩目的成果。

第七章　使命：深化中华文明探源研究阐释中的河南担当

中华文明是世界上历史悠久而底蕴深厚的原生文明之一，它汇聚了各民族的优秀文化，海纳百川，历久弥新，至今仍然是中华民族生生不息的精神源泉，也是中华民族实现伟大复兴的宝贵财富。但是长期以来，学术界对于中华文明形成于何时，如何形成，中原地区文明与周边地区文明如何交流互动等一系列问题都还没有形成一致的认识。自 2001 年开始，随着“中华文明探源工程”的开展，学界有针对性地对中华文明形成的时间、地域、过程、原因和机制等基础问题进行专项研究，并取得一系列重要成果。我们发现在整个中华文明探源工程中，河南都处在研究的核心区域。例如“中华文明探源工程”第一期在全国范围内众多古文化遗址中，选定了六座中心性城邑遗址，河南独占五座。2018 年的“中华文明探源工程”成果证实，中华文明的源头具有多元性，在长期的交流互动中吸收融合，最终在夏代中晚期融聚成以洛阳偃师二里头文化为主的文明中心，开启了夏商周文明时代。

第一节　中华文明多元一体格局形成过程研究

中华文明的起源是多元的，而不是单一的。[①] 与文明起源有关的地区主要有黄河流域中下游、长江流域中下游、东北西辽河流域等，至少可以分为八大文化区：海岱、中原、甘青、江浙、江汉、巴蜀、河套、燕辽。在长期以来的考古学文化研究的基础上，学术界认同了中国史前文化发展的

---

① 方酉生、赵连生：《试论中原地区文明的起源》，《史学月刊》1989 年第 2 期。

“多元一体”现象。[①] 伴随着中原龙山文化群的出现，在“多元一体”的格局中出现了“以中原为中心”的历史趋势。这也意味着各地区文明进程与中原地区存在不同的模式，因为文化面貌存在地域差异，各地区的文明化进程并不一致。这个总的进程大致可以分为三个阶段，即公元前3500～前3000年；公元前3000～前2500年；公元前2500～前1800年。

一　公元前3500～前3000年

关于中华文明起源于何时，学术界有多种看法。[②] 随着“中华文明探源工程”项目的开展，目前已经基本认同在公元前3500～前3000年，中国已经进入了文明时代，其时可以称为古国时代的第一阶段。这一时期最为显著的变化是在黄河、长江流域的许多地方乡村聚落中出现了中心聚落。[③] 社会复杂化在聚落之间和聚落内部全面展开。例如中原地区出现了超大型的城址或环壕、高规格的殿堂、高等级的各类文物，如在公元前3800～前3500年，灵宝西坡遗址、郑州西山遗址和巩义双槐树遗址等出现了城壕；[④] 公元前3500年的双槐树遗址发现有骨雕家蚕；公元前3500年前荥阳青台遗址中就有了迄今时代最早的纱和罗；公元前4000年的灵宝西坡和甘肃秦安大地湾中心聚落出现了大型宫殿的雏形等。这表明社会已经出现了中心权力组织，可以调配一定的人力和物力进行大规模的社会生产，中原地区初步跨入原始国家文明阶段。

周边地区出现了红山文化、大汶口文化、凌家滩文化、大溪文化、崧泽文化等，以红山文化最为兴盛。红山文化遗址分布密集，标志着人口迅猛增长，而聚落已经出现分级并出现超大规模中心性聚落，表明社会组织已经复杂化。牛河梁遗址目前规模最大的红山文化晚期中心性祭祀遗址主体范围达1.2平方公里，集庙、坛、冢于一体。红山文化还初步形成了独立

---

① 赵辉：《中国的史前基础——再论以中原为中心的历史趋势》，《文物》2006年第8期。

② 主流观点有四种。第一种观点认为，在二里头文化时期中国进入了文明时代。第二种观点认为，在龙山文化晚期中国进入文明时代，许多文明因素在龙山文化晚期已经形成。第三种观点认为在距今四五千年间中国进入了文明时代，以中原、海岱等各个主要区域内龙山文化形成的年代为依据。第四种观点认为在距今5000年前中国进入文明时代，主要是以红山文化晚期、良渚文化早期、仰韶文化晚期等发现高层次文化遗存为依据。

③ 王巍、赵辉：《“中华文明探源工程”及其主要收获》，《中国史研究》2022年第4期。

④ 阎铁成：《中华文明形成中的中原贡献》，《黄河·黄土·黄种人》2022年第24期。

的制陶、制玉等手工业生产部门，并进入农业经济。这些都表明红山文化成为东北地区最具影响力的史前考古学文化之一。安徽凌家滩遗址的大型墓葬中发现精美的随葬玉器。江苏张家港东山村、湖南澧县城头山等遗址出现大型的中心聚落，内部还有制陶区、墓葬区等，与普通村落相比内部分工更加明确。这些都表明了黄河、长江和西辽河流域出现了规模巨大的聚落、殿堂式建筑以及大量的美玉、精致陶器，表现出较高的工艺水平和强大的社会组织能力，表明社会进入加速复杂化的进程，迈开了文明起源的步伐。

二　公元前 3000~前 2500 年

公元前 3000~前 2500 年，为龙山文化早期。中原地区的考古学文化有豫中大河村五期文化、豫西北晋西南的庙底沟二期文化、豫北的孟庄龙山早期文化、关中地区的案板三期类型等。周边地区的考古学文化有辽西小河沿文化、海岱地区的大汶口文化中晚期和龙山文化早期、长江中游的屈家岭文化和石家河文化、长江下游的良渚文化、华南地区有石峡文化和昙石山文化等。仰韶文化晚期对外发挥巨大影响的势头已经不存在了，内部以庙底沟期为主的高度统一的局面也逐渐瓦解，各地区的相对独立性和不平衡性开始显现出来[①]，整个东部地区的文明先进性总体上也超过中西部地区。

中原地区在前期出现的双槐树遗址、大河村城址、汪沟遗址等多个 70 万~120 万平方米的环壕聚落，它们在龙山文化早期逐渐衰落。黄河中游的仰韶晚期的中心聚落之一是甘肃南佐遗址，发现有多重环壕，外环壕的面积达到 6000 万平方米以上，遗址中心区发现 9 座大型夯土台围城的核心区，面积有 30 万平方米，中间围墙内发现有大型的夯土建筑，可能是宫殿。南佐遗址核心区发现有黑陶、白陶、彩陶和大量的水稻遗存，以及精美的玉器。韩建业先生曾推断南佐遗址可能属于“陇山古国”。[②]

屈家岭遗址是屈家岭文化的中心聚落，发现内外环壕，外环壕区域内

---

① 赵辉：《中国的史前基础——再论以中原为中心的历史趋势》，《文物》2006 年第 8 期。

② 孙玉珍等：《南佐遗址考古发掘汇报咨询会暨欧亚视野下的早期中国文明化进程学术研讨会召开》，《陇东报》2022 年 11 月 27 日，第 2 版。

的面积达到56万平方米，壕沟与城址内外的河湖相通，壕沟通过城垣的水门，可以控制城内的排灌，表明中心聚落在建造大型城垣的同时，对城内外的水系进行了严密的规划。该遗址发现有中国史前最早的栽培粳稻，在我国农业史上具有重要的意义。屈家岭文化的石制农具朝着小型化发展，出土的工具中农具占80%，主要有石斧、石锄、石镰、扁平穿孔石铲等。石家河文化发现有面积达120万平方米的石家河古城、青铜铜块、近似文字的刻画符号、精巧的玉器、祭祀遗存等，已经具备文明的各类要素，表明其已经进入文明时代。浙江良渚遗址发现有近300万平方米的内城，内城中部有30万平方米的"土台"，上面有多座大型的殿堂式建筑。内城之外有大型的水利设施、祭坛，反山墓地发现随葬有600件玉器的高等级大墓等，这都反映了良渚古国的存在。

这些情况表明，在中华大地上，文明浪潮此起彼伏，大体而言，良渚地区率先进入了文明阶段，长江流域的屈家岭文化、石家河文化和陇东地区呈现出向原始国家发展的态势。

三 公元前2500~前1800年

公元前2500~前1800年一般称为龙山文化中晚期。这一阶段属于周边各考古学文化在中原地区融合交汇的关键时期，但在本地区有明显的衰落迹象。[①] 如山东龙山文化、红山文化、良渚文化、石家河文化等在步入文明阶段后都相继衰落，中原地区则加快了文明化速度，成都平原也出现文明的曙光。这一时期周边的考古学文化有海岱地区的岳石文化，长江中下游地区的石家河文化，长江下游的马桥文化等。中原地区的考古学文化有客省庄二期文化、陶寺文化、王湾三期文化、三里桥二期、后岗二期文化等。中原地区发现的新石器时代末期的大型聚落考古遗址有山西襄汾陶寺、陕西石峁遗址、郑州花地嘴、新密古城寨、辉县孟庄，小型聚落遗址如郾城郝家台、淮阳平粮台等；夏代的有登封王城岗、新密新砦、二里头、荥阳大师姑、郑州洛达庙、晋南东下冯等，整体表现出繁荣景象，并持续至商周时代。[②] 长江流域以中游的石家河古城和下游的良渚古城为代表。这些高

① 江林昌：《中华文明史上的"多元一体"格局及其深远影响》，《学术研究》2023年第6期。
② 江林昌：《中华文明史上的"多元一体"格局及其深远影响》，《学术研究》2023年第6期。

规格古城的兴建需要调动大量的人力和物力，表明这些地区已经出现了一定的核心社会组织，并建立了早期国家，步入了早期文明社会。[①]

中原地区进入文明时代的依据是这一时期出现了文字、城址、青铜器、夯打技术、轮制陶器技术、占卜、墓葬等文明要素。例如在登封王城岗遗址发现有陶文；在临汝煤山、登封王城岗、郑州牛砦发现青铜器等。其中山西南部传说是尧活动的中心地区，此处发现有距今4300~4000年的大型城址陶寺古城。陶寺早期城址面积只有58万平方米。至中期，面积达280万平方米。在陶寺古城早期小城高等级居住区南部发现大型的仓储区，在中期南部以围墙围绕的区域，发现随葬上百件精美玉器、漆器、陶器等的大型墓葬和随葬十几件物品的中型墓葬。[②] 陶寺遗址发现有文字、城址、青铜器以及高等级的墓葬等多项文明要素，无疑已经进入文明时代。

中华文明的形成并非一蹴而就，而是在广域空间内各考古学文化共同演进的结果。我们可以发现各地区文明发展的动因、方式等不尽相同，达到文明辉煌的时间也参差不齐。大约以公元前2000年为界，公元前2000年以前，各地区文化有自己的源头和传统，大致形成独立发展的格局，并存在相互交流、竞争关系。各地区先进因素在中原汇聚，促进了中原文化的发展。公元前2000年前后，中原龙山文化广泛吸收各地区先进文明因素，独秀于林，在公元前1800年左右诞生了二里头文化。二里头文化分布地域在豫西晋南地区，与夏人活动范围相吻合，年代在夏代纪年范围之内，应该属于夏文化的范畴。二里头遗址发现有宫殿建筑基址、牙璋、玉刀、绿松石铜牌饰、陶封口盉等礼制用器，表明其已经迈入王朝阶段，并向周围地区辐射，逐步形成以中原为核心的夏商文化。

第二节　中华文明起源形成与中华优秀传统文化研究

中华文明源远流长，博大精深，具有突出的连续性、创新性、统一性、包容性、和平性，是维系中华民族的精神纽带，是当代中国文化的精神根

① 王巍、赵辉：《“中华文明探源工程”及其主要收获》，《中国史研究》2022年第4期。

② 中国社会科学院考古研究所山西队等：《2002年山西襄汾陶寺城址发掘报告》，《考古学报》2003年第5期。中国社会科学院考古研究所山西队：《陶寺城址发现陶寺文化中期墓葬》，《考古》2003年第9期。

基。中华优秀传统文化是中华文明智慧的结晶，蕴含着中华民族生生不息的“根”与“魂”。中华优秀传统文化在形成和发展的过程中，具有广泛的民族共识和深厚的群众基础，继承和发展中华传统文化是我国屹立于世界民族之林的重要途径。现代考古学实证我国百万年的人类史、一万年的文化史、五千多年的文明史，在这文明演进的进程中，不同地区在不同的阶段都发挥着自己独特的作用。[①] 河南位于中原腹地，是中华文明起源和发展的主要区域，是中华优秀传统文化的集大成之地。深入研究河南地区的文明起源和优秀传统文化对于探讨中华文明多元一体的演进格局、国家起源与演进等问题至关重要。

一　中华文明起源形成的脉络

随着“中华文明探源工程”多学科联合攻关，中华文明起源形成的大脉络基本厘清。本部分采用王巍先生的脉络，即距今 10000 年奠基，8000 年起源，6000 年加速，5000 年迈进文明社会，4300 年中原崛起，4000 年王朝建立，3000 年王权巩固，2200 多年统一多民族国家形成。[②]

1. 10000 年前奠基

距今 10000 年前，受气候和生态的影响，中国从旧石器时代向新石器时代转化。[③] 各地区的经济生活主要以狩猎采集为主，但是在石器工艺上存在华北和华南两个不同的系统。北方先民采用细石器复合工具，南方先民多使用砾石石器。华北和长江中下游的先民们开始制作陶器，并且华北地区驯化了粟和黍，长江中下游地区开始种植水稻。[④] 农业的产生使各地出现了小型的定居村落，为文明的产生奠定了基础。例如在华北地区的河北南庄头和于家沟、北京转年和东胡林、山西柿子滩等遗址中出土了新石器时代早期陶器，陶器质地疏松，火候较低，多为素面，有夹砂褐陶和夹砂黑陶，器类不多。浙江浦江上山遗址出土了栽培稻和陶器、石器。江西仙人洞、吊桶环、湖北玉蟾岩遗址野生稻和栽培稻同时共存，表明栽培稻出现很长

---

① 阎铁成：《中华文明形成中的中原贡献》，《黄河·黄土·黄种人》2022 年第 24 期。

② 王巍：《中华文明探源研究主要成果及启示》，《求是》2022 年第 14 期。

③ 中国社会科学院考古研究所：《中国考古学：新石器时代卷》，中国社会科学出版社，2010，第 110 页。

④ 王巍：《中华文明探源研究主要成果及启示》，《求是》2022 年第 14 期。

一段时间内，该地区先民仍以狩猎采集为生。

2.8000 年前起源

距今 8000~6000 年前为全球范围的气候大暖期。这一时期出现了原始农业、饲养业、原始建筑业、手工业和精神文化等。因气候温暖湿润，稻作农业向北传播到了淮河下游地区，粟作农业在黄河中下游及燕山南北得到普及。当时先民已经可以饲养鸡、狗、羊、牛、猪等家禽家畜，就牛来说，北方地区普遍饲养黄牛，华南地区基本饲养水牛。房屋建筑在这一时期的遗址都有发现，北方地区多半地穴式建筑，地面经过火烤，华南地区出现较早的地面建筑和干栏式建筑。有些地区还出现原始村落，环壕聚落的出现是这一时期显著的特点。这一时期出现了早期的彩陶，制陶技术较前期进步，北方地区多采用泥条盘筑法，南方地区以泥片贴筑法为主。就技术上说，前者优于后者。在裴李岗文化和后李文化中均发现有陶窑，表明中原地区的制陶技术比其他地区发达。磨制石器较为成熟，在中原地区最早发现，出现了精致的石铲、带齿的石镰、石斧、石磨盘和磨棒等。大地湾文化陶器上有刻画符号和贾湖龟甲刻符的出现、兴隆洼文化的祭祀坑等，反映出人们的精神文化朝多方面发展。在贾湖、兴隆洼等遗址中，出现了极少数规模较大，随葬玉器或者绿松石器的墓葬，说明社会已经出现了分化，开启了文明起源的进程。

3.6000 年前加速

距今 6000 年前，文明进程呈现出加速度的状态，黄河中游、长江流域文化出现分化。黄河流域的粟黍栽培技术向长江流域传播，水稻种植技术也向北传到了汉水流域和黄河中下游地区。各地的手工业也取得了显著的进步，出现了精致的陶器。

4.5000 年前迈进

距今 5500~5000 年是中华文明史上一个非常重要的时期，黄河中下游、长江中下游、辽西地区、海岱地区、太湖流域等地区相继进入文明阶段。这一时期手工业专业化是其重大特色，各地区的手工业制品都展现出较高水平。礼器的出现和礼制的初步形成是这一阶段社会发展的又一标识。在高等级墓葬中出土有玉器、漆器、漆器、精致的陶酒器。例如辽宁牛河梁，这里发现有女神庙，随葬精美的玉器，表明权贵阶层垄断了宗教祭祀权力。安徽凌家滩、浙江反山墓地发现有高规格的墓葬，随葬数量众多精美的玉器，无不表现这些地方出现了特权阶级，已经迈入文明社会的门槛。公元前3000~前2000年，良渚、陶寺都出现有都邑遗址、大型宫殿基址、高级墓葬等，这表明早在夏王朝建立之前，部分区域已经出现了早期国家，进入了古国文明的阶段。①

5. 4300年前中原地区崛起和4000年前王朝建立

距今4300年前，中原地区强势崛起，出现了陶寺古城、石峁古城等规模巨大的城址，而良渚、红山、石家河等文化相继衰落。距今4000年前后，夏王朝建立。在以嵩山东南麓为中心的区域，出现了10余座大型城址。夏代前期，在登封王城岗出现大小相套的内外城。在同时期的禹州瓦店遗址，大型夯土台基上有人祭、殉牲等多种祭祀遗存。这些发现都表明中华文明进入以中原地区为中心的阶段。夏代中晚期，出现了以偃师二里头为代表的都邑性遗址。它的宫殿布局具有中轴线规划意识，还发现有祭祀遗迹、绿松石器作坊、铸铜作坊等，出土有青铜礼器、绿松石铜牌饰等，并影响周边地区，这标志着中华文明进入了王国文明阶段。

6. 3000年前王权巩固和2200多年前统一多民族国家形成

西周初年，周王通过封土建邦，分封列国，实现了王朝对王畿以外的广大区域的统治。公元前221年，秦始皇统一中国，海内为郡县。中华文明进入大一统国家的文明阶段，开启了统一多民族国家形成与发展的新纪元。

二　中华优秀传统文化

中华优秀传统文化是中华民族在生存发展过程中创造出来的物质和精神财富的总和。中华从地域范围来说，是指中原一带，也可以指中原王朝直接管辖的地区，与“中国”词义相当。中华民族是指汉民族和所有少数民族。

1. 天文历法

由于生存、生产、生活的需要，中国先民很早就对天文现象进行了观测。如《易经》云：“观乎天文、以察时变。”《尚书·尧典》记载：“乃命羲和，钦若昊天，历象日月星辰，敬授人时。”公元前9000年，舞阳贾湖

---

① 王巍、赵辉：《“中华文明探源工程”及其主要收获》，《中国史研究》2022年第4期。

遗址已经有了类似“观象授时”使用的“规矩”。[①] 公元前6500年，濮阳西水坡出现了龙虎图，可能具有某种天文含义。[②] 公元前2300年的山西襄汾陶寺遗址，发现了一座大型半圆形夯土建筑，经多位天文学家鉴定，这是古人用于观测日出方位以确定季节的建筑物的基础部分。武家璧先生推测，陶寺遗迹E2缝是观测冬至的点，E12缝是观测夏至的点。这可能就是世界上最古老的天文台。

2. 物质文化

中国地域辽阔，地形复杂，中国先民因地制宜，勤劳勇敢，创造出了丰富多彩、独具特色的地域文化。早在10000年前，华北地区和华南地区的先民就分别驯化出了粟、稻，创造出了陶器和磨制石器。公元前5000年，中原先民创造了色泽艳丽、纹饰丰富的彩陶。公元前2500年，海岱地区的先民创造出了蛋壳黑陶，举世闻名。公元前1800年前后，中原人又创制出了原始瓷器，是人类发展史上的创举。中原人还会养蚕纺织。早在公元前6000年，新郑裴李岗和舞阳贾湖已经有了纺轮，在新密峨沟遗址、巩义双槐树遗址还发现了公元前5300年的陶制蚕蛹和公元前3000年的骨雕家蚕。[③] 中原地区是中国建筑的主要源头。10000年前，新郑赵庄就垒筑了原始祭坛；公元前6000年，裴李岗文化时期的新郑唐户遗址建造的半地穴式住房，开创了中国北方土木建筑架构之始[④]；公元前3000年，灵宝西坡建造的大型殿堂，开创了大型宫殿建筑之始；公元前3300~前2800年，在中原地区的郑州西山古城，城垣平面呈近圆形，城内面积约3.1万平方米，发现有外壕、城墙、壕沟等，城墙采用分块版筑技术，开创中国版筑城池之始。

3. 文字艺术

文字是文明诞生的重要标志之一。目前世界发现的人类最早的图画符号在距今3.7万年前的欧洲，表意符号出现在公元前8000年前后。中国发现的年代最早的刻划符号在贾湖遗址，年代为公元前6000年前后，出土的龟甲和其他材质上有16个刻划符号，古文字学家多认为它们就是“文字”。此后，在公元前4000年前后的仰韶文化半坡遗址、马家浜文化、大汶口文

① 阎铁成：《中华文明形成中的中原贡献》，《黄河·黄土·黄种人》2022年第24期。

② 阎铁成：《中华文明形成中的中原贡献》，《黄河·黄土·黄种人》2022年第24期。

③ 阎铁成：《中华文明形成中的中原贡献》，《黄河·黄土·黄种人》2022年第24期。

④ 阎铁成：《中华文明形成中的中原贡献》，《黄河·黄土·黄种人》2022年第24期。

化、马家窑文化等和公元前2000年前后的良渚文化、龙山文化、马厂文化等遗址都出土有刻画陶文符号的陶器。公元前2300年陶寺遗址出土朱书陶文，实证该遗址为尧的都城。从目前的考古材料来看，至少在公元前2500年前后汉字就诞生了。音乐是用声音来表达情感和现实生活的一种艺术，它通过旋律、速度、力度、曲式来表现，从而使人获得美的享受。公元前6000年，贾湖人创造了乐器骨笛；公元前5000年，郑州大河村的就已经有陶鼓、陶铃；公元前1800年，新密新砦出现石磬；公元前1700年，二里头出现铜铃，小双桥遗址出现陶埙；公元前1100年，安阳青铜编铙等。它们共同谱写了华夏最初的乐章。[①]

4. 精神文化

中华5000多年文明经历了五帝时代、夏商周、秦汉、魏晋南北朝、唐宋元明清诸王朝。这些不同时代的国家统治者都坚守同一种国家文化理念，这就是“国家认同”。

古代都城是国家政治、军事、文化、经济中心，其考古学的物化载体主要有都城选址（择中建都、择中建宫），以大朝正殿为核心形成“左祖右社”布局等。“中”代表着“权威”“中正”“核心”“凝聚”等，相对于“四方”即“东夷”“西戎”“北狄”“南蛮”而言，“中”表示至高无上的尊贵。“国”居中表示政治统治的中心地位，表示尊贵。择中建都的观念自古有之，自仰韶时代至宋代都城基本上都在中原地区。例如仰韶时代的郑州西山古城、巩义双槐树遗址等，龙山时代的陶寺古城、淮阳平粮台等，夏代中晚期的都邑城址登封王城岗、新密新砦、二里头都城都在中原地区。商代的郑州商城、偃师商城等，周代的成周、王城遗址等都在洛阳；东汉、魏晋、北魏、隋唐、宋的都城基本上都在“大中原”。自元、明、清之后以北京为都城，虽然都城位置发生了变化，但是建都理念仍然是“择中建都”。

文献中也常见“中”和“中和”的理念。《左传》曰：“民受天地之中以生，所谓命也。”《礼记·中庸》记载：“中也者，天下之大本也。和也者，天下之达道也。致中和，天地位焉，万物育焉。”《荀子·大略》云：“欲近四旁，莫如中央，故王者必居天下之中。”《吕氏春秋·审分览·慎

---

① 阎铁成：《中华文明形成中的中原贡献》，《黄河·黄土·黄种人》2022年第24期。

势》记载："古之王者，择天下之中而立国，择国之中而立宫"。"中"是"一体""核心"，"和"是"多元"。"中和"就是"多元一体"，就是"中华民族认同"。国家的大一统和"多元一体"奠定了中华优秀传统文化的底色。

第三节　中原地区文明化进程研究

中原地区位于黄河流域中游，地貌以山地、丘陵、平原为主，河流众多，湖泊广布，土壤肥沃，气候温暖湿润。中原地区优越的自然地理资源为早期文明的诞生提供了天然的条件。中原地区包括今河南全部、山西中南部、陕西东部、河北南部、山东西部地区。中原是相对于周边的东夷、西戎、南蛮、北狄四夷而言的，与之共同构成天下。自史前至宋朝，中原地区一直都是统治者建立都城的地方，也常称之"中国"。《史记·五帝本纪》："夫而后之中国，践天子位焉。"《集解》："刘熙曰：'帝王所都为中，故曰中国。'"中原地区因其特殊的地理区位，是探索中华文明起源的重点地区，中原地区的文明化进程是理解中华文明起源的重要线索。本部分采用中国社会科学院考古研究所的划分方法，依据不同时期的考古学文化面貌将新石器时代分为早期（公元前10000~前7000年）、中期（公元前7000~前5000年）、晚期（公元前5000~前3000年）、末期（公元前3000~前2000年）四个阶段。中原地区在这一时期与不同文明交流融合，最终奠定了中原文化在中国历史上的核心地位。

一　新石器时代早期——文明孕育期（公元前10000~前7000年）

这一时期属于旧石器时代向新石器时代过渡阶段，是中华文明的孕育阶段。此期发现的考古遗址较少，有河南舞阳大岗[①]、许昌灵井[②]、安阳小

---

① 张居中、李占扬：《河南舞阳大岗细石器地点发掘报告》，《人类学学报》1996年第2期。

② 李占扬：《许昌灵井遗址2005年出土石制品的初步研究》，《人类学学报》2007年第2期。河南省文物考古研究所：《许昌灵井旧石器时代遗址2006年发掘报告》，《考古学报》2010年第1期。

南海[1]、新密李家沟[2]，山西沁水下川[3]，山西吉县柿子滩[4]，河北阳原于家沟[5]、阳原虎头梁[6]、小长梁[7]、徐水南庄头[8]等。在环嵩山地区、泥河湾盆地形成了密集的旧石器时代—新石器时代过渡遗址群。[9]

旧石器时代晚期的石制品具备明显的我国北方的小石制品为主体的旧石器手工业传统。灵井文化遗址的年代不晚于距今 1.2 万年，处于南北气候、动物群、人类文化的过渡地带，发现的石制品类型包括石器、石核、石片和断块等。灵井遗址的石器工业以较小的脉石英砾石和较大的石英岩为原料，一部分石料可能来自遗址西北约 20 千米的丘岗上。灵井遗址发现的脉石英石器以小型刮削器居多，这具备北方石器手工业的特点，而以石英岩砾石作砍砸器具有南方特点。[10] 这表明灵井遗址的石制品受到了来自南北东西各文化相互交流的影响。舞阳大岗第 4 层石制品属于典型的细石器工艺传统，以细石核、细石叶、细小石器共出为基本特征，与河南许昌灵井、山西沁水下川、河北阳原虎头梁属于同一文化传统，与陕西大荔沙苑文化[11]

---

① 安志敏：《河南安阳小南海旧石器时代洞穴堆积的试掘》，《考古学报》1965 年第 1 期。陈淳、安家瑗、陈虹：《小南海遗址 1978 年发掘石制品研究》，载北京大学考古文博学院编《考古学研究》（七），2008，科学出版社，第 149~166 页。

② 北京大学考古文博学院、郑州市文物考古研究院：《河南新密市李家沟遗址发掘简报》，《考古》2011 年第 4 期。郑州市文物考古研究院、北京大学中国考古学研究中心：《河南新密李家沟遗址北区 2009 年发掘报告》，载《古代文明》第 9 卷，文物出版社，2013，第 177~207 页。

③ 王建、王向前、陈哲英：《下川文化——山西下川遗址调查报告》，《考古学报》1978 年第 3 期。

④ 山西省临汾行署文化局：《山西吉县柿子滩中石器文化遗址》，《考古学报》1989 年第 3 期。柿子滩考古队：《山西吉县柿子滩旧石器时代遗址 S14 地点》，《考古》2002 年第 4 期。《山西吉县柿子滩遗址第九地点发掘简报》，《考古》2010 年第 10 期。柿子滩考古队：《山西吉县柿子滩遗址 S12G 地点发掘简报》，《考古与文物》2013 年第 3 期。

⑤ 河北省文物研究所：《河北考古重要发现（1949—2009）》，科学出版社，2009。

⑥ 盖培、卫奇：《虎头梁旧石器时代晚期遗址的发现》，《古脊椎动物与古人类》1977 年第 4 期。

⑦ 陈淳、沈辰、陈万勇、汤英俊：《河北阳原小长梁遗址 1998 年发掘报告》，《人类学学报》1999 年第 3 期。

⑧ 保定地区文物管理所、徐水县文物管理所、北京大学考古系、河北大学历史系：《河北徐水县南庄头遗址试掘简报》，《考古》1992 年第 11 期。河北省文物研究所、保定市文物管理所、徐水县文物管理所、山西大学历史文化学院：《1997 年河北徐水南庄头遗址发掘报告》，《考古学报》2010 年第 3 期。

⑨ 刘庆柱、韩国河：《中原历史文化演进的考古学观察》，《考古学报》2016 年第 3 期。

⑩ 张森水：《管窥新中国旧石器考古学的重大发展》，《人类学学报》1999 年第 3 期。

⑪ 安志敏、吴汝祚：《陕西朝邑、大荔沙苑地区的石器时代遗存》，《考古学报》1957 年第 3 期。

等也具有相似之处。

新石器时代早期的石制品主要以打制石器和细石器为主，磨制石器不多，细石器的广泛运用极大地改变了先民的生产方式，为农业的起源奠定了基础。于家沟遗址上层发现有1件大部磨光的石矛头、下层发现有细石器、楔形石器等，常见的器型有锛状器、尖状器、雕刻器等。南庄头遗址出土石器较少，仅发现磨盘、磨棒等谷物加工工具，以及少量的石锤。

陶器发现的数量不多，制作技术较为粗糙，火候不高，器型种类稀少，以夹砂粗陶为主，表现出较为原始的状态。在于家沟遗址上层发现有夹砂黑褐陶片和夹砂黄褐陶片，陶片制作粗糙疏松，经测年鉴定，它是本地区年代最早的陶片之一。南庄头遗址发现有夹砂陶，质地疏松，胎壁厚薄不均，仅见罐、盂、钵等。

由此观之，这一时期在各遗址中出现了少量的陶器、磨制石器、半地穴式房屋，农业初步出现，但是还没有成为重要的食物资源，主要的生业经济还是狩猎和采集经济。

二　新石器时代中期——文明肇始期（公元前7000~前5000年）

此期在中原地区环嵩山与冀南两个区域形成了裴李岗文化和磁山文化两个文化的聚落群，其周边则分布着甘肃秦安大地湾文化、关中老官台文化、鄂西三峡、环泰山的后李文化、长江中游地区的城背溪、皂市下层、彭头山文化、浦江流域的跨湖桥文化、洪泗河流域的顺山集文化、安徽双墩文化等，其中以裴李岗文化最为成熟。

裴李岗文化的绝对年代是公元前7000~前5000年，它分为早、晚两个阶段。裴李岗文化以嵩山为中心，北到黄河以北的安阳地区，南到与湖北相邻的信阳地区，西到洛河、淅川上游的卢氏，东到惠济河流域和颍河流域的杞县、项城地区。[①] 截至目前，属于裴李岗文化的遗址已经发现160多处，在河南境内分布最多。

裴李岗时期早期先民开始定居，制作陶器，磨制农具，种植出粟、稻

① 中国社会科学院考古研究所：《中国考古学：新石器时代卷》，中国社会科学出版社，2010，第127页。

等农作物，进入锄耕农业阶段。[①] 从聚落规模来看，一般可达到 1 万平方米以上，其内部功能齐全，有房址、墓地、陶窑、灰坑（部分为窖穴），已经形成较为完备的生活单元。在唐户遗址中发现的房址被分成四个区，Ⅲ区房址还有壕沟，这应该是仰韶文化内向性聚落的源头。裴李岗文化大都有专门的墓葬区，墓葬区的墓葬分布集中，有一定的规律，反映出聚族而葬的氏族观念。例如墓葬的方向、葬式和随葬品都较为固定，男性墓葬随葬石铲、石镰、石斧等，女性墓随葬石磨盘、磨棒、骨针，表明社会生产活动有一定的男女分工。农业的产生是人类社会进化的一场伟大革命。在漯河贾湖遗址发现了人工培植的水稻。在郑州沙窝李遗址第二层距地表 0.5 米深处，发现了一片分布密集的炭化颗粒，分布面积约 0.8～1.5 平方米，经确认是裴李岗文化时期的粟遗存。粟稻混合区的形成是中国历史上第一次南北方文化和生产技术交流的重要成果。随着农业的发展，家畜饲养业也在裴李岗文化时期普遍存在。各遗址内发现有猪、狗、牛、羊等动物遗骸。

裴李岗文化时期的先民精神文化亦十分丰富。如裴李岗遗址中出土一些陶塑艺术品，有陶猪、陶狗、陶羊、陶老人头像，栩栩如生，生动质朴。贾湖先民还懂得音律。在贾湖遗址男性墓葬中随葬有骨笛，例如 1987 年在 M282 的墓主人左大腿一侧摆放两支七孔骨笛，在 2011M521 墓中随葬有二孔骨笛一支[②]，2013M68 在墓主人盆骨以下两股骨之间发现骨笛两支，2013M87 在墓主人南侧发现骨笛一支[③]等。迄今为止，贾湖骨笛已经出土 45 支有余，其中有二孔、五孔、六孔、七孔、八孔等，是中国出土的年代最早的乐器实物。裴李岗文化先民可能还会卜算，贾湖遗址较大墓葬常见的组合形式是随葬装有石子的龟甲、骨龟形器、骨笛等特殊器物，有的龟甲还刻有类似文字的符号，石子具有定数，可能属于八卦范畴。[④] 例如在舞阳贾湖遗址发现男性墓葬中随葬有龟甲，例如在贾湖遗址 2013M87 墓中的人

---

① 秦存誉：《河南史前文化谱系与文明化进程》，《中国社会科学报》2023 年 6 月 28 日，第 7 版。

② 中国科学技术大学科技史与科技考古系、河南省文物考古研究所、舞阳县博物馆：《河南舞阳贾湖遗址 2001 年春发掘简报》，《华夏考古》2002 年第 2 期。

③ 河南省文物考古研究院、中国科学技术大学科技史与科技考古系、舞阳县博物馆：《河南舞阳县贾湖遗址 2013 年发掘简报》，《考古》2017 年第 12 期。

④ 韩建业：《裴李岗时代与中国文明起源》，《江汉考古》2021 年第 1 期。

骨南侧发现有龟甲 3 副、骨笛和骨叉形器各 1 支。①

总之，裴李岗文化无论从聚落布局、墓地制度、出土的器物组合、形制特征都显示出其内部的高度一致性，第一次在时空框架上展现了早期中原文化的凝聚力。裴李岗文化的对外扩张使得它实现了不同地域、不同文化之间的交流与融合。在老官台遗址、武安磁山②、临潼白家村③、泗洪顺山集④、宜都城背溪⑤、彭头山等同期的考古遗址中都发现有裴李岗文化的因素。裴李岗文化早期主要进行南北方向的交流，到了晚期，转向东西方向的文化交流。⑥ 裴李岗文化早期呈现出南北并行发展的趋势。在北方地区，裴李岗文化深入影响了豫北冀南地区的磁山文化，例如磁山遗址发现的裴李岗时期的典型小口双耳壶。在南方地区也可以找到典型的裴李岗文化因素的双耳壶，例如洞庭湖流域的彭头山文化、江苏泗洪顺山集、安徽蚌埠双墩文化等。其中双墩遗址发现的许多陶器底部还有刻画符号，例如“井”“亚”“十”等字形的符号，可能表示四方五位、八方九宫等“天地定位”思想。⑦ 裴李岗文化早期晚段，又深入关中地区，深刻地影响老官台文化、白家文化等。在临潼白家庄遗址中发现大量的三足钵，部分精美的钵内有一些彩绘符号；在白家、秦安大地湾遗址有“族葬”的习俗等，这应该都是受到了裴李岗文化的影响。裴李岗文化晚期，向西传播到关中西部和陇东地区，裴李岗文化因素的假圈足和壶见于大地湾遗址。⑧ 同时，裴李岗文化还向东拓展，后李文化中发现的极少的小口壶、侈口矮圈足罐、侈口粗颈罐、长颈壶应该与其密切相关。至此，初步形成以裴李岗文化为核心，辐射黄河中下游和长江中下游的“早期中国文化圈”的雏形。

---

① 河南省文物考古研究院、中国科学技术大学科技史与科技考古系、舞阳县博物馆：《河南舞阳县贾湖遗址 2013 年发掘简报》，《考古》2017 年第 12 期。

② 河北省文物管理处、邯郸市文物保管所：《河北武安磁山遗址》，《考古学报》1981 年第 3 期。

③ 中国社会科学院考古研究所编著《临潼白家村》，巴蜀书社，1994，第 103~106 页。

④ 南京博物院考古研究所、泗洪县博物馆：《江苏泗洪顺山集新石器时代遗址发掘报告》，《考古学报》2014 年第 4 期。

⑤ 湖北省文物考古研究所：《宜都城背溪》，文物出版社，2001，第 282 页。

⑥ 蔡金英：《裴李岗文化：中国文明的奠基》，科学出版社，2022，第 145~170 页。

⑦ 韩建业：《裴李岗时代与中国文明起源》，《江汉考古》2021 年第 1 期。

⑧ 余西云：《裴李岗时代奠定中华文明根基》，《中国社会科学报》2022 年 9 月 23 日，第 5 版。

三　新石器时代晚期——文明融创期（公元前 5000~前 3000 年）

此阶段中原地区属于仰韶文化时期，称为“仰韶时代”，中原文化区开始形成。仰韶文化的类型有多种不同的划分方法，本部分拟采用石兴邦先生的观点，将仰韶文化划分为 4 个地区（关中晋南豫西、豫中、豫北冀南、豫西南鄂西北），8 个类型（半坡、史家、庙底沟、西王村、秦王寨、下王岗、后岗、大司空村）。[①] 仰韶文化是遗址数量最多的史前文化，目前已发现五六千处遗址，涉及河南、陕西、山西、河北、甘肃、青海、湖北、宁夏、内蒙古、四川等 10 余个省份。仰韶文化早期，中原地区的新石器时代文化是全国最发达的。仰韶文化早中期彩陶影响范围东到海岱文化区、西达黄河上游湟水流域、南抵江汉和洞庭湖文化区，北越长城到河套地区。[②] 同期的海岱地区兴起北辛文化和大汶口早中期文化，鄂西地区有大溪文化，辽西地区兴起赵宝沟文化和红山文化。其他地区则相对沉寂。

仰韶文化早期的中小型聚落普遍为向心式结构，聚落外围有城壕防御，内部有一定的功能分区[③]，例如西水坡遗址。仰韶文化庙底沟期进入繁荣期，同期长江下游地区进入同样的态势。[④] 庙底沟类型向西扩张使得关中和甘肃东部由史家类型发展成为泉护类型，如陕西华县泉护一期、甘肃秦安大地湾第三期等，其花瓣纹、鸟纹彩陶和双唇口小口尖底瓶等典型因素和庙底沟类型几乎一致，只有鼎小部分相异。[⑤] 庙底沟类型向北扩展使得红山文化陶器上出现了结合鳞纹和玫瑰花的彩陶纹样，苏秉琦先生称之为“华山玫瑰燕山龙”。

公元前 3500~公元前 3000 年，仰韶文化呈现出松散的状态。一方面仰韶文化在整个史前文化大格局中，对外发挥强劲影响力的势头已经不复存在，各地开始形成大、中、小型的显著的多层级聚落遗址，社会高度复杂化。另一方面，仰韶文化内部庙底沟时期的那种高度统一的格局也发生了

① 中国大百科全书出版社编辑部编《中国大百科全书·考古学》，中国大百科全书出版社，1986，第 596 页。

② 吴耀利：《中原文明的起源与形成》，《中原文物》2001 年第 4 期。

③ 秦存誉：《河南史前文化谱系与文明化进程》，《中国社会科学报》2023 年 6 月 28 日，第 7 版。

④ 赵辉：《中国的史前基础——再论以中原为中心的历史趋势》，《文物》2006 年第 8 期。

⑤ 韩建业：《早期中国：中国文化圈的形成和发展》，上海古籍出版社，2015，第 86~87 页。

很大的变化，各地文化的不平衡性开始凸显出来，逐步走向独立。[①] 在仰韶文化核心区的渭水中下游谷底和豫西地区，聚落数量增长的速度变缓甚至减少，社会发展逐步稳定。例如豫西地区的大型聚落遗址有灵宝西坡遗址、北阳平遗址等。环嵩山地区出现了都邑性聚落，如双槐树遗址，它的周围分布有拱卫性质的城址和环壕聚落，如郑州大河村[②]、郑州西山古城[③]、荥阳点军台[④]等。同时，随着社会阶层分化开始产生贫富差距，中原地区的社会结构开始分化。例如房屋建筑从仰韶文化早期的半地穴式建筑向心布局向多间排房和多间套房转变，在郑州大河村发现有多间套房、淅川下王岗和邓州八里岗发现多间排房。[⑤] 在陕西北部、河套地区以及燕山以北，可能面临资源紧缺，聚落之间的矛盾不断升级，先民们在地势险要的地带修建高耸的大型城墙，作为防御的屏障，例如石峁古城。渭水上游至陇东地区，社会持续向前发展，出现了大型的中心聚落，例如秦安大地湾。但是，早期的仰韶文化发展到更西的洮河流域，反而从仰韶文化中分离出来了，独立发展出了马家窑文化。东北部的红山文化出现大型祭坛和神庙，开始超过中原地区。东南部的良渚文化也出现大型祭坛和聚落，并开始经淮北西进中原地区。南部的屈家岭文化开始北进，分布到南阳盆地。周边地区的先进文化因素汇聚中原，形成一种“重瓣花朵式的结构”[⑥]。

整体而言，仰韶文化晚期中原地区的农业、畜牧业、手工业都达到成熟阶段[⑦]，聚落内部产生了明显的社会等级化和层级化，出现了双槐树为代表的大型聚落遗址。但是同一时期，在黄土高原、辽西、江浙等地区出现了南佐、红山、良渚等古国文明。[⑧] 而中原地区则还没有出现大型城址、高等级墓葬、大型祭祀遗迹和礼仪器物[⑨]，双槐树聚落内部很难看出高等级贵

---

① 赵辉：《中国的史前基础——再论以中原为中心的历史趋势》，《文物》2006年第8期。

② 郑州市博物馆：《郑州大河村遗址发掘报告》，《考古学报》1979年第3期。

③ 国家文物局考古领队培训班：《郑州西山仰韶时代城址的发掘》，《文物》1999年第7期。

④ 郑州市博物馆：《荥阳点军台遗址1980年发掘报告》，《中原文物》1982年第4期。

⑤ 吴耀利：《中原文明的起源与形成》，《中原文物》2001年第4期。

⑥ 严文明：《中国史前文化的统一性和多样性》，《文物》1987年第3期。严文明：《中国文明起源的探索》，《中原文物》1996年第1期。严文明：《长江流域在中国文明的起源中的地位和作用》，《农业发生与文明起源》，科学出版社，2000，第96~97页。

⑦ 秦存誉：《河南史前文化谱系与文明化进程》，《中国社会科学报》2023年6月28日，第7版。

⑧ 秦存誉：《河南史前文化谱系与文明化进程》，《中国社会科学报》2023年6月28日，第7版。

⑨ 秦存誉：《河南史前文化谱系与文明化进程》，《中国社会科学报》2023年6月28日，第7版。

族和普通人之间的差异，表明中原地区可能还不能称为“古国文明”，但是该地区已经出现了城址、环壕、发达的农业、手工业、牙雕家蚕、丝织品等，表明其应属于国家文明的前夜。

四　新石器时代末期——文明形成期（公元前3000~前2000年）

龙山时代在中原地区形成了几支亲缘性很强的地方文化，分别是关中地区的客省庄二期文化、晋南地区的陶寺文化、豫西地区的王湾三期文化、豫北冀南的后岗二期文化、豫东地区的造律台文化，它们统称为“中原龙山文化”。这个文化体的周边，环绕分布有山东龙山文化、湖北石家河文化等地方文化，再向外，分布有浙江良渚文化等。至此，以中原为中心的考古学文化真正形成。

龙山时代早期，庙底沟二期文化在中原地区形成了一个以鼎、斝、釜为特征的巨大统一面。庙底沟二期以来，中原地区聚落内部的分层化程度较低，社会主要矛盾来自与外部的周边社群之间的利益冲突。在山东地区，大型遗址常常是聚落群的中心，而且在它们的外围常常修建有城垣一类的防御设施，延续的时间也较长。例如山东丹土城址始建于大汶口文化晚期，经历了龙山文化早中期两次扩建，表明其经过长时间的发展、壮大形成大型的聚落遗址。但是在中原地区，很多城垣聚落的位置并非在聚落群的中央，甚至有些大型聚落没有城垣设施。并且中原地区发现的几座城址使用时间也比较短，看不出有扩建现象，表明权力中心经常发生转移。[①] 江浙地区良渚文化进入中晚期，其具有浓郁宗教色彩的玉器逐渐衰落并消失。江汉地区屈家岭文化进入中晚期，出现城头山城址和专门的手工业生产。北部河套地区出现了石砌城址。文明因素出现在全国各地。

龙山文化晚期，中原文化区至少出现了三个相对独立的考古学文化，即陶寺文化、河南龙山文化、客省庄二期文化。中原核心区普遍出现城址多元文化交汇融合的中心城市，例如陶寺、石峁、登封王城岗、新密古城寨、淮阳平粮台、禹州瓦店、洛宁西王村等。例如陶寺和石峁古城中出现了来源广泛的不同形制的玉器和石雕。禹州瓦店遗址的陶器、玉器和稳定同位素证据表明此时出现了多个不同文化、饮食传统的人群杂居。河南地

① 赵辉、魏峻：《中国新时期时代城址的发现和研究》，《古代文明》第1卷，2002，第1~34页。

区以王湾三期文化为主的考古学文化发展出更为先进的二里头文化，展现了中原文化的强大生命力。海岱地区出现了龙山文化，虽然也出现了较多城址，但是在中晚期呈现出衰落迹象，其后的岳石文化明显不如龙山文化。江汉地区和洞庭湖地区的屈家岭文化发展成石家河文化，发现的石家河古城、城河古城等多座城址在石家河文化之后也迅速衰落。华南地区也出现了石峡文化、昙石山文化等具有当地特色的新石器时代考古学文化。综观整个中华大地，中原地区在中国文明化进程中始终走在前列，奠定了中华文化的根基。

第四节 中原文明与周边区域文明的交流研究

"中原"一词，最初为原野之意，至迟在春秋时始用作地域之名，今天考古学意义上之"中原"，泛指黄河中下游地区，即以河南为中心，兼及山东、河北、山西、陕西、安徽、江苏等省的部分地区。文明，是人类社会发展到一定阶段的产物。中华文明探源工程在反驳柴尔德进入文明社会的标准三要素的基础上，提出了一套适合中国实际发展情况的进入文明社会的标准：一是生产力获得发展，出现社会分工；二是出现明显的阶级分化；三是出现都邑性城市及明显的城乡分化；四是出现稳定的区域性政体——国家。[①] 按此标准，中华文明距今 10000 年奠基，8000 年起源，6000 年加速，5000 多年进入，4300 年中原崛起，4000 年王朝建立，3000 年王权巩固，2200 年统一多民族国家形成[②]。中原地区是中华文明形成和发展的中心，是中华文明起源和多元一体格局形成研究的关键区域，在中华文明五千年历史长河中长期居于政治、经济、文化的核心地位。[③] 在中华文明多元一体起源、形成、发展进程中，唯有中原地区考古学文化从未间断，呈现鲜明的连续性特点。也正因为如此，其未曾中断的文化传承及其长期发展积累的文化因素才可辐射四周，并在与周边区域的文化交流中长期扮演中心者的角色。

---

① 王巍：《中华 5000 多年文明的考古实证》，《求是》2020 年第 2 期。

② 王巍：《中华文明探源研究主要成果及启示》，《求是》2022 年第 14 期。

③ 张体义：《河南考古谱写中华文明探源新篇章》，《河南日报》2022 年 11 月 10 日，第 1 版。

一　裴李岗时代——“早期中国文化圈”雏形

“裴李岗时代”概念最早由栾丰实提出①，通常指距今9000~7000年的新石器时代中期阶段。在这一时期的中国大地上，各地区间的文化交流与互动初现端倪，“早期中国”开始萌芽。

裴李岗文化以豫中嵩山地区为中心，东到豫东杞县、项城地区，西到三门峡，南抵信阳，北达豫北安阳，重要遗址有新郑裴李岗、莪沟北岗、舞阳贾湖、新郑唐户等。其基本器物组合有锯齿刃石镰、鞋底形磨盘、长舌形石铲、小口双耳壶、三足及圜底平底钵、筒形深腹罐等。裴李岗文化的诸多成就表明其已经出现了一些非凡的经济技术和文明因素。舞阳贾湖遗址原始栽培稻实物为我国北方最早的人工栽培稻之一；猪骨和祭祀用狗说明当时已经出现东亚最早的家畜；渔网与集中捕捞印证了水产业的初期形态；米酒和丝类残留物为最早的酒精饮料及可能存在的制丝工艺提供证据；锲刻符号是汉字起源的重要材料；随葬成组龟甲与龟鳖奠基成为原始宗教的物化证据；绿松石瞑目类遗存为玉殓葬的滥觞；最早的随葬鼎罐壶组合为东亚礼制的萌芽；二至七孔骨笛是世界最早的成批管乐器，堪称史前音乐史奇迹。西平谢老庄遗址则发现了年代最早的水井。②

裴李岗文化的发展水平明显高于周边同期诸考古学文化，并对周边地区考古学文化的发展产生了深远影响。裴李岗文化的对外交流与扩张，使得中原地区与渭河、汉水上游地区、黄河中游以北地区及海岱地区第一次产生紧密联系，其文化因素甚至远播至长江中游、淮河中游等地区。如此广域的文化交流，促成了“早期中国文化圈”雏形的出现，并为中华文明的起源和早期发展奠定坚实的基础。

裴李岗文化时期，中原周边地区分布着若干考古学文化。西有分布于泾渭流域的老官台文化，北有分布于豫北冀南地区的磁山文化，东有分布于海岱地区的后李文化等。

1. *西方泾渭流域*

老官台文化早期的圜底钵、三足钵、圈足钵、深腹罐等主要陶器都可

---

① 栾丰实：《试论仰韶时代东方与中原的关系》，《考古》1996年第4期。

② 魏兴涛：《寻根追流：把中国文明历史研究引向深入》，《光明日报》2022年8月26日，第6版。

在裴李岗文化中找到原型，前者的锯齿形蚌镰或骨镰与后者的石镰也存在明显联系；两者均以简陋的半地穴式窝棚为居室，均流行仰身直肢葬且都有合葬墓及瓮棺葬，并也都存在随葬獐牙和猪下颌骨的习俗。两者之间存在如此之多的共性，表明两者之间的联系与交流非常密切，鉴于裴李岗文化的起始年代较老官台文化要早数百年，因而我们有理由相信老官台文化可能为裴李岗文化向西扩张并与土著文化融合的产物。[①]

2. 北方豫北冀南地区

磁山文化除富有自身特色的夹砂绳纹盂、支脚等陶器外，还有相当数量流行于裴李岗文化的泥质素面三足钵、圜底钵、小口双耳壶、深腹罐等器物，且其数量及比例在磁山文化中从早到晚皆呈现出明显增加的趋势，显示出裴李岗文化对磁山文化的巨大影响。[②] 不过，这一因素始终未占主流，磁山文化依旧是富有独特文化特色的一支考古学文化。

3. 东部海岱地区

海岱地区在裴李岗时代存在的主要考古学文化为后李文化，其早、晚两期分别与裴李岗文化中、晚期大体相当。后李文化遗址中出土的小口壶、侈口矮圈足罐、乳足钵、侈口粗颈罐、长颈壶等器物显然是受裴李岗文化影响的产物，不过其数量及占比都较低。[③] 这表明，在新石器时代中期，两者之间已经有了一定程度上的文化交流活动，并且以裴李岗文化对后李文化的影响为主。值得注意的是，在后李文化继承者北辛文化中，出现双耳平底壶、三足壶、三足钵、圜底或平底钵等裴李岗文化的典型陶器，栾丰实指出："裴李岗文化是汶泗流域北辛文化的主要来源之一。"[④] 韩建业认为，正是裴李岗文化部分人群的东向迁徙，促成了后李文化向北辛文化的转变。[⑤]

4. 南方江淮地区

此一时期，裴李岗文化越过淮河、长江，与南方彭头山文化、城背溪

---

① 韩建业：《裴李岗文化的迁徙影响与早期中国文化圈的雏形》，《中原文物》2009 年第 2 期。

② 韩建业：《裴李岗文化的迁徙影响与早期中国文化圈的雏形》，《中原文物》2009 年第 2 期。

③ 靳松安：《河洛与海岱地区考古学文化的交流与融合》，郑州大学博士学位论文，2005，第 121～123 页。

④ 栾丰实：《北辛文化研究》，《考古学报》1998 年第 3 期。

⑤ 韩建业：《裴李岗文化的迁徙影响与早期中国文化圈的雏形》，《中原文物》2009 年第 2 期。

文化、双墩文化、顺山集文化也进行了一定程度的文化交流。在湖南澧县彭头山、湖北宜都城背溪、安徽蚌埠双墩、江苏泗洪顺山集等遗址中能见到双耳壶、圜底及平底钵、深腹罐等裴李岗文化因素陶器，反映出裴李岗文化因素已远播至长江中游、淮河中游等地区。[①]

二　仰韶时代——“早期中国”步入文明

“仰韶时代”概念最早由张忠培提出[②]，通常指距今7000~5000年前的新石器时代晚期。仰韶文化是我国分布范围最广的史前考古学文化，以中原地区为中心，并在甘肃、湖北、河北、内蒙古邻近中原的边缘地区有所发现。这一时期农业成熟，“北粟南稻”格局继续深化；人口集中，早期城市出现；建筑技术进步，出现版筑技术及建筑面积达数百平方米的特大型房址；艺术发展，出现形象多样的彩陶装饰；社会分化，特权阶层及都邑性中心聚落出现。这些因素都表明，中原地区文明化进程取得重大进展，“早期中国”步入文明社会。

仰韶文化时期，中原与周边区域的文化交流与互动持续进行，仰韶文化的发展水平明显高于其他地区，对周邻文化有着极其强烈的辐射与影响。其中与海岱地区的北辛文化及大汶口文化、长江中游的大溪文化及屈家岭文化、长江下游的崧泽、薛家岗文化、北方地区的红山文化之间的联系最为密切和频繁。

1. 东方海岱地区

仰韶时代，中原大部分时间在对海岱地区的文化交流中占据主位，而在晚期阶段则有所式微。仰韶文化早期，来自仰韶文化半坡、北首岭及后岗类型的儿童瓮棺葬、蒜头细颈壶、小头球腹壶、大口圜底缸等文化因素见于北辛文化的多处遗址中。在仰韶文化早期的石固、后岗和东庄类型中，也发现有少量源自北辛文化的因素，如三足釜、圜底釜形盆、釜形鼎和圆腹罐形鼎等。仰韶文化中期，海岱地区由北辛文化发展为大汶口文化，此一时期两地区之间的文化交流与影响较之前明显加强。大汶口文化王因和

---

① 河南省文物考古研究院：《中原与周边——中华文明的融合与发展》，《中国文物报》2022年12月30日，第6~7版。

② 张忠培：《仰韶时代——史前社会的繁荣与向文明时代的转变》，《文物季刊》1997年第1期。

刘林两类型中的敛口彩陶钵、卷沿曲腹彩陶（素面）盆、矮领折肩罐、束腰器座、碗等陶器器型明显源自仰韶文化阎村、庙底沟类型，彩陶装饰艺术也是在吸收豫中仰韶文化的基础上发展而起的。仰韶文化晚期，随着大汶口文化的崛起及仰韶文化的分化，海岱地区此时期来自仰韶文化的影响较前一时期明显减弱，仰韶文化因素仅在鲁中南大汶口类型和苏北花厅类型的个别遗址有所发现，主要为夹砂陶罐和网纹彩陶罐两类器物。相反的是，东方大汶口文化因素在中原地区的豫东、豫中、豫西乃至关中等地区大量出现，最具代表性的即为大汶口文化的特有器类——背壶。[①]

2. 南方长江中游地区

仰韶文化早期，中原与长江中游地区的文化交流还较少，中期以后，两地的交流渐多。从整体上看，更多的是仰韶文化因素的南下，间杂大溪文化因素的北上。如在大溪文化遗址中发现的白衣彩陶和圆点勾叶纹、花瓣纹、鸟纹、垂帐纹、叶形纹、弧边三角纹彩陶纹饰，陶器中所见的双唇小口尖底瓶、缸、圜底釜、红顶钵等，都应是仰韶文化南下的产物。[②] 而仰韶文化中，则仅见有三乳足折腹小鼎、觚形杯、折腹碗等大溪文化因素。仰韶晚期，江汉地区的屈家岭文化开始北渐，一路往西北进入伊洛盆地，如孟津妯娌等遗址所发现的双腹器造型；一路向东北进入郑州平原，如郑州西山所见之尊形杯等。并在前两路的基础之上远播至晋南，如垣曲上亳仰韶晚期遗存中的双腹豆、圈足杯及斜腹杯等。[③]

3. 东南方长江下游地区

仰韶时期，长江下游地区的考古学文化群星荟萃，河姆渡、马家浜、崧泽、薛家岗、北阴阳营等文化或共存，或前后相继，并最终熔铸形成分布于整个长江下游地区的“崧泽文化圈”。[④] 此一时期，仰韶文化于此地的诸考古学文化交流较少，主要以其彩陶装饰技法影响此地，如崧泽、薛家岗文化中所见的施红彩、白衣黑彩等装饰技法。

---

① 靳松安：《河洛与海岱地区考古学文化的交流与融合》，郑州大学博士学位论文，2005，第123~142页。

② 河南省文物考古研究院：《中原与周边——中华文明的融合与发展》，《中国文物报》2022年12月30日，第6~7版。

③ 单思伟：《屈家岭文化研究》，武汉大学博士学位论文，2018，第254~258页。

④ 仲召兵：《长江下游地区崧泽文化圈的形成》，《东方考古》（第11集），科学出版社，2014，第61~82页。

4. 北方地区

北方地区，此处主要指辽西、辽东及内蒙古东南等地。此一时期主要的考古学文化有赵宝沟、富河和红山文化，在前两者文化时期中原与北方地区的文化交流还不显著，直至仰韶文化中晚期，其后岗类型中的圜底釜、鼎及彩陶装饰技法才为红山文化所吸收、借鉴。[①]

三　龙山时代——成熟国家前夜

“龙山时代”概念最早由严文明先生提出[②]，一般指距今5000~4000年前的新石器时代末期。这一时期，中原地区城邦林立，城围设施大量出现。人口激增，多层级聚落结构爆发式增长。资源争夺愈日激烈，城墙、壕沟及箭镞等军事设施及武器大量出现。这些现象显示出中原地区社会分化加剧，早期阶段的考古学文化裂变成诸多区域性考古学文化。生存的压力和竞争的常态使得社会各种资源逐渐“集团化”，产生了一个个以大型聚落或城址为核心的区域性群体，正对应着中原龙山时代晚期不同的考古学文化。每个“集团”中的核心城址汇聚了最为先进的技术、思想和“政体精英”，拥有凌驾于普通人群之上的特权，引领着区域社会的发展。不同文化、不同“集团”之间的频繁交流和激烈竞争，使得中原龙山晚期文化群在消化内部矛盾的同时趋同性更强，形成了一个庞杂的文化复合体。龙山时代晚期阶段中原地区是社会大变革和群雄并起阶段，经过数百年的积淀和发展，中原龙山时代在“邦国”的末期或许已经迈进了“成熟国家”的门槛。[③]

龙山时代早期，中原地区文化类型由仰韶文化发展演化为大河村五期文化、庙底沟二期文化及孟庄龙山早期文化等；龙山晚期的文化类型则主要演变为王湾三期文化、后岗二期文化、三里桥二期文化、陶寺文化及造律台文化。

1. 东方海岱地区

龙山时代早期，大汶口文化强势西进，并在鲁西南、皖西北及豫东地区形成了一个新的地方类型——尉迟寺类型。与此相适应的是，中原地区

---

① 刘国祥：《红山文化研究》，中国社会科学院研究生院博士学位论文，2015，第690~691页。

② 严文明：《龙山文化和龙山时代》，《文物》1981年第6期。

③ 河南省文物考古研究院：《中原与周边——中华文明的融合与发展》，《中国文物报》2022年12月30日，第6~7版。

的大河村五期文化、庙底沟二期文化及孟庄龙山早期文化中存在大量来自东方海岱地区的文化因素：如长颈壶、袋足鬶、觚形杯、高柄杯、背壶、大口筒形尖底缸等。龙山时代晚期阶段，中原龙山文化重新掌握交流的主动权，新生的造律台文化取代尉迟寺类型，从而使豫东地区重新回归中原文化势力范围。此外，在对外辐射的同时，中原地区文化也积极对来自东方的龙山文化因素进行吸收，如后岗二期文化和造律台文化中出现的袋足鬶、子母口器、筒形杯等陶器。①

2. 南方长江中游地区

龙山时代，中原与南方的交流连接颇为紧密，并且这种交流随着时间的推移而逐渐确立起中原对南方文化的绝对优势地位。早期，屈家岭—石家河文化北进，将豫南地区纳入江汉文化系统的势力范围。晚期之时，以王湾三期文化为主的中原龙山文化大举向南扩张，代替原来的石家河文化，从而在豫南、湖北地区形成了同属于中原文化系统的文化遗存，这很可能就是“禹征三苗”历史事件的考古学表现，自此以后，南方地区开启了融入中原文明一体化的进程，成为多元一体的中华文明的重要组成部分。②

3. 北方地区

此一时期，中原诸文化因素深入晋南、晋中，并在远至晋北、陕北地区，于陶寺文化、杏花文化及石峁文化中皆可见到。陶寺文化的深腹斝、罐形斝等深受客省庄二期文化的影响；后岗二期文化中所见之单耳杯、附双耳折腹盆、罐形斝等器物也与陶寺文化同类器物近似。③ 不过，值得注意的是，此一地区始终以本地文化为主，受中原诸文化影响程度有限，并且主要是以本地文化对中原文化的影响为主，这一现象与其他地区显然有别，应与当地文化的强盛有关。此外，北方地区也偶见来自南方的文化因素，如石峁文化所见之虎头、鹰笄及后石家河文化所见之牙璋，这些器物显然是经中原中转而互相连接交流的，不过这一交流则仅局限于社会上层，与

---

① 靳松安：《河洛与海岱地区考古学文化的交流与融合》，郑州大学博士学位论文，2005，第142~162页。

② 陈晖：《龙山时代晚期至二里冈时期中原文化向南方的扩张研究》，武汉大学博士学位论文，2019，第365~375页。

③ 李世伟：《后岗二期文化与周邻文化关系及相关问题研究》，郑州大学硕士学位论文，2016，第33~40页。

陶器等器物的大众交流完全不同。[①]

第五节　夏文化研究

夏，作为中国历史记载中的第一个广域王权国家，其在中华文明形成过程中所发挥的关键作用毋庸置疑。对夏文化的研究始于 20 世纪 20 年代的疑古思潮，不过此时的研究方法并不系统全面。在此之后，夏文化的研究经历了五个关键节点：一是 1959 年徐旭生的豫西调查，发现二里头遗址；二是 1977 年登封告成遗址发掘现场会的召开；三是 1983 年偃师商城的发现；四是 1996~2000 年的夏商周断代工程；五是 2001 年至今所启动的中华文明探源工程以及“考古中国·夏文化研究”项目。前文已对夏文化的探索与研究历程有所述及，故而本节将主要阐述中华文明探源工程实施之后的有关夏文化的研究内容。

一　田野发现与相关研究

1. 登封王城岗遗址

王城岗遗址位于河南省登封市告成镇八方村东部，东临五渡河，南靠颍河。该遗址发现于 1951 年，之后又有多次调查发掘，先后发现有两座东西相邻的龙山文化晚期城址。2002~2005 年“中华文明探源工程”专题组在此展开调查、钻探和发掘工作，新发现一座面积达 34.8 万平方米的带护城壕的龙山文化晚期城址，在大城内，发现大面积的夯土遗迹和龙山文化晚期的祭祀坑、玉石琮、白陶器等重要遗存。根据城壕与城墙的打破关系可知，大城晚于小城而建。^{14}C 测年结果显示，小城的绝对年代在公元前 2130~前 2055 年，大城的绝对年代在公元前 2110~前 2020 年[②]。

王城岗遗址所在的地理位置恰好处于文献所载的夏人活动区域之中[③]，

① 邵晶：《论石峁文化与后石家河文化的远程交流——从牙璋、鹰笄、虎头等玉器说起》，《中原文物》2021 年第 3 期。

② 李伯谦：《序》，北京大学考古文博学院、河南省文物考古研究所：《登封王城岗考古发现与研究（2002~2005）》，大象出版社，2007。

③ 关于夏人主要的活动地域，文献所载主要有两处：一为河南西部的颍水上游和洛阳附近的伊河、洛河下游地区，二为山西南部的汾河下游与涑水流域。

其时间跨度也与夏王朝早期有所重合，因而学界多从发掘者之意见，认为大城为“禹都阳城”所在，而其东北两小城则很可能与“鲧作城”有关。[①]据此，夏文化研究找到了一个起始点。

2. 新密新砦遗址

新砦遗址位于河南省新密市刘寨镇新砦村。新砦遗址是一处设有外壕、城壕和内壕共三重防御设施、中心区建有大型建筑的大型城址，城址平面基本呈方形，现存东、北、西三面城墙及贴近城墙下部的护城河，整个城址总面积逾100万平方米，为河南省迄今发现的面积最大的一处龙山文化城址。新砦遗址主体遗存可分为三期六段，一期为王湾三期文化，二期为新砦期遗存，三期为二里头文化早期。以新砦遗址第二期遗存为代表的“新砦期”，填补了河南龙山文化与二里头文化之间的缺环。新砦遗址的发现发掘，对于探索夏文化始年、夏文明诞生、早期夏文化的聚落形态和社会组织结构以及夏文化源流等一系列学术问题具有重要的意义。[②]

关于新砦遗址之性质，学界大多认为其为夏代早期的一座都邑性城市，一些学者则更明确提出新砦城址为“夏启之居”“启居黄台”“启居阳翟”“少康夏邑”。[③] 也有少数学者认为其并不为都邑，而仅为一座“台城”式环壕聚落。[④]

---

① 关于王城岗性质的探讨，由于在未发现大城时的探讨存在相当的局限性，且讨论时间偏早，故而在本文中将不予讨论。方燕明：《登封王城岗城址的年代及相关问题探讨》，《考古》2006年第9期。北京大学考古文博学院、河南省文物考古研究所：《登封王城岗考古发现与研究（2002~2005）》，大象出版社，2007。除上述观点外，学界也有少数人持有不同意见，如：杨肇清《略论登封王城岗遗址大城与小城的关系及其性质》，《中原文物》2005年第2期，此文认为大、小城同时，大城为禹都阳城，小城为宗庙遗迹；马世之《五帝时代的城址与中原早期文明》，《中州学刊》2006年第3期，此文认为王城岗城址的始建年代稍早于禹，可能就是禹父夏鲧之城，后来成为禹都阳城；程平山《登封王城岗遗址形制分析》，《考古与文物》2009年第5期，此文认为王城岗小城与大城是不同时代、不同性质的建筑，小城属于村落形制的小城堡，大城为鲧都阳城。

② 《河南新密新砦遗址考古取得重要收获》，《中国社会科学报》2004年3月25日，第1版。

③ 赵春青：《新密新砦城址与夏启之居》，《中原文物》2004年第3期。许顺湛：《寻找夏启之居》，《中原文物》2004年第4期。井中伟、王立新：《夏商周考古学》，科学出版社，2020，第69页。顾万发：《“启居黄台之丘”及相关问题考证》，《东南文化》2004年第6期。马世之：《新砦城址与启都夏邑问题探索》，《考古与文物》2007年第3期。李龙：《新砦城址的聚落性质探析》，《中州学刊》2013年第6期。庞小霞：《试论新砦文化》，郑州大学硕士学位论文，2004，第28页。杨建敏：《新砦城址是夏代早期都城》，《中国古都研究》（第二十一辑），三秦出版社，2004，第120~129页。

④ 周书灿：《再论新砦遗址的性质与功能》，《中州学刊》2018年第10期。

关于新砦遗存文化归属及性质判定之问题，学界看法仍未完全统一。主要可分为两大派。一派认为其属于夏文化，是王湾三期文化向二里头文化发展的过渡类型，这也是学界主流认识，但在具体观点上又可分为多种。例如，邹衡先生等主张新砦期遗存应纳入二里头文化范畴，属于早期夏文化。① 李伯谦先生等认为新砦期遗存是“后羿代夏”时期形成的以河南龙山文化系统因素为主又融合有东方山东龙山文化因素的“夏文化”。② 张国硕先生等认为新砦二期遗存为最早的夏文化遗存，对应夏启时期。③

另一派则对其来源及可否归属夏文化提出异议。例如，魏继印认为新砦遗存是一种新的考古学文化，是二里头文化的前身，但他并不认为王湾三期文化为新砦文化的前身，“新砦文化的形成是豫东地区的造律台文化吸收了少量豫北、豫南等地龙山文化因素，西进对豫中地区煤山类型王湾三期文化的取代并吸收了其部分因素而形成的”④。张忠培则直接否认新砦遗存为二里头文化的前身。⑤

3. 郑州大师姑遗址

大师姑遗址位于郑州市西北郊，荥阳市广武镇大师姑村和杨寨村南地。2002~2003 年发掘发现一处二里头文化时期城址，索河河道将城址分为东西两部分，城址由城垣和壕沟组成，已发现南墙西段、西墙北段和北墙西段，城壕与城垣平行，除北壕西段因索河河道间隔和城址西南角暂未发现外，其余地段均已封闭。整个城址的形状呈东西长、南北窄的扁长方形，总面积约 51 万平方米。城内发现有二里头文化时期的地面式建筑和墓葬等遗迹，根据层位关系和出土遗物可知，该城始建于二里头文化二期偏晚，废弃于二里头文化四期偏晚和二里岗下层偏晚阶段之间，此后在大师姑夏代城址外侧还发现有早商时期的大型环壕，但这已是另一种性质的使用了。⑥

---

① 邹衡：《综述夏商四都之年代和性质》，《殷都学刊》1988 年第 1 期。邹衡：《二里头文化的首与尾》，《二里头遗址与二里头文化研究》，科学出版社，2006，第 319~320 页。庞小霞、高江涛：《关于新砦期遗存研究的几个问题》，《华夏考古》2008 年第 1 期。

② 李伯谦：《前言》，北京大学震旦古代文明研究中心、郑州市文物考古研究院编著《新密新砦——1999~2000 年田野考古发掘报告》，文物出版社，2008。

③ 张国硕：《夏纪年与夏文化遗存刍议》，《中国文物报》2001 年 6 月 20 日，第 7 版。

④ 魏继印：《论新砦文化的源流及性质》，《考古报告》2018 年第 1 期。魏继印：《早期夏文化和夏初历史》，《中原文化研究》2021 年第 1 期。

⑤ 张忠培：《关于二里头文化和夏代考古学遗存的几点认识》，《中国历史文物》2009 年第 1 期。

⑥ 郑州市文物考古研究所：《郑州大师姑（2002~2003）》，科学出版社，2004，第 335~340 页。

关于大师姑二里头文化城址的性质，发掘者认为其可能为夏王朝设置在东境的军事重镇，或者为夏王朝某一与国（韦或顾）的都城，学界多从此说，但也有一些不同观点。如李锋认为大师姑夏商城址为商汤灭夏前所居及灭夏后所班师而回之亳都，[①] 马世之则认为其为昆吾之城[②]，姜建设与陈隆文在反驳以上观点的基础上认为大师姑城址为一方国——古观（管）国都城。大师姑二里头文化城址对探讨夏商文化关系、夏商交替年代等问题，具有重要的学术价值。

4. 二里头遗址

二里头遗址位于河南偃师市二里头村南，北临洛河，南距伊河 5 千米，该遗址最初发现于 1959 年。现存遗址范围北至洛河滩，东缘大致在圪垱头村东一线，南到四角楼村南，西抵北许村。遗址略呈西北—东南向，东西最长约 2400 米，南北最宽约 1900 米，现存面积约 300 万平方米。[③]

2001 年以来，在宫殿区四周发现了封闭式宫墙及围绕宫墙的 4 条相互垂直的“井”字形绕城大道，宫城轮廓全面浮现，宫城平面呈纵长方形，总面积约 10.8 万平方米；确认了中心道路网的存在，并发现两段间距 1 米宽的双轮车车辙痕迹。发掘确认 3 至 11 号二里头二期至四期的大型夯土建筑基址，其中 1 号与 7 号基址、2 号与 4 号基址二者之间既互相独立，又拥有同一纵向中轴线，构成了两组大型建筑基址群。在 3 号基址内发现一出土绿松石龙形器墓葬（2002VM3），以及 3、5 号建筑间通道下的木结构排水暗渠。在靠近宫城东南角外发现一绿松石作坊，并在宫殿区南侧大道以南发现 4 段夯土围垣设施，极有可能连接形成以封闭式的官营手工业作坊区。在祭祀区以西、遗址西北部发现较大面积、较丰富的制陶有关遗存，并首次在宫城西南角发现及精细发掘骨器、角器加工作坊。[④]

以上发现表明，二里头遗址是一处经过缜密规划、布局严谨的大型都邑遗址。宫城居中、显贵拱卫、分层规划、分区而居、居葬合一、区外设

---

① 李锋：《略论商汤灭夏前所居之亳》，《郑州大学学报》（哲学社会科学版）2005 年第 6 期。

② 马世之：《郑州大师姑城址性质试探》，《中原文物》2007 年第 3 期。

③ 中国社会科学院考古研究所：《二里头（1999~2006）》，文物出版社，2014，第 17 页。

④ 中国社会科学院考古研究所：《二里头考古六十年》，中国社会科学出版社，2019，第 7~9 页。智慧、李雅君：《二里头遗址新发现一处骨器、角器加工作坊》，《洛阳日报》2021 年 12 月 10 日，第 11 版。郭歌：《二里头都邑或由多网格组成》，《河南日报》2023 年 3 月 17 日，第 3 版。

墙的严谨、清晰、规整的规划布局，显示当时的社会结构层次明显、等级有序，统治格局秩序井然，暗示当时有成熟发达的规划思想、统治制度和模式，是二里头进入王朝国家的最重要标志。①

关于二里头遗址的文化属性及性质，在发现之初主要为汤都西亳与夏都斟鄩两种观点，但在偃师商城发现之后，西亳说被迅速抛弃，绝大多数学者转而承认二里头遗址是晚夏都邑“斟鄩”，只是在具体期别文化属性问题上有所分歧。② 综合文献所载的夏都斟鄩地望、二里头遗址的延续时间、文化因素的连续性及二里头遗址的规模，我们仍然认为二里头为夏晚期都城斟鄩，商人从未在此立都。

除以上 4 座被列入中华文明探源工程重点发掘和研究的中心性遗址外，夏商周断代工程结束以来新发现的、与夏文化有密切关联的新砦期及二里头文化时期的重要遗址还有：新郑望京楼二里头文化城址③、郑州东赵二里头文化城址④、巩义花地嘴新砦期环壕聚落⑤、平顶山蒲城店二里头文化城址⑥、淮阳时庄遗址⑦、山西绛县西吴壁遗址⑧等。

---

① 赵海涛：《二里头都邑布局和手工业考古的新收获》，《华夏考古》2022 年第 6 期。

② 夏商分界问题关乎二里头遗址的文化属性归属问题，目前在具体期别文化归属上的讨论主要有三派观点：一以孙华、袁广阔、赵芝荃、侯卫东等为代表的学者主张二里头文化三、四期之间为夏商分界；二以王巍、高炜、杜金鹏、杨锡璋、岳洪彬等为代表的学者主张二里头文化四期早、晚段之前为夏商分界；三以邹衡为代表的学者主张二里头文化四期与二里岗下层一期之间为夏商分界。近年来，以许宏为代表的学者在 ^{14}C 测年数据的支持下复又提出二里头为早商都邑之说，但并不为主流学界所认可。

③ 郑州市文物考古研究院：《新郑望京楼（2010～2012 年田野考古发掘报告）》（上），科学出版社，2016，第 69～384 页。

④ 顾万发、雷兴山、张家强：《夏商周考古的又一重大收获——河南郑州东赵遗址发现大、中、小三座城址、二里头祭祀坑和商代大型建筑基址》，《中国文物报》2015 年 2 月 17 日，第 5 版。

⑤ 郑州市文物考古研究所、北京大学考古文博学院：《河南巩义市花地嘴遗址“新砦期”遗存》，《考古》2005 年第 6 期。

⑥ 河南省文物考古研究所、平顶山市文物局：《河南平顶山蒲城店遗址发掘简报》，《文物》2008 年第 5 期。

⑦ 《2020 年度全国十大考古新发现解读》，《大众考古》2021 年第 4 期。

⑧ 中国国家博物馆考古院等：《山西绛县西吴壁遗址 2018～2019 年发掘简报》，《考古》2020 年第 7 期。中国国家博物馆等：《山西绛县西吴壁遗址 2020 年发掘简报》，《中国国家博物馆馆刊》2023 年第 6 期。中国国家博物馆等：《山西绛县西吴壁遗址 2021 年发掘简报》，《中国国家博物馆馆刊》2023 年第 6 期。

二 夏（二里头）文化与其他文化的关系研究

目前学界所公认的夏文化主要为二里头文化，因而研究夏文化与其他文化的关系，也即研究二里头文化与其他文化的关系。早期主要对二里头文化的源流及其所涉及的考古学文化、二里头文化族属及夏商分界问题进行探讨研究，进入21世纪以来，学界逐渐开始关注周边区域同时期考古学文化对二里头文化施加的影响。一些研究专著与论文对二里头与诸考古学文化之间的关系进行了系统分析和综合研究，如《中国考古学·夏商卷》《最早的中国》《二里头文化与周边地区考古学文化交流研究》《二里头文化时期的中国》《二里头考古六十年》[①] 等。可以明确的是，在二里头文化时期，地处中原地区的二里头文化兼收并蓄、辐射四方，与海岱地区、北方地区、关中及甘青地区、黄淮地区、四川盆地、汉中及峡江地区、长江中下游地区、华南地区等地为代表的岳石文化、朱开沟文化、下七垣文化、夏家店下层文化、齐家文化、四坝文化、斗鸡台文化、三星堆文化、朝天嘴类型文化、二里头盘龙城类型文化、马桥文化、点将台下层文化都建立了不同程度的联系，实现了文化间的相互交流。二里头文化凭借其先进的生产力及规范的礼乐制度，以凶猛的势头对周边文化进行了强烈冲击。这种“华夏”与“边缘”之间的互动交流和文化互鉴行为最终熔铸了多元一体的中华文明格局。[②]

三 深化夏文化研究阐释中的河南担当

夏文化是中华文明起源进程中的关键文化，对其的研究与阐释任重而道远。鉴于目前学界存在的各派观点各有立论依据，因而要加深对夏文化的研究则必须依托更加丰富的田野发掘材料。我们要以持续推进考古发掘为重点，夯实河南的核心地位。继续聚焦夏文化考古研究，以偃师二里头

---

① 中国社会科学院考古研究所：《中国考古学·夏商卷》，中国社会科学出版社，2003，第132~139页。许宏：《最早的中国》，科学出版社，2009，第216~228页。崔宗亮：《二里头文化与周边地区考古学文化交流研究》，郑州大学硕士学位论文，2012。段天璟：《二里头文化时期的中国》，社会科学文献出版社，2014，第368~408页。中国社会科学院考古研究所：《二里头考古六十年》，中国社会科学出版社，2019，第300~309页。

② 中国社会科学院考古研究所：《二里头考古六十年》，中国社会科学出版社，2019，第309页。

遗址为重点，继续做好禹州瓦店、新密新砦、登封王城岗、淮阳时庄、郑州东赵等重要遗址的考古发掘；同时以历史文献记载为线索，加强对济源原城遗址、巩义稍柴遗址等夏文化核心区域内遗址的考古探查工作，并辅之以适当的科学考古发掘；另外，还要关注和进行河南境内，如豫东、豫南、豫西北及其周边地区夏文化探索薄弱区域的考古调查等工作，以探索和实证夏代广域王权的势力范围及“禹征三苗”“后羿代夏”“禹会涂山”等古文献记载中的关键问题。[①]

---

① 师永伟：《在深化中华文明探源中彰显河南担当》，《中国文物报》2023年2月17日，第4版。

第八章　转化：推动中华文明探源研究成果活化利用

"中国文明，吾豫为最。"[1] 数千年来，勤劳质朴的中原人民创造了光辉灿烂的中原文明。在中华文明多元一体发展进程中，中原文明起到了重要的凝聚和引领作用。河南地居中原，是中华民族和中华文明的重要发祥地，长期处于古代中国的政治、经济和文化核心地位。从河南开始的中华文明探源，目前已取得栾川孙家洞、新密李家沟、舞阳贾湖、渑池仰韶村、灵宝西坡、巩义双槐树、登封王城岗、新密新砦、偃师二里头、安阳殷墟等诸多丰硕成果，对于实证我国百万年的人类史、一万年的文化史、五千多年的文明史，揭示中华文明丰富内涵、发展脉络，增强历史自信、文化自信，做出了独特而卓越的贡献。在新的历史时期，河南要从党和国家事业发展的战略全局出发，抢抓机遇，勇于担当，加强文化遗产保护，赓续历史文脉，坚持创造性转化、创新性发展，让文物说话、让历史说话、让文化说话，做好对中华文明探源研究成果的活化利用，传承弘扬中华优秀传统文化，深入实施文旅文创融合战略，以文塑旅、以旅彰文，努力创造时代新文化，持续推动文化繁荣，促进文化强国和中华民族现代文明建设。

第一节　加快文物和文化资源活化利用体系建设

中华民族生生不息、薪火相传，中华文明源远流长、博大精深。文物和文化资源承载着中华文明的基因血脉，承担着中华民族伟大复兴的历史使命。习近平总书记高度重视文物和文化资源活化利用，2014 年 3 月 27 日在联合国教科文组织总部的演讲中指出，"中国人民在实现中国梦的进程

---

① 李时灿：《中州文献汇编·总序》，《中州先哲传》，民国经川图书馆校刊本，第 1 页。

中，将按照时代的新进步，推动中华文明创造性转化和创新性发展，激活其生命力，把跨越时空、超越国度、富有永恒魅力、具有当代价值的文化精神弘扬起来，让收藏在博物馆里的文物、陈列在广阔大地上的遗产、书写在古籍里的文字都活起来，让中华文明同世界各国人民创造的丰富多彩的文明一道，为人类提供正确的精神指引和强大的精神动力"①。

河南文物和文化资源丰富，有郑州、开封、洛阳、安阳四大古都；洛阳龙门石窟、安阳殷墟、登封"天地之中"历史建筑群、丝绸之路河南段、大运河河南段等世界文化遗产；420 处全国重点文物保护单位，1521 处省级文物保护单位，13 处国家文物局公布和立项的国家考古遗址公园，8 个国家级历史文化名城，204 处中国传统村落；太极拳、二十四节气、皮影戏、信阳毛尖茶制作技艺 4 个联合国人类非遗代表作名录项目，125 个国家级非遗代表性项目，1030 个省级非遗代表性项目，2 个国家级文化生态保护实验区。文物是不可再生的宝贵资源，是中华文明璀璨成就的重要标志。河南要积极探索文物保护利用新模式，集中展示中华文明探源工程新成果，增强全民历史自觉、文化自信。河南历史悠久，文化积淀丰厚，是中华文化的重要发祥地。新时代河南要牢固确立物质文化遗产和非物质文化遗产的整体文化遗产观，"既注重物质文化遗产'形'的保护利用，又注重非物质文化遗产'神'的传承活化"②，在挖掘、保护、传承、利用优秀传统文化资源的基础上，结合中华文明探源工程新成果，做好文化资源合理利用，让典籍中的古老文化"走出来"，让记忆中文化遗产"活起来"，使历史文化和现代生活融为一体。文物和文化资源是中华民族的宝贵财富，保护和合理利用这些资源，既是对历史的尊重，也是对现实的坚守，更是对未来的责任。河南作为文化大省、文物大省、考古大省，要加快构建文物和文化资源活化利用体系，为推动中华文明创新发展贡献河南力量。

一　强化顶层设计，提供制度保障

新时代文物和文化资源保护利用与数字科技融合飞速发展，需要不断

① 习近平：《文明交流互鉴是推动人类文明进步和世界和平发展的重要动力》，《求是》2019 年第 9 期。

② 李斌：《古都历史文化资源转化利用的文旅融合路径——从西安、开封的实践探讨杭州宋韵文化传承利用》，《中国旅游报》2023 年 7 月 5 日，第 3 版。

加大政策指导力度，解决和应对实践中出现的新问题新挑战。一是落实政府主体责任，建立发展改革、财政、文化和旅游、文物、自然资源、农业农村等多部门沟通协调机制，明确责任权利，加强工作协同，实现资源共享、信息互通。二是完善法律保障，针对文物和文化资源特点加强立法，不断制定完善相关保护和活化利用条例、规章等专项政策法规。三是加强统筹规划，结合国家文化数字化战略、乡村振兴等重大战略，加强规划统筹，编制各地各级文物和文化资源活化利用规划、详细实施办法。三是构建国家引导、地方支持、社会参与多元合作格局，带动社会力量积极开展文物和文化资源的保护利用，强化联动，形成合力；创新文物文化管理和市场化运营理念，调动市场主体参与积极性，加大财政金融支持力度，建立多元投资模式，依托河南省文化产业、文化旅游投融资平台，聚合引导融通社会资本；探索政府购买、社会参与、市场运行的新模式，开展文物和文化资源的活化利用，促进市场、产业与社会良性互动。四是建立动态评估体系，利用数字化与大数据技术，从资源价值、保护研究、活化利用、信息传播、经济社会效益等维度，构建科学合理的“河南文物和文化资源活化利用指数评估体系”，加强评价管理，以评促改，以评促优，以评促效，推动文物和文化资源活化利用持续健康发展。

二　加强保护研究，厚植学术基础

开展文物和文化资源活化利用，必须坚持求真、求实、求新，不断推进学术研究，挖掘文化内涵，弘扬时代价值。一是坚持“保护第一、加强管理、挖掘价值、有效利用、让文物活起来”的新时代文物工作方针，按照“发掘好、保护好、研究好、展示好”的思路，在中华文明探源中实现文物保护、传承、利用的良性循环。二是持续加大文物资源调查力度，依法加强文物安全保护，深入实施重大文物保护工程，不断完善各级各类文物资源管理协同机制，全面提升文物保护管理利用水平。三是继续深入推进偃师二里头等重要遗址考古发掘，开展出土文物多学科多领域综合性研究，增强现代科技集成应用与跨界融合能力，深化文物内涵研究与时代价值阐释。四是深入研究以安阳殷墟甲骨文为代表的汉字系统，以及《诗经》等文献典籍为代表的中华文化。支持安阳师范学院“殷契文渊”甲骨文大数据平台建设，让甲骨文“活起来”“火起来”“潮起来”，传承弘扬中华优秀传统文化。五是依托河南兴文化工程计划，深化河南重要历史文献典籍专项研究，策划出版大型《中原文库》丛书，延续中原文脉，“融通历史与现实，让文物发声，让历史说话，让文化发力，讲好中华大地上早期文明的辉煌历史故事，进一步拓展和深化文化强国建设的内涵外延，增强文化自信”①。

三　促进合理利用，融入现代生活

活化利用文物和文化资源，是传承弘扬中华优秀传统文化的重要方式。要坚持合理利用、可持续发展，让历史文化和现代生活融为一体。一是重视文物数字化建设，建立各级文物数据库，构建河南文物云数字平台，创新文物数据资源共享机制，推动考古成果转化与社会共享。二是深入探索文物活化利用方法路径，让文物活起来，讲好文物故事，以中华文明探源工程考古新发现为主要内容，在国内外举办特别巡回展览，将新成果、新认识及时编入教材，推进考古文化科普教育，发挥文物的重大社会效益。三是加强文旅文创融合，鼓励社会力量参与，开展特色文物研学体验游，开发文物创意产品，形成完整产业链，打造知名文创品牌，推动文化惠民利民。四是切实践行“非遗”“见人见物见生活”的活态传承保护理念，积极利用传统节日、文化和自然遗产日等重要结点，集中开展线上线下展演、“非遗”购物节等系列展示宣传活动，营造浓厚的保护氛围，进一步提高保护传承意识。持续活化河南非遗资源，培育知名特色品牌，开展非遗产品展销活动，开拓“线上市场”，提高非遗传承人经济收益，促进非遗传承良性发展。继续打造“老家河南·黄河之礼”，推动传统非遗产品时尚化、国际化、品牌化。持续实施“非遗点亮计划”，创新开展“非遗点亮老家河南”活动，助推非遗进景区、进乡村、进街区，让非遗真正融入现代生活。

四　加强队伍建设，提供人才支撑

加快文物和文化资源活化利用，人才是关键。要培养一批具有较高专

---

① 黄锦前：《深入研究中华文明根脉 弘扬中华优秀传统文化》，《光明日报》2023年7月15日，第11版。

业素质的人才，建立起一支适应时代要求的文旅文创队伍。一是结合“全国考古人才振兴计划”“中原英才计划”，加大考古、文博、数字技术、文化创意设计等专业人才培养，以及复合型高层次人才引进力度，健全人才激励机制，从职称评定、收益分配等方面，优化人才发展环境。二是加大人才培养培训力度，提高专业队伍整体素质能力。以高层次人才培养为核心，着力加强非遗传承人梯队建设，持续实施“中国非物质文化遗产传承人群研修研习培训计划”，支持郑州轻工业大学、南阳文化艺术学校、河南职业技术学院等院校积极开展传统工艺、传统表演艺术类等非遗项目培训，创新教学理念、教学方法、教学模式，提高非遗项目传承活力，提升非遗系统性保护水平，促进文旅文创融合，助力乡村脱贫振兴。

第二节　做好大遗址保护展示利用

大遗址是指具有重大历史文化价值的大型古代聚落、都城遗址、帝王陵寝、建筑群等文化遗存，是见证中华文明历史进程的核心文化资源。做好大遗址保护利用工作，对于传承中华优秀传统文化，建设中华民族现代文明具有重要意义。河南历史文化遗产丰富，是中华文明的核心区，大遗址数量多、类型全、分布广、等级高、价值大，目前拥有殷墟、隋唐洛阳城、汉魏洛阳故城、郑韩故城、仰韶村、二里头、郑州商城国家考古遗址公园 7 处，列入国家考古遗址公园立项名单 13 处，在全国大遗址保护中占有重要地位。大遗址保护利用是一项复杂的系统工程。新时代河南要贯彻落实大遗址“科学保护、合理利用、让文物活起来”的工作要求，创新管理和保护利用理念，完善专项保护利用立法与规划，加强考古研究投入，依托“中华文明探源工程”“考古中国”重大项目，持续开展大遗址考古研究与内涵价值阐释工作，加大科研成果转移转化成效，积极建设各级各类考古遗址公园，探索大遗址保护展示利用新模式，让大遗址“活起来”“火起来”，统筹大遗址保护利用与生态环境、城乡建设、文旅深度融合，推动区域经济社会高质量发展。

一　坚持保护第一，做好整体保护

新时代大遗址保护，要充分发挥地方政府的积极性和主动性，认真落实文物工作方针，以科学保护为引领，以考古科研为支撑，严守安全底线，加大保护力度，维护大遗址本体真实性、风貌完整性和文化延续性，促进整体性保护，夯实大遗址保护展示利用根基。一是地方政府要切实履行文物保护责任，树立保护文物也是政绩的科学理念，积极高标准制定大遗址法规制度，不断完善安阳殷墟、洛阳汉魏故城、偃师二里头、郑韩故城等大遗址的法律保护体系。对接国家文化公园、乡村振兴、黄河流域生态保护和高质量发展、“中部崛起”等国家区域重大战略，结合国土空间总规详规，健全完善大遗址文物保护规划体系，重点编制线性大遗址、大遗址片区专项规划。二是加强大遗址保护考古基础工作，以“中原地区文明化进程研究”“夏文化研究”为重点，策划实施文明起源阶段研究和商文化研究，推动中国社科院考古所，河南省文物考古研究院，郑州、洛阳等地文物考古研究院，郑州大学、河南大学等高校科研机构集中力量合作攻关，科学编制中长期考古工作计划，系统开展大遗址测绘调查、勘探发掘，构建大遗址基础信息数据平台，加快考古资料整理、文物修复和考古报告出版等工作进度，编辑出版二里头遗址、殷墟、汉魏洛阳故城等重要大遗址考古报告，建设国家重点区域考古标本库房。三是加强大遗址综合保护力度，统筹处理大遗址保护与国家发展战略、城乡建设的关系，完善大遗址空间用途管制措施，落实“先考古、后出让”政策，规范大遗址保护区划内的基建活动。健全大遗址安全长效机制，推动文物安全督察巡查、病害监测修复和应急预防保护机制建设，采用先进科技督察监测等技术，有效防控文物安全风险。重点开展安阳殷墟、汉魏洛阳故城、巩义宋陵等大遗址文物本体抢救保护项目，加强周边生态环境综合整治，实现大遗址整体性科学保护。

二　坚持合理利用，惠及民众生活

合理利用就是最好的保护。大遗址是“中华文明起源及文化共同体形成、中华文明多元一体形成与发展最重要的物质载体，具有无可替代的地位和价值”[①]。新时代河南要以“价值利用”为导向，兼顾“相容使用”，

① 郭伟民：《遗产与资产——大遗址保护利用若干问题再思考》，《中国文化遗产》2022 年第 4 期。

充分发挥大遗址独特的社会文化教育功能优势，提高开放服务质量和效果，做好大遗址展示利用，让大遗址活起来、传下去，更好地惠及民众，服务经济社会发展。一是持续加强大遗址学术研究，深入挖掘好、研究好、阐释好大遗址文化内涵与当代价值，准确提炼展示中华文明的精神标识和文化精髓，为提高全民文化素质、赓续中华文明根脉、推进中华民族自信自强奠定坚实基础。二是做好大遗址研究成果转化，大力提升展示利用水平，充分运用文化创意、数字科技等方法手段，多样化、立体化展现大遗址的特色历史价值与文化内涵。加快推动达到对外开放条件的大遗址应开尽开，重点对已开放的仰韶村遗址、二里头遗址、安阳殷墟、隋唐洛阳城遗址等大遗址，优化交通、标识、布展、解说等软硬件服务，全面实施展示提升工程，构筑亲民开放、充满活力的公共文化空间。围绕大遗址考古的价值与内涵，以中华文明探源特别是夏商文化研究成果为重点，实施大遗址研学精品工程，开发特色研学实践课程，设计研学精品线路，建设研学实践基地。以文明起源、民族融合、文化传承、文明互鉴为主题，推出系列大遗址展示利用精品项目，生动展现中华文明连续性、创新性、统一性、包容性、和平性等突出特性。继续深化与中国文化遗产研究院、中国社会科学院考古研究所、北京大学考古文博学院的学术合作，加强二里头遗址考古发掘和夏文化研究阐释，积极推动二里头遗址申报世界遗产工作，为促进中国大遗址保护利用和增强中华文明影响力，做出应有的贡献。三是贯彻落实以人民为中心的发展思想，深入实施文旅文创融合战略，推动大遗址融入现代生活，促进大遗址规划区经济社会协调发展。以国家考古遗址公园遗址博物馆建设为重点，创建殷墟、隋唐洛阳城遗址等一流遗址博物馆，实现与科技教育、文创旅游跨界融合，提升数字化展陈水平，营造互动式沉浸体验，打造数字孪生博物馆，为大遗址保护利用开拓空间提供支撑。大力支持郑韩故城国家考古遗址公园所在地新郑市，承办第四届国家考古遗址公园文化艺术周暨第十二届国家考古遗址公园联盟联席会议，通过举办展演展映、互动体验等丰富多彩的系列文化活动，集中展现大遗址的历史内涵与文化魅力，增强民众特别是青少年的中华文明体验感和自豪感。

三　打造郑洛片区，树立河南标杆

大遗址片区，“是在华夏文明史中或某一特殊阶段居于重要地位并密集保存了丰富文物资源的重点城市”[①]。郑州、洛阳地处中原核心地带，大遗址资源丰富、类型齐全、价值重要，文化传承有序，关联度高，分布相对集中，“是华夏文明在起源和发展过程中不同阶段文化特色和历史价值的典型代表”[②]，2011 年被国家文物局确立为国家重点支持大遗址片区，成为大遗址保护“四线五片一圈”战略格局的重要组成部分。多年来，郑州、洛阳不断创新保护理念，开展卓有成效的保护行动，郑州全面实施“生态保遗”战略，洛阳将大遗址保护与城市更新、乡村振兴、文旅产业、民生改善深度融合，基本形成了互促共赢的发展模式。新时代创造新机遇，郑州、洛阳要站在中华民族和中华文明永续传承的战略高度，创新大遗址保护利用体制机制，充分发挥大遗址集群优势、协同效应，统筹片区大遗址保护利用，加强区域合作，共建大遗址保护利用特区，推动大遗址融入现代生活，为丰富完善大遗址保护利用理论和实践，探索新模式，贡献新经验，树立新标杆。

一是坚持政府主导、社会参与，健全大遗址组织管理、保护研究和展示利用机构，创新大遗址片区保护利用和运营体制机制，不断完善大遗址保护利用地方性专项法规、规划体系，为郑州、洛阳大遗址片区保护利用提供有效的政策法规和制度保障。加大资金投入力度，在中央、省专项资金支持基础上，设立市县保护利用专项资金，组建融资平台，建立多元合作与利益激励机制，充分调动社会力量参与大遗址保护利用。创新管理服务模式，构建科学合理的综合评价体系，促进郑州、洛阳片区大遗址保护展示利用工作不断提质增效。

二是加强“中华文明探源工程”考古成果转化，重点建设集大遗址保护、展示、利用为一体的郑州商城、二里头等考古遗址公园，郑州商都遗址博物院、大河村博物馆、洛阳考古博物馆，以及黄河国家考古遗址公园、黄河国家博物馆等中华文明精神地标。根据“保护固态、传承活态、发展业态”原则，按照“文化隋唐、生态隋唐、品质隋唐、国际隋唐”目标，统筹推进隋唐洛阳城大遗址保护展示项目建设。努力创新展陈理念，提升

① 张贺君：《基于圈层结构理论视野的大遗址片区保护路径浅探——以郑州市大遗址片区“生态保遗”工程为例》，《黄河·黄土·黄种人》2017 年第 16 期。

② 郑州市文物局、北京大学考古文博学院、北京大学震旦古代文明研究中心编著《郑州大遗址片区保护利用战略规划》，科学出版社，2018，“前言”，第 1 页。

专业化、系统化、科技化、人性化展示设计能力，推出“巍巍亳都 王都典范——郑州商代都城文明展”“国运泱泱——隋唐大运河文化展”“大河文明展”等系列高水平展览，将大遗址打造成风景美丽的公园和人民的精神家园，努力建设全国性大遗址保护展示利用示范区。

三是坚持以人为本，推动大遗址保护共建共享，将郑州、洛阳片区大遗址保护利用与生态环境、城乡建设、旅游发展、改善民生相结合，注重发挥其科研教育、游览休闲等综合功能，充分展现大遗址本体价值与社会意义。尊重和保障大遗址片区当地居民的权益，“借鉴我国‘生态保护补偿制度’的工作经验，构建符合中国国情的‘文化遗产保护补偿机制’，明确补偿方式、标准和资金来源等，以引导并激励各利益相关方积极参与文化遗产保护利用工作”①。持续推进具有全国性示范意义的郑州商城、郑韩故城、二里头、汉魏洛阳故城、隋唐洛阳城等国家考古遗址公园建设，按照“一址一策”原则，加强保护阐释，因地制宜，突出特色，融合发展，打造中华文化鲜明标识，赓续中华文脉。积极建设大遗址研究基地，开展主题文博研学活动，开发“最早的中国”“夏都农场”等兼具知识性、趣味性和实践性的研学课程，让民众更好地体验中华文明魅力，增强文化自信。

第三节　塑造“行走河南·读懂中国”主题形象

文化因传承而永续，文明因交流而多彩。习近平总书记指出：“我们要立足中国大地，讲好中华文明故事，向世界展现可信、可爱、可敬的中国形象。要讲清楚中国是什么样的文明和什么样的国家，讲清楚中国人的宇宙观、天下观、社会观、道德观，展现中华文明的悠久历史和人文底蕴，促使世界读懂中国、读懂中国人民、读懂中国共产党、读懂中华民族。”②河南是中华民族之根、中华文明之源。在中原大地上，中华文明的连续性、创造性、统一性、包容性、和平性等五大突出特性，得到了生动而充分地体现。“一部河南史半部中国史”，河南省委原书记徐光春曾以这样形象的

---

① 张颖岚、刘骋：《空间正义视域下城市建成区文化遗产保护利用研究》，《浙江大学学报》（人文社会科学版）2023 年第 4 期。

② 习近平：《把中国文明历史研究引向深入 增强历史自觉坚定文化自信》，《求是》2022 年第 14 期。

语言来概括和评价河南历史文化在中国历史文化发展进程中的地位和作用。[①] 作为中国的缩影，河南要自觉担当起讲好中华文明故事、展现中国形象、让世界读懂中国的历史重任。近年来，河南注重发挥山川风光锦绣、历史底蕴深厚、文旅资源丰富的重要优势，全面实施文旅文创融合战略，取得了令人瞩目的阶段性成果。在新的历史时期，河南要强化机遇意识，以打造中华文化传承创新中心、世界文化旅游胜地为目标，以创意驱动、美学引领、艺术点亮、科技赋能、跨界融合为手段，努力塑造“行走河南·读懂中国”主题形象，为推进中国式现代化建设河南实践注入新动能，为建设中华民族现代文明做出新贡献。

一　加强研究阐释，明确主题内容

“行走河南·读懂中国”，必须坚持学术先行，强化基础研究。要深入挖掘河南丰富的文物和文化资源，系统研究中原文化深厚内涵与巨大价值，精心提炼中华文明的精神标识和文化精髓，为讲好中华文明故事、读懂中国提供学术指导、权威观点和丰富内容。一是深入开展以中华文明探源研究为代表的河南考古研究，探索许昌灵井、新密李家沟等东亚现代人类起源，揭示双槐树、庙底沟、西水坡等仰韶文化遗址“早期中国文化圈”形成演变，彰显登封王城岗、禹州瓦店、淮阳平粮台龙山文化的中原中心，以及偃师二里头遗址中华文明总进程核心引领者历史地位，展示郑州商城、安阳殷墟、汉魏洛阳城、隋唐洛阳城、北宋东京城演进脉络。二是深化以人物、事件、制度等为主题的河南历史文化研究，实施河南历史名人、历史事件、文化遗产、文献典籍等河南兴文化专项研究，重点开展仰韶文化、夏商文化、汉字文化、始祖文化、姓氏文化、诸子文化、农耕文化、商业文化、中医药文化、武术文化、饮食文化等河南特色优势文化研究，彰显河洛文化、黄河文化、中原文化的重要成就。三是从文物、语言文字、杰出人物、文化遗产、文学艺术、文献典籍、戏曲舞蹈、思想观念和社会实践等方面，科学系统地提炼以二里头、殷墟、新郑黄帝故里、甲骨文、河图洛书、汉代经学、魏晋玄学、宋明理学、二十四节气、太极拳，自强不息、天人合一、天下大同、协和万邦、以民为本，焦裕禄精神、红旗渠精

① 徐光春主讲《一部河南史半部中国史》，大象出版社，2009，第 3 页。

神、大别山精神、愚公移山精神、南水北调精神等为代表的中华文明的精神标识和文化精髓，展现中华文化的丰富内涵。

二　推广文化之旅，优化主题线路

“行走河南·读懂中国”，必须坚持文化引领，策划精品线路。要依据河南历史文化研究成果，培育主题特色文化旅游线路体系，开发线上体验线路项目，绘就中原文化导游图。一是培育“行走河南·读懂中国”主题线路，如以追寻百万年人类史为主题的人类起源之旅（郑州织机洞、许昌灵井、新密李家沟等），以探寻文明起源为主题的中华文明探源之旅（灵宝西坡、渑池仰韶村、偃师二里头、巩义双槐树、郑州大河村、安阳殷墟等），以领略郑州、开封、洛阳、安阳古都气象为主题的四大古都之旅（洛阳龙门石窟、郑州商都、开封东京城顺天门、安阳殷墟等），以谒祖拜宗为主题的姓氏寻根之旅（新郑黄帝故里、濮阳挥公园、卫辉比干庙、鹿邑太清宫、信阳固始根亲文化园等），以体验少林、太极功夫为主题的中国功夫之旅（登封少林寺、温县陈家沟、李棠阶故居等），以考察黄河治理为主题的黄河文化之旅（三门峡大坝、小浪底水利枢纽、郑州花园口、武陟嘉应观、兰考东坝头等），以品读诗词文化为主题的中国诗词之旅（巩义杜甫故里、郏县三苏园、沁阳李商隐文化园、汤阴岳飞纪念馆等），以赓续红色血脉为主题的红色基因传承之旅（郑州二七纪念堂、洛阳八路军办事处、确山竹沟革命纪念馆、新县鄂豫皖苏区首府革命博物馆等），以畅游山河栖居山水为主题的山水休闲康养之旅（修武云台山、沁阳神农山、洛阳白云山、内乡宝天曼、信阳大别山等），以传承非遗文化为主题的中原民俗之旅（宝丰马街书会、禹州钧瓷、洛邑古城、郑州烩面、开封朱仙镇年画、长垣中国烹饪文化博物馆等等）。二是培育“行走河南·读懂中国”分主题线路，如以探索夏文化为主题的夏文化之旅（登封王城岗、禹州瓦店、新密新砦、偃师二里头等），以感悟典籍里的河南为主题的《诗经》文化之旅（新郑溱洧汇流处、鹤壁淇河国家湿地公园等）。

三　深化文旅融合，丰富主题活动

“行走河南·读懂中国”，必须坚持创意驱动，促进文化旅游深度融合，要积极保护合理利用文物和文化资源，努力开发可亲近、可感知、可体验的文旅产品。推动实施博物馆数字化工程，让历史说话，让文物活起来。重视和发挥文化旅游独特的教育价值功能，积极研发特色文化研学课程体系，讲好河南故事。一是围绕河南山水、名人、事件及中原文化所体现的中华文明的精神标识和文化精髓，编纂出版通俗易懂的“行走河南·读懂中国”文旅专题系列丛书。二是聚焦文物里的河南、典籍里的河南，推出一批“行走河南·读懂中国”文旅专题电影、戏剧、小说、动漫等作品，增强中原文化感染力和心理体验度。三是依托非遗资源，制作“行走河南·读懂中国”专题国潮国风系列节目，支持开封、洛阳等地打造知名历史文化街区、景区，持续办好黄河非遗国际创意周、中国洛阳牡丹文化节、河洛文化旅游节、中国（开封）清明文化节、中国（鹤壁）民俗文化节等。四是开展“行走河南·读懂中国”数字化提升活动，重点支持二里头遗址、隋唐洛阳城、黄河博物馆等开展馆藏文物数字化，建设孪生数字博物馆，形成一批沉浸式数字体验场馆。五是开展“行走河南·读懂中国”研学活动，鼓励文旅机构与高校、科研院所、世界研学旅游组织合作，发挥河南夏商文化、黄河文化、古都文化、功夫文化等特色文化资源优势，共同研发研学精品、特色线路，打造研学旅行样板课程。如将黄河文化与研学旅行深度融合，依托黄河治河工程、生态景观、博物馆等文旅资源，结合大禹治水、汉武帝瓠子堵口、潘季驯束水攻沙等著名历史人物事件，打造“大河文明”精品研学线路，展现黄河治理思想与黄河文明精髓。持续开展“百万学子游河南”研学活动，注重寓教于游、寓教于乐，传承弘扬优秀传统文化、增强文化自信。六是加大文旅消费惠民力度，结合文旅部组织开展的“百城百区 金融助力”文旅促消费行动，持续开展“行走河南·读懂中国”文化旅游季活动，发放文商旅消费补贴，推出旅游年票特价购、旅游景区门票减免、多城联动引客入豫等措施，激发文旅市场活力。

四 完善设施服务，提升主题品质

“行走河南·读懂中国”，必须坚持强基固本，构建高品质“食住行游购娱”服务体系。一是谋划构建“快旅慢游深体验”全域旅游现代交通网，规划布局“一环四纵六横”旅游公路网，重点建设以“黄河魂、古都韵、中国情”为主题的“黄河古都”，以“太行天路、畅享运动”为主题的“太行天路”，以“生态伏牛、尽享休闲”为主题的“生态伏牛”，以“红色信仰、绿色体验”为主题的“红色大别”等四大 1 号旅游公路；加快打造以郑州新郑国际机场为核心，洛阳、南阳、安阳机场为支撑，信阳、周口、商丘、三门峡等机场为节点，覆盖全省的通用航空机场群；推动贾鲁河、伊洛河、卫河适航河段文化旅游通航；促进高铁、高速交通、旅游、消费服务融合升级，建设一批交旅融合示范工程、示范区，促进交通运输与文化旅游融合发展。二是完善博物馆、图书馆、科技馆、文化馆、非遗馆、村史馆等公共文化场馆体系，实施公共数字文化建设工程，创新开展特色化、多元化、个性化服务，打造文旅文创休闲相融合、多功能、有温度、有情怀的优质文旅公共服务新空间，重点推进河南博物院、省文物考古研究院、省图书馆、省美术馆、黄河博物馆的新院（馆）建设，支持郑州建设“国际知名博物馆之城”、洛阳打造“东方博物馆之都”，加大对特色非国有博物馆扶持力度。三是完善智慧旅游服务设施，推动全域实现 5G 网络覆盖，提升重点旅游景区、度假区数字化、智慧化管理运营水平。四是大力推进豫菜振兴，创建美食之乡，传承河南味道，讲好豫菜故事。持续开展老家河南夏日美食季活动，支持长垣打造全国厨师之乡、美食之乡，推动信阳菜标准化、产业化、品牌化发展。五是构建彰显地方文化特色的星级酒店、精品民宿、青年旅舍、房车营地等多元化住宿生态体系。

五　强化品牌意识，展现主题形象

“行走河南·读懂中国”，必须坚持理念创新，树立品牌形象，要从“老家河南”品牌建设中汲取经验，创新宣传理念、运行机制、传播方式，加强国内外宣传推介，提升河南文旅主品牌形象。一是组织社科界、文旅界专家学者、专业人士，研究阐释“行走河南·读懂中国”品牌的独特优势、文化内涵、发展战略和功能定位，通过发表报刊文章、开设专题讲座、接受媒体访谈等形式，提高“行走河南·读懂中国”品牌的社会认同感和知名度。二是聘请专业机构设计“行走河南·读懂中国”形象标识系统，突出品牌文化价值和形象定位，在主标识字体、色彩、造型、风格等方面进行艺术处理，提高品牌辨识度。广泛应用于交通、文旅公共场所及大型活动场合，塑造良好社会形象。三是构建全媒体立体化传播格局，加强与中央主流媒体合作，整合省内主要媒体资源，利用新媒体社交平台，打造联动传播体系，注重发挥网络名人、短视频的引流作用，集中推送重要文旅活动信息，使“行走河南·读懂中国”品牌“热起来”“红起来”。四是拍摄“行走河南·读懂中国”主题形象宣传片，展现中国之源、中国之美、中国之治、中国之魂，讲好河南大地上的中国故事，策划推出旅游公益广告、山水风情、历史文化等专题纪录片，在海内外主流媒体和媒介平台集中投放，提升“行走河南·读懂中国”品牌国际影响力。

第四节　统筹建好用好四大国家文化公园

国家文化公园是中华优秀传统文化和中华民族精神的重要载体。建设国家文化公园，是以习近平同志为核心的党中央的重大决策部署，也是“十四五”时期国家深入推进的重大文化工程，目的是要依托黄河、大运河、长城、长征、长江等代表国家形象和中华民族精神的文化资源，打造出展现中国风貌和中华精神的文化标志，凝聚起实现中华民族伟大复兴的磅礴伟力，事关新时代文化强国建设，事关中华文化前途命运，事关中华民族复兴大业，意义与影响重大而深远。党的二十大报告提出，建好用好国家文化公园，高度强调了国家文化公园建设的重要性，为未来国家文化公园的建设发展明确了方向。

河南是唯一拥有黄河、大运河、长城、长征四大国家文化公园的省份，也是黄河国家文化公园的重点建设区，必须主动担当，积极作为，先行先试，落实国家文化公园建设保护规划，探索国家文化公园融合发展，促进区域经济社会繁荣发展的新路径。近年来，河南深入贯彻落实中央国家文化公园战略部署，依据国家文化公园建设保护规划，制订一系列定位准确、特色鲜明、功能突出、贯通衔接的地方性国家文化公园实施规划、建设方案，在实施保护传承、研究发掘、环境配套、文旅融合、数字再现、教育培训等重点工程的基础上，集中推出一批创新性重大举措，大力实施一批平台性的重大项目，黄河国家博物馆、牡丹博物馆、隋唐洛阳城、隋唐大运河文化博物馆、客家之源纪念馆、楚长城国家文化公园旅游复合廊道等项目进展顺利，部分文化标识建成开放，国家文化公园建设取得了长足发展。

一　成立综合研究院，推进高质量发展

目前，从河南乃至全国来看，国家文化公园建设有序推进，成效突出，

但整体上仍处于建设或计划阶段，没有样板示范工程，也面临着一些理论难题、现实问题与挑战。一是基础理论研究不足。目前学界和业界对国家文化公园的概念内涵、空间界定、责任主体、管理模式等关键性基础问题，在思想认识上仍存在很多误区，严重影响国家文化公园建设的初衷与成效。二是研究不够系统深入。近几年国家文化公园研究主要集中在文化、建筑科学与工程、旅游等领域，总体上还处于探索阶段，迫切需要拓展学术研究领域，深入展开跨学科系统性研究工作。三是科研力量较为分散。目前整合程度不高，未形成有效合力，各自为战、低水平重复研究现象较多，特别是成果转化率严重不足。四是实践中遇到新问题。如何提炼跨区域文化标志、避免项目同质化、统筹资源利用与生态保护、应对区域发展不平衡、投融资风险控制管理等问题不断显现，对国家文化公园建设构成新挑战。

河南国家文化公园资源优势突出，集聚效应明显，在全国具有标志性、标本性意义。抢抓新时代发展机遇，成立国家文化公园研究院，既是深入落实国家战略的重要举措，也是学习贯彻二十大精神的具体行动，具有十分重要的价值和意义。国家文化公园研究院要立足河南、面向全国、放眼世界，聚焦国家文化公园理论与实践创新，深化国家文化公园理论体系、管理机制、文旅融合研究，积极推出高水平研究成果，大力推进成果转化应用，建设国家文化公园学术研究高地，打造国家文化公园专业特色智库，构建国家文化公园合作创新平台，推动国家文化公园高质量可持续发展。

成立国家文化公园研究院的主要目标，在于全面统筹和系统推进国家文化公园的高质量可持续发展。一是深化基础理论创新。系统整理河南国家文化公园资源，充分挖掘文化内涵、文化精神和时代价值，开展多学科整体研究，突破共性理论问题，探索管理模式、运行机制和评价体系创新。策划出版国家文化公园相关的文献整理、专题研究、科普读物等系列图书，打造国家文化公园研究院的学术品牌，提升学术影响力。二是广泛开展学术交流。围绕国家文化公园的文化遗产、规划设计、项目建设、公共文化服务、政策制度、管理运营等重点问题和重大需求开展调研，组织专题学术考察，邀请国内外学术机构、政府部门、智库等，在郑汴洛等地定期举办国家文化公园高层论坛，促进省际、国际交流合作。三是加强成果推广应用。推动国家文化公园文化遗产、生态环境保护与修复，积极回应时代需求，将文化资源优势转化为产业发展优势，促进文旅文创融合，助力乡村振兴，创新传播方式，讲好国家文化公园故事。四是建设专业高端智库。深入开展调查研究，针对国家文化公园建设的关键问题，提出具体对策和解决措施，提交务实性、创新性、前瞻性决策咨询报告，服务重大国家战略和地方经济社会发展。五是强化资源整合。依托河南省文化和旅游厅、河南省社会科学院、河南省文物考古研究院、郑州大学、河南大学等机构的“黄河文化遗产资源大数据库”等历史文化资源数据库和大数据实验室，建设“河南国家文化公园资源开放利用平台”，创新合作管理模式，实现河南国家文化公园资源共建共享。六是突出协同创新。加强凝聚全省国家文化公园创新合力，充分调动政府、科研院所、高校、企业、园区等各方积极性，组建历史文化、环境地理、文博文旅、公共管理、产业经济等多领域专家高水平创新研究团队，形成跨学科、交叉型、多元化的协同创新中心，发挥资源、人才、成果集聚效应，在郑州元宇宙产业园创建全国首家“国家文化公园元宇宙”，打造国际一流的元宇宙示范应用场景，开启国家文化公园建设的数字化新时代。七是优化组织架构。构建跨领域、多部门有机联动的创新体制机制，设立国家文化公园发展基金，完善相关配套政策。

二　打造区域示范区，探索发展新路径

长城、大运河、长征、黄河四大国家文化公园属于典型的线性文化遗产，相关文化资源在河南境内分布广泛。其中，尤以郑（州）、洛（阳）、宛（南阳）最为丰富，呈现出点多、线长、带宽、面广等显著特征。郑洛宛三地山川秀美，交通便利，文化积淀厚重，经济实力雄厚，产业结构完善，基础条件好，发展潜力大，具有建设国家文化公园融合示范区的突出优势。历史上三地人员交往频繁、文化交流活跃、经济联系密切。在新的历史时期，河南要坚持实践先行、理论创新，立足郑州国家中心城市、洛阳和南阳省域副中心城市地位，充分发挥三地四大国家文化公园叠加优势，全力构建郑洛宛国家文化公园融合示范区，为推动国家文化公园高质量、可持续发展探索新路径。

一是设立国家级融合示范区。在深入开展调查研究的基础上，精心编制发展规划，积极申报设立国家级融合示范区，打造区域经济文化融合发

展新引擎。科学编制郑洛宛国家文化公园融合示范区规划方案，在规划理念上，遵循“坚持以人民为中心，共抓大保护，不搞大开发”的理念。在发展战略上，积极融入黄河流域生态保护和高质量发展、“一带一路”、中部地区高质量发展、文化数字化建设等国家战略。在规划方案上，坚持“多规合一”原则，统筹兼顾黄河、大运河、长城、长征四大国家文化公园和城乡建设、土地开发利用、生态环境保护，做到上下衔接、互融共建。在工作机制上，组建“郑洛宛国家文化公园融合示范区管理委员会”，指导和统筹规划实施，审议相关重大事项，建立区域联动、部门协作的长效工作机制。在配套政策上，明确多级投入机制、多元投融资机制、人才遴选引进机制等，形成有支持政策、专项资金、年度评估、奖惩激励的闭环政策体系。由省国家文化公园建设工作领导小组组织评审发展规划，并上报国家文化公园建设工作领导小组，申请设立国家级郑洛宛国家文化公园融合示范区。

二是构筑“金三角”空间格局。根据郑洛宛四大国家文化公园资源禀赋，以及区域自然条件、基础设施、经济社会等实际情况，结合国土空间利用、文化遗产保护、综合交通、生态环境保护、文旅整合发展等各类规划，构筑郑洛宛国家文化公园融合示范区“金三角”立体化空间发展格局。以“三极”为引领，以郑州市、洛阳市、南阳市中心城区为顶点构成“金三角”格局，以连霍高速、二广高速、郑栾高速、焦唐高速、兰南高速等为交通干线，联结三地四大国家文化公园片区。发挥郑洛宛国家中心城市、省域副中心城市带动引领作用，促进文旅业态、产业、城乡深度融合发展。以“两带、两廊”为支撑，建设沿黄生态湿地、文化遗产公园、黄河文化公园、河洛汇流处、黄河小浪底交通文旅等融合区，打造具有国际影响力的黄河国家文化公园文化旅游带；修复贾鲁河等大运河水系，建设隋唐大运河国家文化公园、博物馆等，打造大运河国家文化公园文化旅游带；建设新密魏长城、南阳楚长城，打造郑宛长城国家文化公园廊道；建设南阳红二十五军北上长征线路景区，打造南阳长征国家文化公园廊道，共同为融合示范区发展提供骨干支撑作用。以“多点”为辐射，郑洛宛黄河国家文化公园要以郑州市、洛阳市相关区域为重点，建设黄河文化公园、黄河花园口风景区、孟津国家级湿地自然保护区、洛邑古城特色景区等。大运河国家文化公园要以郑东新区、郑州高新区、惠济区、金水区、荥阳市、中牟县为重点，建设郑洛通济渠，偃师水工遗存，洛汭严关、仓储、桥梁等相关遗址、景区等。长城国家文化公园要重点建设新密魏长城、方城楚长城遗址等。长征国家文化公园建设要以方城县鏖战地独树镇为核心区，桐柏县、方城县为重点区，唐河县、淅川县为拓展区，打造好新集乡、湖阳镇、马振抚镇、拐河镇、荆紫关镇等重点乡镇。新时代郑洛宛要全域协同发力，百舸争流，百花竞放，实现文化旅游与经济社会繁荣发展。

三是构建特色主题线路体系。在整合优化经典线路的基础上，以点带线，连线成片，形成主分结合、大小配套的郑洛宛国家文化公园特色主题线路体系。建设龙头旅游景区，在黄河国家文化公园片区重点建设郑州黄河文化公园、黄河国家博物馆等；在大运河国家文化公园片区重点建设隋唐大运河国家文化公园、隋唐大运河文化博物馆等；在长城国家文化公园片区重点建设方城大关口楚长城遗址、楚长城数字化展示体验馆等；在长征国家文化公园片区重点建设方城鏖战独树镇纪念馆等。打造主题精品线路，突出“华夏之源”“天下之中，融汇四方”核心理念，整合优质文化旅游资源，推出“探源华夏”“天下中 · 文化融”等精品线路。聚焦黄河、大运河、长城、长征、古都、非遗、寻根等相关核心文化概念，推出“两河印象 · 黄河文化游”“大河安澜 · 治黄水工游”“天下粮仓 · 隋唐大运河游”“楚国大关 · 长城文化游”“红色独树 · 长征文化游”“梦回京华 · 古都体验游”“中原明珠 · 非遗传承游”等标志性主题线路。塑造特色品牌形象，高标准建设黄河文化旅游带，重点建设以大河村遗址、双槐树遗址、王城岗遗址为代表的文明探源片区，以郑州商城遗址、偃师二里头遗址、东周王城遗址为代表的都城遗址片区，展现“华夏之源”品牌形象；重点建设以隋唐大运河文化博物馆、隋唐大运河仓窖遗址等，展现“大运河之心”品牌形象；重点建设楚长城文旅融合区，展现“长城龙首”品牌形象，重点建设红二十五军方城鏖战独树镇纪念地，展现“北上先锋”品牌形象。

四是打造多元文旅合作平台。秉承新发展理念，东扩西进、南下北上，与郑洛宛周边市县区及相关省份加强区域联动合作。构建区域文旅协作联盟，加强文旅专业性合作联盟，密切华夏文明之源城市文化旅游推广联盟、郑州都市圈旅游协同发展联盟、洛阳省域副中心城市景区推广联盟合作关系；建立郑洛西（晋陕豫）、郑汴洛、伏牛山等区域性文化旅游协作联盟；谋划成立“国家文化公园旅游推广联盟”，策划开展国家文化公园主题文化旅游活动。搭建文旅合作发展平台，发挥郑州国家中心城市和都市圈辐射作用，加强区域文旅合作，推动郑州、洛阳、南阳文化旅游融合发展。持续办好黄帝故里拜祖大典、嵩山论坛、洛阳牡丹文化节、张仲景医药科技文化节等节会文化活动，策划举办国家文化公园高峰论坛。打造国际文旅交流平台，设立文化旅游海外推广中心，用好国际知名网络平台，加大文化旅游对外宣传营销力度，加强与联合国世界旅游组织的联系，强化中原文化的国际表达，讲好郑洛宛国家文化公园融合示范区故事，开创国家文化公园的国际文化旅游发展新局面。

三 构建公益新空间，践行共享新理念

人民性是国家文化公园的根本属性，必须坚持以人民为中心，在保护传承利用文物和文化资源的基础上，充分发挥其文化教育、公共服务、旅游娱乐、科学研究等功能和作用，“推动文化价值普及化、文化供给普惠化、公共休闲服务均等化”[①]，促进区域经济社会协调发展，满足人民日益增长的物质文化、精神文化需求和对美好生活的向往。

一是坚持以整体性保护为首要任务，遵循自然生态与社会文化发展规律，统筹建设管控保护、主题展示、文旅融合、传统利用等主体功能区，持续做好历史文化遗存及文物和文化遗产资源保护，特别是“要注重维护文物周边风貌的纯朴性、完整性、延续性。要树立文化遗产与自然山水和谐共生的理念，全面保护山水林田湖草沙，维护城乡自然肌理和大地景观，使国家文化公园同时成为践行‘两山’理论、助力美丽中国建设的精品力作”[②]，让人民在壮丽山河中感受国家文化公园文化魅力，共享自然之美、生命之美、生活之美。

二是坚持历史传承与现代创新并重、传统业态与新兴业态并进，创新产业发展模式，优化文旅产业布局，完善文旅产业全链条，促进国家文化公园多业态融合发展。推动文化旅游深度融合，大力传承弘扬非物质文化遗产，积极承办黄河非遗大展，建设黄河流域非物质文化遗产展示中心，做好非遗生活化传承，建好国家级河洛文化生态保护实验区。推动多元产

---

① 程遂营、张野：《国家文化公园高质量发展的关键》，《旅游学刊》2022年第2期。

② 吴立斌：《建好用好国家文化公园》，《光明日报》2023年2月19日，第5版。

业融合发展，坚持“加强融合发展，以更大力度、更宽视野推进各类产业间的融合发展”①。依托河洛文化、黄河文化、嵩山文化、古都文化等，发挥文旅融合、拉动、集成功能，推动旅游与农业、工业、商业、康养、体育等深度融合，做好孟津平乐村、南石山村等乡村旅游精品建设，推出长城研学、黄河研学、考古研学、红色研学等研学游，建设新密岐黄康养小镇、巩义青龙山国际康养度假区等康养旅游基地，打造洛邑古城文旅综合体验项目。大力实施“一村一品、一带一韵”计划，加快美丽乡村建设，全面推进乡村振兴，持续增进民生福祉，切实提高人民生活水平。

三是坚持国家文化公园公益属性，做好公共文化服务。要深刻认识和提炼国家文化公园所蕴含的中华文化精神与价值观，大力打造中华文化重要标志，重点推动书画摄影、工艺美术、影视娱乐、戏剧舞蹈、动漫游戏等五类文艺精品创作，设立“国家文化公园文艺创作研究班”“国家文化公园文艺创作基地”“国家文化公园文艺精品展馆”等，推出一批接地气、有底气好作品。要坚定文化自信，增强文化自觉，充分发挥国家文化公园历史文化资源优势，大力培育“河南原创”优势文化品牌，形成底蕴深厚、优势明显、科学合理的文化品牌定位，构建以国际先进地区为标杆的原创文化品牌体系，探索出一条物质文化与精神文化并重、传统文化与现代文化交融的提升区域文化软实力新路径。要以社会主义核心价值观为灵魂，以中原优秀传统文化为底蕴，着力打造国家文化公园文化精品体系，突出特色文化内涵，提升人文素质，增强文化认同感，为经济社会发展提供智力支持和精神动力。

第五节　实施文旅新业态培育工程

近年来，我国文化旅游深度融合发展，文旅产业快速崛起，文旅新业态不断涌现，新动能带动作用全面突显。党的二十大报告提出，实施国家文化数字化战略、重大文化产业项目带动战略，为数字经济时代文旅产业高质量发展指明了方向。新时代河南要适应产业发展新形势新任务新要求，深入实施文旅文创融合战略，注重立足自然与历史文化资源特色，结合中

① 张兴毅：《推动山西黄河国家文化公园高质量发展的若干思考》，《经济师》2023 年第 2 期。

华文明探源成果，提前布局谋篇，深化创意创新，加快数智赋能，提升文化内涵和个性化体验，积极培育沉浸式体验、颠覆性创意、年轻化消费等文旅新业态，建设一批标志性文旅文创融合项目，打造一批现代文旅文创企业，加快特色化、集群化、品牌化发展，构建现代化文旅文创产业体系，走好文化大省以文化人、以文兴业的新路子。

一　大力发展新文旅，开创文旅新格局

目前，河南正处于由文化旅游大省向文化旅游强省转型的关键期，要深入实施文旅文创融合战略，以新业态为引领，以项目建设为抓手，推动河南文旅高质量发展。一是加强沉浸式新技术、新装备及场景设计应用，打造形态丰富、场景多元、充满艺术感、科技感的沉浸式文旅产品，实现从看景到入景，从观光向体验的转变。支持清明上河园、建业·电影小镇、只有河南·戏剧幻城、中铁·泰和里商业街区、洛阳龙门旅游度假区、天街十二坊等特色主题沉浸式项目发展；推动荥阳“中华文明主题乐园”项目落地，以中华文化朝圣地、中华文明体验地为目标，打造沉浸式感受中华文明的“东方迪士尼”、河南文旅融合的“金名片”；优化、促进《禅宗少林·音乐大典》《大宋·东京梦华》《玄奘省亲》《印象·太极》《红旗渠·太行山》等大型沉浸式实景演艺项目建设；持续举办以传承中原文化为主题的元宇宙创造者大赛，推动洛阳5G+XR元宇宙产业园发展，探索新技术与传统工业文化融合、项目产业集群发展的新模式，谋划实施以河南山水、历史文化为主题的“元豫宙”沉浸式虚拟体验系列项目，拓展河南文旅未来发展空间与潜力，打造全国文旅元宇宙新高地。二是适应研学游体验式教育与旅游产业跨界融合趋势，发挥河南自然和文化遗产资源优势，加强与知名研学教育旅游机构合作，设立奖补资金，推动研学产业快速发展。支持老君山、白云山、二里头等研学基地和林州红旗渠精神、鹿邑老子学院等研学营地发展。策划推出“黄帝圣迹”“大禹治水”“重走孔子路”“中州洛学”等一批精品线路和课程，培养一批优秀研学旅行导师。加快修武云台山、隋唐洛阳城、温县陈家沟太极拳等研学项目建设，打造全国重要的研学旅行目的地。三是围绕乡村振兴和美丽乡村建设，挖掘山水、历史文化，特别是民俗文化和餐饮文化，重点打造鹤壁桑园村、济源花石村等国家级乡村旅游示范村，持续开展“民宿走县进村”“文化走进民宿”

“千村万味”等活动，支持打造信阳“民宿+美食”大别原乡民宿、“嵩山旅游民宿”集聚区等，促进乡村文旅休闲餐饮业态融合发展。四是依托太行山、大别山等生态资源和文化遗产资源，大发展体育旅游文化产业，支持安阳林虑山滑翔旅游、济源“穿越壮美太行”国际徒步旅游、焦作国际太极拳大赛、安阳航空文化旅游节、栾川伏牛山滑雪节等项目发展。推动信阳实施“旅游+体育”计划，将瑜伽与山水风光、茶文化相结合，持续举办“鸡公山瑜伽健身节”。四是围绕自然资源及中医药、太极拳等非遗文化资源，推出一批康养项目，构建综合康养服务体系，发展现代康养旅游产业。推动栾川、淅川等创建森林康养基地；鼓励医药企业依托“四大怀药”等道地中药材和生态农产品，大力研发康养产品；支持南阳“中医药+”计划，建设中医药健康旅游示范基区，打造健康养生之城；推进温县“世界太极城·中国养生地”建设，实施“太极拳+康养”计划，打造乡村康养旅游示范基地。

二　全面推进新文创，构建产业全链条

新文创“强调以 IP 构建新的文化生产方式，倡导内容与科技、文化与科技的融合创新，文化价值与商业价值相互赋能”，“是数字时代中国文化产业发展的新形态”①。要紧跟时代步伐，系统构建中华文明 IP，讲好中国故事，形成包括规划、设计、运营、传播、投资等完整的产业生态系统，促进文化繁荣与产业发展良性循环。一是以中华文明探源成果为核心，围绕夏文化、都城文化、汉字文化等中华文化 IP，构建彰显中华文明内涵的文创体系，打造全球著名、国际知名、全国一流 IP。支持河南广电唐宫文创集团以“IP+文化+科技”模式运营“中国节日”系列节目唐宫夜宴、洛神水赋、龙门金刚三大 IP，以文化创意项目和文创产品引领国风国潮，打造中国文化超级 IP。持续实施“洛阳 IP 联动计划”，将洛阳历史文化、非物质文化遗产，通过电影、游戏、动画、综艺、商业、VR 全感等立体展现，构建城市 IP 和“洛阳 IP 宇宙”。二是重视文化创新创意设计，开发仰韶彩陶、钧瓷、绞胎瓷、唐三彩、汴绣、朱仙镇木版年画等文物和文化遗产文创精品，促进传统工艺美术产业与文创产业融合发展，支持郑州国际

---

① 吴焜、李林：《从腾讯新文创到中国新文创——新文创的国家战略思考》，《出版广角》2019 年第 12 期。

文化创意产业园、洛阳华夏历史文明传承创新产业园、伊川青铜文化创意产业园等项目建设。三是以干宝《搜神记》、李海观《歧路灯》等河南名著为素材，创作影视、戏曲、动漫、游戏，开发相关文创衍生品。四是探索以“云演播”引领传统戏剧、曲艺与网络创新性融合、公益展演与付费点播相结合，打造现代演艺产业新模式新业态。

三　聚焦年轻化消费，打造消费新业态

文化观念、价值取向多元化的“Z世代”年轻人，目前已经成为文旅消费的主力军。“这对升级传统文旅业态、创新产品和服务方式、推动产业朝向创新驱动转变提出了更高要求，将推动大众市场的文旅消费需求逐渐从低层次朝着高品质和多样化方向转变。”① 要把握时代趋势，适应年轻人审美趣味，开发“年轻态”文创产品，创新消费场景模式，打造文旅消费新业态。一是大力发展国潮国风、沉浸式体验、数字文旅等“风口”产业，推出时尚、新潮、年轻化、个性化的文旅产品，增强对年轻人的吸引力。依托二里头、双槐树等考古遗址，开展考古体验游、“在线考古”等。支持洛阳继续举办“梦里隋唐尽在洛邑”汉服文化节、国风穿越节等活动，发展汉服经济；升级打造山水实景剧本游戏《山海秘境》等互动性文化体验项目。推动河南博物院、殷墟博物馆等为藏品插上“数字翅膀”，继续推出妇好鸮尊、莲鹤方壶、司母辛鼎等系列文创数字藏品。二是大力发展夜间经济文旅消费新业态，依托城市地标、街区、景区，开发特色文化展演、美食、音乐节等文化体验项目。推动河南博物院继续夜开放，探索“博物馆+夜游”新业态，打造“夜未央”主题活动品牌。支持洛阳开展“古都夜八点 点亮洛阳城”主题活动，建设夜间文旅消费集聚区，推进“文、旅、商”深度融合。三是大力发展以“剧本杀”代表的文旅消费新业态。支持洛阳继续开展“神都奇幻志”等全城剧本杀活动，建设剧本娱乐产业总部经济园区和剧本娱乐产品交易中心，打造中国剧本娱乐之都，探索推理馆、博物馆、景区和旅行社等跨界融合的文旅产业发展新模式。

---

① 夏瑾：《“Z世代”旅游消费群体将重塑文旅新业态》，《中国青年报》2023年2月7日，第12版。

第九章　突破：奋力实现河南在深化中华文明探源中交出出彩答卷

1921年，受聘为北洋政府农商部矿政顾问的瑞典地质学家安特生在河南渑池县仰韶村进行考古发掘，由此拉开了中国现代考古学的大幕，河南也因此定格成为中国现代考古学的诞生地。经过百余年的发展历程，中国现代考古学从无到有、从弱到强，河南考古也随之展开，一系列重大考古发现与研究成果全面、系统地实证了中华文化起源、形成与发展的主要脉络。作为华夏文明的重要发祥地和中华文明探源的中坚力量，河南更有责任在持续深化中华文明探源和传承发展中华文明中担重任、出重彩，这就需要在三个方面实现新突破，即：一是以考古活动为基石，继续推进重要遗址的考古发掘，实现探源溯流；二是以研究阐释为重点，大力做好中华文明探源成果的转化，实现培根铸魂；三是以文旅文创为核心，全面提升中华文明探源成果的活化利用水平，实现守正创新。

第一节　持续推进考古发掘，夯实中华文明探源中河南的核心地位

遗址的系统性考古发掘以及考古发现的珍贵出土物是进行中华文明探源的基本支撑，因此持续推进遗址的考古发掘对中华文明探源来说至关重要。河南是中国现代考古学的起点和实至名归的文物考古大省，是中华文明探源最早开始的地方，同时也是重点研究区域之一。如在自2002年已开展五期的中华文明探源工程中，河南就先后有多个遗址入选，其中第一期就选择对位于中原地区的6座中心性城邑实施重点研究，其中有5处位于河南，由此可以看出河南考古在中华文化探源工程中的重要地位。因此，在深化中华文明探源进程中，河南要继续推进考古遗址发掘，进一步夯实河

南的核心地位。

一 持续聚焦夏文化考古

中国诸多先秦典籍记载表明，在商代之前曾经存在过一个以夏族为主体的夏王朝，这是中国进入有文献记载的第一个王朝，然而在疑古思潮的影响下，这些记载是否为信史则存在较大争议，但是考古界对夏文化的探索从未停止。二里岗文化和“洛达庙类型”等文化的相继发现，再次激发了学术界在河南进行夏文化考古的热情。1959 年，中国科学院考古研究所徐旭生及其助手等一行赴田野探寻“夏墟”，调查的重点区域之一就是“河南中部的洛阳平原及其附近，尤其是颍水河谷的上游登封、禹县地带”①，也就是在这里发现了登封告成王城岗遗址、偃师二里头文化遗址等，由此拉开了考古学溯源夏文化的大幕。

继续以偃师二里头遗址为夏文化考古重点。偃师二里头文化遗址的发现不仅是徐旭生先生田野调查的重要收获，也可以说是“夏文化考古探索在河南的切入点和新突破”②。经过六十余年的系统考古发掘，二里头遗址取得了重大突破，出土了大量具有标识意义的文物，比如大型宫殿基址、手工作坊、墓葬、祭祀遗存，大量的陶器、石器、骨器，珍贵的青铜器、玉器、绿松石、象牙器、漆器以及最新发现的多网格布局等，其规模之大、规格之高在同期文化遗址中实属罕见，二里头遗址中发现的都城是迄今为止可确认的中国最早的王国都城遗址，书写多项“中国之最”，体现了二里头在中华文明进程中的引领作用，可谓为夏商考古的“圣地”所在。但是，囿于目前的考古发掘多为学术发掘，面积有限，发掘部分占总面积的比例不足 2%，未能全面揭示二里头文化与夏文化全面，因此二里头的考古发掘任重道远，需要长期推进。

统筹做好其他夏文化遗址的考古发掘工作。一是登封王城岗遗址，经过多次考古发掘，考古工作者认为王城岗龙山文化小城可能是夏代的“禹都阳城”，中华文明探源工程启动和“考古·夏文化研究”获得批复后，均对该遗址进行了新一轮的调查和发掘，考古发现对夏文化和中华文明起源

① 徐旭生：《1959 年夏豫西调查“夏墟”的初步报告》，《考古》1959 年第 1 期。

② 张新斌等：《河南考古史》，大象出版社，2019，第 121 页。

均有重要科学价值。二是新密古城寨遗址，该遗址是一座以龙山文化为主体的遗址，被列入“中华文明探源预研究”课题之中，为探索夏文化提供了新线索。三是禹州瓦店遗址，该遗址发现的遗存主要是龙山文化时期，是夏商周断代工程和中华文明探源工程的重要调查、发掘和研究对象，为研究龙山文化和夏商文化提供了新资料。四是新密新砦遗址，1979 年试掘后发现了龙山文化遗存，并提出了“新砦期二里头文化”的概念，后又经过持续发掘，都有重要收获，对研究夏代都城和夏王朝诞生有重要意义。五是郑州大师姑遗址，该遗址是一处二里头文化中晚期大型城址，填补了郑州地区夏代城址考古的空白，为研究夏代晚期夏商文化关系、夏商交替年代等重大学术问题提供了重要依据。六是巩义花地嘴遗址，该遗址是嵩山以北地区发现的第一个“新砦期”遗存，对探索夏代早期文化和中华文明之源具有十分重要的价值。七是新郑望京楼遗址，该遗址是夏商大型城址的又一重大发现，对探讨夏商历史、夏代晚期文化具有重要意义。[①] 八是淮阳时庄遗址，该遗址是我国目前发现的最早的粮仓城，属于夏代早期粮仓城，对重新认识夏代早期的社会发展情况极其重要。同时，也要以历史文献记载为线索，加强对济源原城遗址、巩义稍柴遗址等夏文化核心区遗址的考古探查工作，在必要时进行适当的科学考古。

由于“夏代史研究还存在大量空白，因缺乏足够的文字记载，通过考古发现来证实为信史就显得特别重要”[②]，河南从 2021 年就开始启动全域夏文化相关遗址的调查工作，初步探明河南全境约有 1000 余处与夏文化相关遗址。另外，还要特别关注河南境内，如豫东、豫南、豫西北及河南周边地区夏文化探索薄弱区域的考古调查等工作，以探索和实证夏代广域王权的势力范围及“禹征三苗”“后羿代夏”等古文献记载中的关键问题。这也是夏文化研究的未来方向，一方面是寄希望于考古新发现，另一方面是将文明要素作为文明社会的物化表现形式对待，而非一味地执着于对他们的追溯。

---

① 参考河南省文物局主编，河南省文物考古研究院、郑州博物馆编著《追迹文明：新中国河南考古七十年》（上），科学出版社，2021，第 82~100 页。

② 习近平：《建设中国特色中国风格中国气派的考古学 更好认识源远流长博大精深的中华文明》，《求是》2020 年第 23 期。

二　系统开展重要时间节点的遗址考古发掘

重要时间节点的遗址往往具有标志性意义，开展相应地区及其周边的考古调查和重点发掘，有助于对区域文明的进程有更为清晰的了解和认识，为探索更大范围内的文明起源、交流与融合夯实了根基，同时它们也是对中华文明大格局形成历史过程的实证。

距今6万~3万年，如荥阳织机洞遗址、郑州老奶奶庙遗址等多个考古遗址，这些遗址发现了大量的石制品、动物骨骼及碎片，同时还有多处用火和居住遗迹，弥补了同时期考古成果的薄弱环节，为认识文化起源等系列关键性问题提供了新资料，这些重要发现和研究打破了国际遗传学界一直宣称的“夏娃理论”①。

距今10000~9000年，如新密李家沟遗址，该遗址发现了丰富的石制品，还有动物化石和人类活动遗迹，比较清晰地反映出了原始居民转向初步定居的情况。李家沟遗址的发现填补了中原地区从旧石器时代晚期到裴李岗文化之间的缺环，在文明发展史上具有重要地位。

距今9000~7000年，如新郑裴李岗遗址、新郑唐户遗址、舞阳贾湖遗址等，这一时期聚落面积扩大，实现了农业发展、人口增加、艺术进步，如出现了填补历史空白的骨笛、甲骨契刻符号等，加深了对远古文明的认识。

距今7000~5800年，如庙底沟遗址、仰韶村遗址等，以彩陶为代表的艺术发展较快，中华文明继续逐步前进，中原文明辐射至长江中游、河套、黄河下游等地区，影响力逐渐增大，第一次出现以中原为圆心的文化圈。

距今5800~5400年，如灵宝黄帝铸鼎塬遗址群，人口增加，出现超大型和中小型聚落，从墓葬情况可以看出社会出现分化，但仍处于初级阶段，并未出现财富的大量占有。

距今5500~5000年，如巩义双槐树遗址、荥阳青台遗址、荥阳汪沟遗址等，社会分化更加明显，养蚕业有了一定发展，建筑布局已初步呈现宫室布局特点，其中双槐树遗址发现的高等级聚落，可以判断其应是其时的

---

① 王巍：《河南在中华文明探源工程中的地位》，《河南日报》2022年6月24日，第6版。

政治中心。

距今5000年左右，如郑州西山城址，这是中原地区最早的城址。这一时期，社会分化加剧，出现早期国家，文明化进程加速。

距今5000~4000年，各地区进入文明社会，中华文明在黄河中游迅速发展，中原崛起。距今4000年左右，夏王朝建立，在登封王城岗遗址、偃师二里头遗址等得到了反映，中华文明多元一体的格局逐渐形成。距今3000年左右，王权得到进一步巩固。距今2200年左右，统一多民族国家形成。

表9-1　河南重要考古发现一览表

类别	名单
中国20世纪100项考古大发现（14项）	新郑裴李岗新石器时代遗址的发掘、舞阳贾湖新石器时代遗址的发掘、渑池仰韶新石器时代遗址的发掘、安阳后岗三叠层的发现、陕县庙底沟新石器时代遗址的发掘、登封王城岗龙山文化遗址的发掘、偃师二里头村二里头文化遗址的发现与发掘、郑州商代遗址的发现与发掘、安阳殷墟商代晚期都城遗址的发现与发掘、三门峡西周晚期至春秋早期虢国上阳城与虢国墓地的发掘、新郑东周郑韩故城遗址的发掘、洛阳烧沟汉墓的发掘、洛阳汉魏洛阳城遗址的勘探与发掘、禹县白沙宋墓的发掘
全国百年百大考古发现（14项）	舞阳贾湖遗址、新郑裴李岗遗址、渑池仰韶村遗址、三门峡庙底沟遗址、巩义双槐树遗址、偃师二里头遗址、偃师商城遗址、郑州商城遗址、安阳殷墟（包括后岗遗址、洹北商城）、三门峡虢国墓地、洛阳东周王城遗址、汉魏洛阳城遗址、隋唐洛阳城遗址、许昌白沙宋墓
全国十大考古新发现（53项）	殷墟郭家庄160号墓、三门峡上村岭周代虢季墓、隋唐洛阳城应天门东阙遗址、殷墟花园庄商代甲骨窖藏、三门峡上村岭西周虢仲墓、永城芒砀山汉梁孝王王后墓、丹江口水库楚国贵族墓、洛阳北宋衙署庭园遗址、八里岗新石器时代聚落遗址、辉县孟庄遗址、永城西汉梁国王陵与寝园、郑州西山仰韶文化城址、郑州小双桥遗址、孟津妯娌新石器时代聚落遗址、平顶山应国墓地、偃师商城小城、新郑郑韩故城郑国祭祀遗址、小浪底水库东汉漕运建筑基址及古黄河栈道、焦作府城商代早期遗址、新密古城寨龙山时代古城、宝丰清凉寺汝官窑遗址、禹州钧窑遗址、郑州大师姑夏代城址、偃师二里头遗址宫殿区、鹤壁刘庄遗址、内黄三杨庄汉代聚落遗址、灵宝西坡新石器时代大型墓地、许昌灵井旧石器遗址、新郑唐户遗址、荥阳关帝庙遗址、洛阳偃师东汉帝陵与洛阳邙山墓群、河北磁县东魏元祜墓与河南安阳固岸东魏北齐墓地、荥阳娘娘寨遗址、新郑胡庄墓地、新密市李家沟过渡阶段遗址、安阳市曹操高陵、新郑望京楼夏商时期城址、郑州老奶奶庙旧石器时代遗址、栾川孙家洞旧石器遗址、洛阳新安汉函谷关遗址、郑州东赵遗址、隋代回洛仓与黎阳仓粮食仓储遗址、紫禁城始祖——汉魏洛阳城太极殿遗址、新郑郑韩故城遗址、洛阳东汉帝陵考古调查与发掘、淮阳平粮台城址、巩义双槐树遗址、淮阳时庄遗址、伊川徐阳墓地、南阳黄山遗址、偃师二里头都邑多网格式布局、安阳殷墟商王陵及周边遗存、开封州桥及附近汴河遗址

续表

类别	名单
河南百年百大考古发现（100项）	栾川孙家洞遗址、郑州老奶奶庙遗址、灵井许昌人遗址、新密李家沟遗址、新郑裴李岗遗址、舞阳贾湖遗址、濮阳西水坡遗址、灵宝西坡与北阳平遗址、渑池仰韶村遗址、邓州八里岗遗址、郑州西山遗址、巩义双槐树遗址、汝州煤山遗址、三门峡庙底沟遗址、洛阳王湾遗址、郾城郝家台遗址、安阳后岗遗址、淅川下王岗遗址、郑州大河村遗址、淮阳平粮台遗址、新密古城寨遗址、濮阳戚城遗址、辉县孟庄遗址、登封王城岗遗址、禹州瓦店遗址、新密新砦遗址、平顶山蒲城店遗址、郑州东赵遗址、偃师二里头遗址、荥阳大师姑遗址、新郑望京楼遗址、淮阳时庄遗址、鹤壁刘庄遗址、郑州商城、偃师商城、焦作府城遗址、郑州小双桥遗址、洹北商城、安阳殷墟、安阳辛店铸铜遗址、荥阳关帝庙遗址、济源柴庄遗址、商丘宋国故城、荥阳官庄遗址、荥阳娘娘寨遗址、鹿邑长子口墓、平顶山应国墓地、三门峡虢都上阳城与虢国墓地、洛阳东周王城、辉县琉璃阁墓地、鹤壁辛村遗址、洛阳北窑遗址、信阳城阳城楚墓、新郑郑韩故城、新郑胡庄墓地、上蔡郭庄楚墓、伊川徐阳墓地、淅川下寺与和尚岭徐家岭楚墓、温县盟书遗址、楚长城遗址、陕县秦人墓地、汉魏洛阳城、洛阳东汉帝陵、安阳曹操高陵、洛阳西朱村曹魏墓、洛阳曹休墓、洛阳新安汉函谷关遗址、永城芒砀山汉梁王陵和寝园遗址、洛阳烧沟汉墓、新密打虎亭汉墓、黄河漕运遗址、巩义铁生沟冶铁遗址、鲁山望城岗冶铁遗址、郑州古荥冶铁遗址、内黄三杨庄遗址、洛阳北魏景陵、安阳固岸墓地、洛阳回洛仓与通济渠遗址、浚县黎阳仓与永济渠遗址、隋唐洛阳城、安阳张盛墓、洛阳安菩墓、洛阳龙门石窟及周边古寺院遗址、登封法王寺地宫、巩义窑遗址、鲁山段店窑遗址、开封北宋东京城、巩义北宋皇陵、洛阳北宋衙署庭园遗址、洛阳富弼家族墓、安阳韩琦家族墓、滑县宋代沉船、禹州白沙宋墓、宝丰清凉寺汝窑遗址、禹州钧台窑遗址、汝州张公巷窑址、禹州神垕钧窑遗址、延津沙门黄河渡口城址、荥阳明代周懿王墓、开封明代周藩永宁王府遗址

资料来源：根据历年相关公开资料整理。

三　提升考古事业的现代化水平

中国现代考古学已走过百余年，特别是改革开放之后，随着新的考古理论、方法和技术不断被应用到考古学中，中国的考古事业进入到新的发展阶段。新时代，考古领域越分越细、精细化程度越来越高，对考古事业的现代化水平要求也提升到一个新高度，这就亟须在秉持考古优良传统的同时，积极开展多学科联合攻关，强化科技对考古事业的全方位支撑，从而更好勾勒、展示出清晰的人类史、文化史、文明史的发展图景。

开展多学科联合攻关。习近平总书记在谈到中华文明探源工程时强调要“加强多学科联合攻关”“密切考古学和历史学、人文科学和自然科学的联合攻关”，[①] 中华文明源远流长，文明探源考古涵盖面十分宽泛，涉及的内容亦是林林总总，既涉及人文科学、社会科学，同时还有自然科学，可以说多学科考古是现代考古发展的一条必由之路。就中华文明探源工程而言，就有考古学、历史学和自然科学等 20 多个学科参与其中。从学科门类来说，人文科学包括考古学、历史学、文学、哲学、古文字学、语言学等；社会科学包括社会学、人类学、民族学、经济学、政治学、宗教学等；自然科学包括生物学、遗传学、地质学、生态学、地理学、测量学、物理学、化学等；另外还要注意对交叉学科的运用。考古实践中，多学科联合攻关的结果是催生出了植物考古学、动物考古学、环境考古学等考古学分支，使中华文明探源有了更为坚实的学科基础，有利于较好地回答文明发展进程中的“为什么”问题。

提升科技考古水平。最新前沿技术，如碳十四测年、古 DNA 研究、石器微痕分析、玉石器和金属矿物产地研究、同位素分析、淀粉粒分析、植硅石分析、空间地理信息技术等，都“使中华文明探源有了坚实的科技分析依据”[②]，提升了田野考古的准确性和科学性，增强了历史信度。如在二里头遗址的考古中，研究人员针对出土的珍贵文物，综合运用动植物考古、冶金考古、人骨考古、玉器考古等技术进行分析，用让人信服的手段展现了二里头的经济发展水平、社会文明进程等关键性问题，以直观的方式将历史发展状况展现在当代人面前，实现社会形态“复活”。河南省文物考古研究院科技考古室是河南科技考古的一支重要力量。该室下设有动物考古、考古人类学、植物考古与寄生物考古、环境考古、稳定同位素和冶金考古等实验室，利用学科共同参与的方式，先后参与了新安荒坡、淅川沟湾、新郑郑韩故城、信阳城阳城、阳翟故城等遗址的人骨骼和动物骨骼鉴定分析、植物微体化石分析，获得较为丰富的关于古代人类食物、卫生健康、生业模式、生存环境等方面的信息，为传统考古提供重要补充。其他如郑州大学历史学院人骨考古实验室等也发挥着重要作用。

未来，河南要继续推进考古事业的现代化发展，走多学科融合之路，

---

① 习近平：《把中国文明历史研究引向深入 增强历史自觉坚定文化自信》，《求是》2022 年第 14 期。

② 习近平：《把中国文明历史研究引向深入 增强历史自觉坚定文化自信》，《求是》2022 年第 14 期。

鼓励建立联合考古实验室，与科研机构、高校建立合作交流机制，不断扩大考古事业的“朋友圈”，以实际行动推进河南考古，以河南考古成果补充、巩固中华文明的整个发展链条，在回答好中华文明起源、形成、发展的基本过程中提供更多的河南考古材料，在阐释中华文明多元一体格局形成等关键问题中作出河南贡献，在把中华文明研究引向深入的过程中发出河南声音。

另外，河南考古还要具有全局性的宏大视野，聚焦百万年的人类史、一万年的文化史、五千多年的文明史，深化对距今一万年前的文化奠基时期、距今八九千年前的文明萌芽时期、距今六七千年前的文明形成与扩散时期的研究。着重深化对栾川人、许昌人和仙人洞原始人化石等古人类进化史，李家沟遗址、裴李岗遗址、舞阳贾湖遗址等农业起源及发展史，濮阳西水坡遗址、南阳黄山遗址、三门峡仰韶遗址等文明发展史的相关遗物、遗址的考古发掘及研究，利用实验考古、环境与资源调查、石器制作技术实验等技术，全面展示河南在中华文明五千多年发展进程中的关键地位，以河南力量寻根探源、叩问来处，感知中华文明主根脉。

第二节　加强中华文明探源成果研究阐释，凸显中华文明中的河南元素

中华文明探源取得的丰硕成果只有通过研究阐释才能让其背后蕴含的文化元素呈现在人民面前，也正如习近平总书记在文化传承发展座谈会上强调指出的那样，要“做好中华文明起源的研究和阐释”①。研究阐释工作与考古发掘同样重要，二者都是中华文明探源的重要组成部分，缺一不可。河南作为考古大省、文物大省，有责任、有底气做好中华文明探源的研究阐释工作，在推进“两个结合”和文化自信自强中大力凸显河南文化元素，切实扛牢守护国家历史文脉、研究阐释中华文明的重大责任。

一　全面深刻把握研究阐释的重要内容

言及研究阐释的具体内容，习近平总书记在 2022 年 5 月 27 日十九届中

① 习近平：《在文化传承发展座谈会上的讲话》，《求是》2023 年第 17 期。

央政治局第三十九次集体学习时对此做出了详细说明，也就是“要把中华文明起源研究同中华文明特质和形态等重大问题研究紧密结合起来，深入研究阐释中华文明起源所昭示的中华民族共同体发展路向和中华民族多元一体演进格局，研究阐释中华文明讲仁爱、重民本、守诚信、崇正义、尚和合、求大同的精神特质和发展形态，阐明中国道路的深厚文化底蕴”①。可以看出，中华文明探源成果的研究阐释要与中华文明发展历程中的重大问题相结合，阐明中华五千多年不断裂文明中蕴含的世界观、人生观价值观以及展现的历史价值、时代价值、世界价值，以此讲好中国故事，提升中华文明的世界影响力和感召力。具体来说，研究阐释要努力实现四个结合：其一是与中国式现代化相结合，其二是与中华优秀传统文化相结合，其三是与社会主义核心价值观相结合，其四是与公共文化服务体系建设相结合。

中华文明探源考古成果的阐释，总体上来说可以分为两个部分，一是理论建构，二是公众科普。② 就前者而言：与考古发掘相比，理论建构是相对落后的，系统性、开创性的理论缺乏，如何在理论上有所突破，是当前研究阐释工作的一个重要现实课题，这就一方面需要扩大视野，既要加强对科技手段的应用，也要重视综合性人文社会科学知识的运用，深化“区系类型”“重瓣花朵”等重要理论研究；另一方面还要具备进行深入思考的能力，在掌握大量考古资料的基础上，以敏锐的眼光和缜密的思维，使考古研究走向体系化和理论化。就后者而言：公众科普与现实需要之间出现失衡现象，如考古学者的专业术语、博物馆的专业讲解词等难以被公众理解和接受，这就需要站在大众的视角进行公共阐释，架起专业与通俗间的沟通桥梁，推进中国考古从发掘走向阐释，出版普及读物、设立考古遗址公园、发展考古旅游、推进博物馆升级、关注新兴数字技术、建设相关主题乐园等都是可供选择的路径。

习近平总书记在文化传承发展座谈会上从战略全局高度明确指出中华文明的五大突出特性，即连续性、创新性、统一性、包容性、和平性，这

① 习近平：《把中国文明历史研究引向深入 增强历史自觉坚定文化自信》，《求是》2022 年第 14 期。

② 王巍：《中华文明探源成果如何“见众生”》，《探索与争鸣》2023 年第 6 期。

是河南中华文明探源成果研究阐释的重点所在。一是连续性，从李家沟到裴李岗文化、仰韶文化、河南龙山文化，从偃师二里头代表的夏文化到安阳殷墟代表的商文化、西周成周遗址代表的周文化，从甲骨文到后世书体，中原地区考古都充分证明了中华文明的连续性。二是创新性，舞阳贾湖遗址出土的骨笛改写了音乐史，同时还发现了最早的发酵饮料和最早的鱼类养殖行为；巩义双槐树遗址则为探索中国宫室建筑特征提供了珍贵资料，被誉为“早期中华文明的胚胎”；殷墟出土的造诣极高的青铜器和甲骨文，再次集中体现了中华文明的创新性，因此无论是先民生业模式、居住方式，还是宗教文化、知识体系等方面，河南考古成果的创新性内涵都极为突出。三是统一性，中国史前文化呈现出明显的多元一体结构，其核心在中原地区，裴李岗文化在发展过程中将河南大部分区域整合起来，影响扩展至长江、淮河流域；二里头文化崛起后，成为一种更为成熟的文明形态，影响力十分广泛，成长为中华文明的引领者，推进了中华文化圈的形成与发展。四是包容性，中华文明形成和发展过程中兼收并蓄、交流交融的文明发展方式十分惹眼，仰韶文化时期、龙山文化时期、新砦期、二里头文化时期都表现出了多元文化的融合，如贾湖先民在8000多年前开始接受稻作农业，大河村等遗址看到了大溪文化器物、大汶口文化器物等的身影。五是和平性，中原地区形成的“中”的理念，逐渐发展为“允执厥中”，形成“中和”“中庸”的处世方式，《尚书》《礼记》《论语》等经典中都有关于和合、大同的论述，使和平、和睦的民族基因融进华夏儿女的血脉之中。①

二　科学合理布局考古研究力量和方向

加强统筹谋划，整合现有研究力量。全面加强河南省文物考古研究院力量，并大力推进其重塑性改革和新院址建设，聚焦于主责主业，扎实开展田野考古，利用河南的考古和文物资源优势，对标国内一流考古研究机构，继续发挥文物收藏与保护、考古发掘与展示、学术研究与交流等功能，使其逐渐成为华夏历史文明考古研究的重要基地。郑州、洛阳、安阳、开封是闻名于世的大古都，在中华文明探源版图中扮演着重要角色，用实际

① 参见袁广阔《从中原考古看中华文明的突出特性》，《中国社会科学报》2023年6月13日，第5版。

行动证明了中华文明的发展脉络，各地的文物考古研究院（所）在其中发挥了支撑作用，要持续加强其考古发掘，文物保护与利用方面的力量，为中华文明探源贡献河南力量。郑州大学、河南大学、河南师范大学等高等院校的考古学专业也是进行考古发掘、遗产保护、研究阐释的重要基地，培养了大量从事考古事业的专业人才；另外，中国社会科学院、北京大学等研究机构、高等院校的考古力量在河南也广泛参与中华文明探源的相关工作，其研究成果也进一步夯实了河南在文明探源中的关键地位。诸多考古研究力量汇聚河南，必须制定科学的融合发展规划，形成“全省一体”的考古大格局，以此描绘出更为清晰完整的中原文明发展图谱。

瞄准考古前沿问题，科学布局研究力量。中华文明多元一体格局研究、保护传承弘扬黄河文化、考古学文化的结构与谱系、二里头文化与夏文化研究、文化遗产保护利用研究、中国特色考古学建设研究等在现代考古学中一直是热点，因此全省的考古研究力量要聚集于此，多出有分量、有影响的成果。河南省社会科学院中华文明起源形成与中华优秀传统文化研究院，河南省文物考古研究院豫东考古研究中心、汝州旧石器工作站、河南省东亚现代人起源国际联合实验室汝州研究基地以及河南省夏文化研究中心、黄河考古研究院、郑州商都遗址博物院商文化研究中心等研究机构应运而生，它们锚定既定的考古研究方向，将河南文化化厚重为灵巧，大力彰显文物和文化资源的时代价值，充当好中华文明基因库，以出彩河南考古讲述好中国故事。

深度参与中华文明探源重大问题的研究阐释，提升考古研究水平。从宏观上来说，中华文明探源要解决的重大问题就是中华文明形成的时间、中华文明发展历程、中华文明发展道路的内在理路、中华文明在世界文明史上的重要地位。中国现代考古学在河南渑池诞生、新中国考古第一铲在河南辉县开始，百余年来的考古成果充分证明河南是中华文明重要发祥地、是中华文化多元一体格局形成的关键区域，在中华文明探源中发挥了重要作用。河南考古研究要继续围绕夏文化研究、农业起源、中华文明发展脉络、文化交流与融合、中华文明特色发展道路及与之相关的考古遗存与社会组织形态、族属族群的对应、考古学文化与国家文明理论的建构等重大理论和现实问题进行深入研究，做到从考古现场信息提取到实验室检测分析再到综合研究、数据库建设、资料与信息交流共享的全方位参与，以河南考古成果回答中华文明重大问题，在研究阐释中切实提升全省的考古研究与阐释能力和水平，全景式、多维度展现河南在中华文明探源中的特殊贡献。

三 建设和推出一批标志性文化工程

与国家重大文化工程相衔接，在国家大盘中谋划一批文化工程。一是持续深度参与中华文明探源工程，自从中华文明探源工程启动以来，河南一直都是重点研究的地区之一，先后有数十个考古遗址入选其中，是中华文明起源的核心区域，河南要在处于进行时的中华文明探源工程第五阶段中继续担起时代赋予的光荣使命，在开展系统田野考古的同时，加强研究阐释，“特别是完整展现夏朝历史还有大量工作要做”①，以无可辩驳的考古成果实证中华文明起源、形成和发展各个阶段中的重要时空节点。二是继续全面参与考古中国项目，河南的殷墟、郑州商城遗址和二里头遗址的新发现等诸多项目入选考古中国重大项目，着重推进“中原地区文明化进程研究”和“夏文化研究”项目，为中华文明探源研究提供有益线索，在持续推进区域文明进程研究的过程中，河南考古人要以昂扬的姿态为展示灿烂中华文明贡献中原力量，以实际行动阐释“考古事业居功至伟”这一论断的科学性。三是完成建好用好国家文化公园的时代课题，国家文化公园是新时代打造中华文化标识的重大举措、推动新时代文化繁荣发展的创新工程，河南兼具黄河、长城、大运河、长征四大国家文化公园的建设任务，同时也是黄河国家文化公园重点建设区，文化是国家文化公园的灵魂所在，文化遗产是国家文化公园文化属性的基本载体，关于文明探源的文化遗产在其中占有重要地位，因此河南在加强重要考古遗址发掘、研究的同时，大力建设以国家文化公园为载体的活化利用新途径，推进文明探源成果焕发时代光彩。

推出一系列具有重大影响力的研究成果。立足河南丰厚的文化底蕴，特别是数量众多、价值巨大的考古遗址和文物资源，聚焦中华文明探源主题，选定中华文明多元一体格局形成过程研究、中华文明起源形成与中华

① 习近平：《把中国文明历史研究引向深入 增强历史自觉坚定文化自信》，《求是》2022年第14期。

优秀传统文化研究、中原地区文明化进程研究、中原文明与周边区域文明的比较研究、夏文化研究、中原道路形成发展等重大课题开展联合攻关，各地也要以自身考古特点而进行关键性、引领全国的研究，如郑州开展现代人类起源与环境变迁、先秦古城址的兴起与发展、冶金考古、陶瓷手工业、五代及北宋皇陵、传统文化等研究，[①] 以期取得突破性、代表性成果。在推进重点考古项目和重点考古实验室、考古标准库房建设的同时，强化夏商文化及关键问题研究，在突破“文明三要素”桎梏方面做出河南贡献，注重对仰韶古国、河洛古国的研究与阐释，还有新砦遗址、王城岗遗址以及二里头遗址等的研究，在判断文明社会标准的中国方案中既要讲好“普通话”，又要讲好“河南话”，突出河南特色与地位。

从学理和实践上缩短考古文化与大众之间的距离。考古素来以其极强的专业性而远离公众，这也直接导致考古背后蕴含的中华文化不被人们所熟知，鉴于此，公共考古逐渐兴起且取得较大成绩，极大地缩短了考古文化与公众之间的距离。公共考古与中原大地渊源颇深，可以上溯至 20 世纪 50 年代，夏鼐先生在辉县进行考古发掘时就曾提出把出土文物在当地村里办展览的想法。尤其是博物馆事业的繁荣与发展以及新颖的移动考古课堂等形式，以一种直观和喜闻乐见的形式促进了公共考古的发展，使其从理论和实践上消弭了考古学与大众之间的鸿沟，有效地加强了专业人士与公众之间的交流，“甲骨文+现代科技”就让这一古老文字插上了走入寻常百姓家的翅膀。普及读物的出版、学术会议的召开、文物展览的举办等传统形式，以及盛行的考古遗址公园、考古旅游、全媒体节目等形式对解读一处处遗址、一件件文物凸显的文化价值具有莫大的帮助，有效推动了传统文化创造性转化、创新性发展，在满足人民群众对文化需求的同时，还在一定程度上提升了公众的文化素养。

四　构建良好的研究阐释生态

树立正确的研究阐释价值旨归。从宏观上来讲，深化对中华文明探源成果的研究阐释是为人类文明新形态建设提供理论支撑，是为中华民族复

① 郑州市文物局、北京大学考古文博学院、北京大学震旦古代文明研究中心编著《郑州大遗址片区保护利用战略规划》，科学出版社，2018，第 54~58 页。

兴立根铸魂，是为推动文明交流互鉴，同时也是为了增强中国人的文化底气和骨气，推进文化自信自强、铸就社会主义文化新辉煌；从具体上来讲，深化对中华文明探源成果的研究阐释是河南从中华文明中汲取现代化建设力量的重要举措，为实现省委省政府提出的“两个确保”目标贡献更多的文化智慧。

构建科学合理的考核评价体系。考古研究是一项基础性工作，从考古现场到实验室分析，再到联合攻关，往往需要一定的时间，急功近利、心浮气躁式的研究要不得。这一特殊性也就要求各级部门要敢于打破传统的评价体系，实事求是地制定科学合理的考核评价指标体系，在课题申报、职称评定、绩效考核等方面做出新的明确规定，鼓励研究者长期从事潜心研究。例如，在课题设置方面，可与河南省兴文化工程等文化工程相结合，围绕“中华文明探源的河南实践”主题拟定或委托专业课题，鼓励全社会开展揭榜挂帅式研究，以此更好探索未知、揭示本源，理清中华文明根与魂。

各级领导干部要重视文物、文化遗产保护传承工作。针对文物和文化资源不可再生的特殊性，要严格遵循保护为主的原则与方针，推进“考古前置”改革，全面落实国家和河南省制定出台的各项保护措施，根据实际制定保护预案、保护规划、划定保护范围、明确保护等级，特别要注意在极端天气及其他自然灾害发生时的保护力度，还要树立和强化分级、分类保护的意识。在实践中逐渐转变保护传承理念和方式，由传统的点状向线性和面状保护传承转变，最大限度发挥历史文化遗产的价值，既要留住文化根脉，又要看得见诗和远方。同时，也要为历史和考古工作者开展研究、学习深造、研修交流提供更多政策支持。

营造传承中华文明的浓厚社会氛围。中华文明是中华民族数千年来积淀而成的独特标识，是凝聚华夏儿女团结奋斗、激励中国人民勇毅前行的重要纽带和力量，利用仰韶论坛、中国考古·郑州论坛、世界博物馆日、文化和自然遗产日等多种形式，广泛宣传包括中华文明探源工程在内的考古研究成果，引导广大人民群众从了解中华文明，向深入地认识中华文明转变，特别要注意青少年这一特殊群体，以易于接受的形式与语言转述考古研究成果，系好人生的第一粒文化纽扣，增强他们的文化获得感和认同感。利用新媒体手段而实现通俗化传播考古文化知识的华夏考古传播创新中心的成立就很好地适应了这一趋势。

加强考古人才队伍建设。在几代河南考古人的艰辛努力下，河南考古取得了诸多重要研究成果，对人类起源、文明发展与演进、中国早期国家形成与发展的探索起到了非常重要的推动作用，可以说人才是考古事业的最重要资源，因此需要千方百计加强人才队伍建设，既要支持本地高效和专业研究机构加大人才培养力度，同时也要实现引进一批创新型、复合型研究人才，特别是近年来李伯谦、刘庆柱、王巍、王震中等众多重量级考古研究专家加盟河南考古队伍，带动河南涌现出了一批考古骨干，使河南的考古力量和考古学科水平得到了很大提升，为河南考古出圈出彩夯实根基。

第三节　系统推进文旅文创融合战略，提升河南文物的活化利用水平

2021 年 10 月，河南省第十一次党代会召开，会议把实施文旅文创融合战略作为“十大战略”之一，为全省的文化、旅游及文创事业发展提出了更高要求。文旅文创融合战略是河南省提出的具有全局性的战略，是让更多文物和文化遗产活起来和广泛宣传中华文明探源工程等研究成果的重要载体。以文旅文创融合战略为重点，全力推动中华文明探源成果转化，在建设华夏历史文明传承创新高地、铸就社会主义文化新辉煌中展现更多的“河南印记”，全力把河南打造为中华文明的探源地、实证地和体验地。

一　全面把握考古领域文旅文创的未来趋势

面向未来，河南在现有发展基础上，应充分把握考古领域文旅文创的发展趋势，运用现代科技和现代营销手段，在传承弘扬中华优秀文化的框架内，推进沉浸式、多层次、个性化的文旅文创新形态，创新性地彰显文化特色，进一步提升中华文明的国际化水平。

沉浸式体验。文旅文创与考古文化结合的旺盛生命力在于沉浸式体验，这也就是说要运用多种手段，特别是虚拟现实、全息投影、智能交互等新技术，大力提升考古旅游的视听效果，使游客返回舞台，给其以身临其境的感觉，促使传统的文物和遗产游向文化游升级，在文物和文化资源核心

区，比如考古现场、博物馆、考古遗址公园等公共文化空间，开辟公共体验场所，大力推进科技赋能，把文创贯穿旅游全过程，提升游客的文化体验程度，发展沉浸式旅游，更好地弘扬中华文明。

年轻化消费。年轻一代是文旅文创的潜力所在，也是考古文旅文创的未来所在。因此说，考古文旅文创在吸引更多有知识、有激情、有胸怀的年轻人参与其中的同时，要聚焦年轻人的需求，注重发展全域旅游，统筹红色文化资源、非遗等特色文化，创作更多"年轻态"的文博类节目，建设一批考古文化打卡地，刺激年轻人的消费热情和求知欲望，吸引更多青年人触摸考古事业的发展脉动。

颠覆性创意。颠覆性创意是文旅文创发展的动力所在，也是考古文旅文创永葆青春的秘诀所在。考古文旅文创的发展壮大需要更多颠覆性创意，一方面是要构筑文化高地、创意人才高地、创新生态高地，为文旅文创迭代升级夯实基础；另一方面是打造更多的考古文化旅游新业态，使文物"会说话"，推出诸如考古盲盒、《追寻文明的足迹》、《殷墟考古故事》、《文物会说话》、《中原文物见证中华文明》等一系内容精良、创新性强的文化产品。

个性化需求。个性化是文旅文创的新需求，更是做大做强考古文旅文创的关键所在。这就需要传统旅游模式向菜单式模式转变，推出旅游菜单，在内容、线路、时长及其他服务等方面采取订单式的服务，提升以郑州、洛阳、开封、安阳、三门峡等节点城市的吸引力，以此向世界展现可信、可爱、可敬的中国形象。

生活化特征。文旅文创源于生活，同时又服务生活，考古文旅文创也要适应这一趋势，以满足人民精神生活需要为宗旨，以百姓喜闻乐见的形式传播考古文化与中华文明。也就是说，要实现单线游向多元游转型，以文化体验为主，同时兼及生态游、山水游、民俗游、科技游等领域，制定科学合理且有吸引力的旅游线路，弥补传统考古旅游线路单一、内容枯燥的短板，以实际行动贴近百姓生活。

国际化传播。考古文旅文创要在双循环的要求下，坚守中华文化立场，瞄准国际市场，实现国际化传播，大力实施打造国际性文旅文创产业旗舰劲旅、考古文化旅游带、考古节庆品牌等举措，着力提升考古文旅文创的国际影响力，使考古事业成为具有国际性传播力的中华文化符号，以此增强中华文化的世界话语权。

二　着力培育一批文旅文创新业态

新时代，推进考古事业更上一层楼、提升文物活化利用水平、发展和壮大文旅文创需要实实在在的行动和真真切切的业态支撑，大致来说要大力发展沉浸式文旅、研学旅行、考古旅游、全链条文创等业态。

（一）沉浸式文旅

所谓沉浸式文旅，就是伴随着现代科技的发展和历史场景的营造，通过全景式的视、触、听、嗅觉交互体验，使游客有一种“时空穿梭”“虚拟世界”的感觉，更为真切地体验文旅深度融合带来的全新感觉。2020年，文旅部在出台的《关于推动数字文化产业高质量发展的意见》中提出要“发展沉浸式业态”，表示要支持文化文物单位、景区景点等在有效保护的前提下，开发沉浸式体验项目，包括沉浸式旅游演艺、沉浸式娱乐体验产品等。尤其是在新冠疫情的持续影响下，文化旅游业的脆弱性暴露无遗，沉浸式文旅则抓住了市场需求，正在悄然成为文旅业的下一个“风口”。

发展沉浸式文旅也就是要做到：1. 重视新技术引入与使用，特别是全息投影、智能交互、虚拟现实、增强现实、XR情景再现技术等侧重和强化多感官体验、叙事体验、交互体验的技术，但需要说明的一点是，在这一过程中要处理好技术与游客身体的关系，把游客身体感受作为核心出发点，并不强求技术运用。2. 注重对传统公共文化空间的升级改造，同时加强对文化演艺事业的发展，博物馆、展览馆、考古遗址公园等公共文化空间专辟新的互动场所或增加技术环节可以实现沉浸式旅游目的，文化演艺事业则是致力于把舞台还给观众，在交互体验中提升游客满意度。3. 侧重于文化建设，时刻关注公众对文化的需求，尤其要深入挖掘考古文化中的丰富元素，在沉浸旅游中感悟中华五千年文明的与众不同。

在沉浸式旅游发展过程中，洛阳走在了全国前列。洛阳大力实施沉浸式旅游项目，开发剧本娱乐产业、乡村旅居产业、城市实景演艺产业、研学产业、家庭游乐产业等新业态，《盛世隋唐·千年龙门》《风起洛阳》等都实现了带火沉浸旅游的效果。针对于此，洛阳还提出力争到2025年年底，基本建成全国沉浸式文旅目的地的目标。[①]

（二）研学旅行

研学旅行，顾名思义就是在充分把握区域文化特色和教学需求的基础上，带领学生走出校门，以集体旅行的方式亲近自然、走进文化场所，以拓宽视野、获得新知，这也是中国传统教育中“读万卷书，行万里路”“知行合一”等要求的最新表达。考古文化研学旅游就是基于考古事业延伸历史轴线、提升历史信度的重大意义之上，把考古文化研学打造为探寻中华文脉的新手段，使学生在与考古文化的近距离接触中感悟中华文化的博大精深，推进文化自信自强，使其有“源”来如此之感。

河南做大做强考古文化研学旅行需要把握好“五个一”：1. 塑造一个考古文化研学超级 IP，与“行走河南 · 读懂中国”主题相挂钩，全力构建“考古研学 · 读懂中国”品牌，以考古文化核心内容为依托，建立相应的品牌体系，利用媒体矩阵，全力宣传这一品牌，提升知名度。2. 确定一条考古文化研学旅行思路，也就是要坚持“聚焦一条线（夏商考古）、抓好三个点（郑州、洛阳、安阳）、突出几个城”的发展思路，做足考古文章，集中优势力量把郑州、开封、洛阳、安阳、三门峡打造为具有影响力和示范性的研学目的地，认真组织和筛选全省范围内的研学营地，重点抓好渑池仰韶村遗址、安阳殷墟、巩义双槐树、偃师二里头、郑州商城等地的建设与利用。3. 构建一条文化走廊，也就是围绕河南文化遗产，策划不同的研学主题和旅行线路，以中华文明探源、古都新貌、寻根谒祖、黄河治理、非遗民俗等为重点，打造一批廊道式的研学营地工坊，提升研学旅游的持续性。4. 开发一批考古文化研学精品课程，利用主题式的考古文化研学，充分讲好考古故事，做到“一个遗址一个故事”“一件文物一个故事”，注重体验式教学的应用，充分发挥全省 395 家博物馆的作用，将河南考古资源转化为学生津津乐道的研学产品，培植研学旅游新优势。5. 引进一批有影响力的专业研学机构，通过与世界研学旅游组织合作，召开专业研讨会议，加强多方合作，以此带动河南的考古文化研学旅行市场，激发全省的旅游产业发展活力。

---

① 戚帅华：《基本建成全国沉浸式文旅目的地》，《洛阳日报》2022 年 10 月 13 日，第 5 版。

（三）考古旅游

考古旅游是以考古发掘活动、考古遗址和考古遗存为主要对象，以获取文化需求为主要目的的旅游活动。河南处中华文明核心区，是名副其实的考古大省、考古强省，考古旅游资源极其丰富。现有不可移动文物65519处，数量居全国第二，地下文物点数量居全国首位。全国重点文物保护单位420处，位居全国第二。至2022年，全省的十大考古新发现总数达到53项，居全国第一。在全国"百年百大考古发现"最终评选中，河南有14项入选，居全国第一，河南考古稳居全国"C位"。

考古旅游就是要利用河南各地多姿多彩、价值巨大的考古资源，以考古资源中蕴含的中华优秀文化为根本，通过旅游的方式让更多文物和文化遗产活起来。1. 做好顶层设计，需要尽快制定和出台关于文物活起来的相关指导和实施意见，依托专业的考古和文旅机构，适时成立河南考古旅游研究院（中心）。2. 打造一批考古旅游示范基地。在全省范围内分批次遴选一批文化特色鲜明、文旅融合势头强劲、考古旅游资源丰富的地域建设考古旅游示范基地，以二里头、殷墟、庙底沟、大河村为引领，分层级、分阶段公布名单并给予相应的支持，最终构建完善的区域联动格局。3. 抓住重点人群，尤其是青少年人群，以考古旅游为载体，教育引导青少年更好认识和认同中华文明，增强做中国人的志气、骨气、底气，坚定文化自信，走向文化自强。4. 提升科技赋能的力度，发展"AI+文物"等新形式，把艰涩难懂的文物知识转化为通俗易懂的文化知识，增加互动体验环节，可以是动手发掘，也可以是动手修复文物，抑或是直观观察文物的制造过程等。5. 加强国际交流互鉴，把考古研学基地建设作为重点工作，建设国际考古研学中心，筹办国际考古旅游大会并发起成立国际考古研学旅行联盟，把河南打造为国际性的考古旅游目的地。①

（四）全链条文创

全链条文创就是以文化元素为基本要素，经过创意驱动而达到文化创新，创造出新的文化产品的过程，这一过程并非单一、线性的，而是多元

---

① 师永伟：《河南发展考古旅游的路径思考》，《中共郑州市委党校学报》2022年第4期。

和复合的。河南实施文旅文创融合战略，把文创提升到一个新的高度，坚持美学引领，科技赋能等措施，力图使文化展示从传统的文化景观转变为文化创意、从历史走入现实生活，打造全链条的文旅新业态，全方位展示文化魅力。

发展以考古文化为核心的全链条文创，就是要做到：1. 认识数字文旅的重要性，加快建设数字资源体系，提升智慧化水平，推动河南重要考古遗址和文物资源的数字化，如龙门石窟、殷墟、隋唐洛阳城等，建设一批数字旅游典范，打造数字文旅新高地。2. 深入挖掘文物和文化遗产的内涵、时代价值，以河南特色文化为核心，打造创意、设计、制造、销售一条街，推出系列别具一格的匠心产品，实现文化的活态化传承。3. 支持文化演艺事业的发展，鼓励各地以特色为根基，发展现代文化演艺，把文化资源优势转化为文化发展优势，推动 IP 化打造，推出更多沉浸式产品。河南博物院以馆藏文物为原型，大力发展文创产业，业已成为全省的标杆，河南博物院文创不断出圈。考古盲盒、骨笛咖啡、妇好鸮尊雪糕、中秋不搬砖月饼等一系列文创产品，让传统文化和文物遗存从古董变为密友，满足了群众在日常生活中触摸和观感文化的需求，这对弘扬河南考古文化有莫大的裨益。

三　统筹把握好具体着力点

考古文化与文旅文创深度融合需要在理性分析的基础上，瞄准着力点，做到以融为基、以文为根、以游为要、以创为先，以此为抓手推进全省的文旅文创事业不断取得新突破，在担负新的文化使命中彰显河南考古担当。

（一）以融为基

考古文旅融合发展的基础在“融”，要做到和实现能融则融、能融尽融，实现文旅的全要素融合，以期收到“1+1>2”的效果。

1. 资源融合，也就是要把考古文化和自然风光、历史人文得到有机融合，把考古文化中的突出价值呈现出来，最为重要的是把河南优势文化资源，如姓氏文化、名人文化、古都文化、宗教文化等文化资源整体利用、统筹发展，通过建立资源数据库而提升开发水平，推进文化资源的活化利用。2. 空间融合，这里的空间包括国际国内、城镇乡村两个层次，也就是要对接双循环的发展格局，使河南的标志性文化符号走出国门，提升中原文化软实力；从文旅发展趋势和回归经济看，城镇和乡村是文旅发展的基本支撑点，必须实现二者的良性互动。3. 要素融合，也就是要实现政策、资本、科技、人才等文旅文创要素之间无障碍流通，大力实施创建平台、优化环境等举措，吸引要素向河南流动、向考古领域流动，在推出更多主题旅游的同时，做大文创产业，在此基础上，积极建设和做强产业综合体。4. 功能融合，也就是在坚持文旅城文创基本功能的同时，不断拓展和加深其在教育、休闲、体验、康养等方面的功能，重点把握核心功能，满足人民对美好生活的精神需求，使其嵌入公共文化服务体系，着重强调功能的融合性。5. 主体融合，也就是要平衡文旅文创事业的参与主体，如政府、企业、社会、个人等，强调政府的指导作用，使市场在资源配置中起关键作用，还要大力创新体制机制，不断壮大市场主体，增强主体的实力，在文旅文创的优势领域争创标杆，打造新高地。6. 战略融合，也就是要把文旅文创战略与乡村振兴战略、县域经济高质量发展、国家文化公园建设等重大战略相结合，积极创造新业态。

（二）以文为根

文旅文创融合战略的根本在文化，考古文旅文创的根本在考古文化。河南的考古领域文化遗产数量庞大、类型齐全、内涵丰富。推进考古文化遗产的系统保护与整体利用需多措并举，要在顶层设计上下功夫、在建设高水平的保护传承利用区上下功夫、在强化文旅融合上下功夫、在完善体制机制上下功夫，不断提升河南考古文化遗产的知名度和辨识度，建设集高度、深度、广度和温度于一体的文化综合体，在考古文化遗产高质量发展中延续历史文脉，实现考古文化保护传承弘扬的时代使命。这样也就为考古文旅文创夯实了文化根基。

大力弘扬考古文化，感知宏大历史轮廓，推动全省文旅文创事业发展。深入挖掘考古文化的丰富内涵，以考古文化遗产为载体，阐述考古文化的核心价值，展示其中蕴含的世界观、人生观、价值观，这就需要统筹把握以下几个方面：一是积极发挥华夏历史文明传承创新区的作用，提升考古文化研究水平，在创新形式、丰富内涵、抓住重点人群、顺应新形势上做足文章，把河南打造为传承弘扬考古文化的示范区。二是以实施文旅文创项目为带动，积极推动殷墟国家考古遗址公园、大河村国家考古遗址公园、汉魏洛阳城遗址博物馆等标志性工程建设，使考古文化转化为看得见、摸得着的文旅文创产品。三是形成一批拳头产品，既包括文旅文创品牌的塑造，也包括文旅文创企业主体的打造，在国内外叫响"行走河南·读懂中国"这一品牌，总结河南电视台"中国节日"系列频频出圈的经验，推出更多具有知名度和影响力的考古类文旅文创产品，形成具有河南特色的、中华文明探源主题鲜明的文化产品。

（三）以游为要

旅游是传播文化的重要形式，文旅深度融合是保护传承弘扬考古文化的当务之急。立足河南文物和文化资源方面的禀赋，在做到"六个融合"的基础上，大力发展中华文明传承创新旅游。河南得益于优良的自然地理环境，自旧石器时代开始，直至明清时期，境内遗留下了古代人类活动的大量影响大、价值高的遗迹、遗物，古代聚落、都城遗址、帝王陵寝分布密集，是研究中华文明起源和发展的"主阵地"。中华文明传承创新旅游就是要用旅游激活历史文化资源，使传统文化焕发时代光彩和生机。这就需要建设一批标志性旅游地标，叫响"三座城·三百里·三千年"文化大廊道品牌，特别是加快博物馆群的布局，支持郑州"百家博物馆"和洛阳"东方博物馆之都"建设以及集大遗址保护、展示与利用为一体的考古遗址公园，使它们成为活态传承、具象化传播源远流长中华文明的文化圣地，同时也要整合全省的文化资源，大力发展康养休闲度假旅游、红色基因传承旅游、乡土中国体验旅游、黄河非遗展示旅游等，共同推进文物大省、考古大省迈向文化强省。

表 9-2 河南推出的"行走河南·读懂中国"主题文化线路和文物主题游径

序号	主题	项目
1	人类起源：实证东亚人类连续演化进程	灵井"许昌人"遗址、新密李家沟遗址
2	文明起源：仰望中华文明的第一缕曙光	灵宝西坡遗址、仰韶村国家考古遗址公园、庙底沟国家考古遗址公园、大河村国家考古遗址公园、巩义双槐树遗址、濮阳龙源小镇（展示"中华第一龙"）

续表

序号	主题	项目
3	国家起源：见证中华文明的形成和发端	偃师二里头夏都遗址博物馆、淮阳平粮台古城遗址
4	王朝历史：触摸中华文明演进的主根脉	偃师商城国家考古遗址公园（宫城核心区保护展示）、郑州商都遗址博物院、虢国博物馆、洛阳周王城天子驾六博物馆、郑韩故城国家考古遗址公园（车马坑博物馆）、信阳城阳城遗址博物馆、永城市博物馆（芒砀山西汉梁国王陵遗址博物馆）、隋唐洛阳城天街轴线形象展示系统、州桥及古汴河遗址、清明上河园
5	四大古都之旅：追寻古代王朝的盛世荣光	河南博物院、二里头夏都遗址博物馆、洛阳博物馆数字馆、隋唐洛阳城天街轴线形象展示系统、龙门石窟（数字展示中心）、开封市老博物馆改造（河南城市考古博物馆）、汴梁小宋城二期工程、开封城墙、开封铁塔、殷墟遗址博物馆、曹操高陵、郑州商都遗址博物院、黄帝故里、巩县石窟
6	考古发现之旅：感悟中国考古学的生动实践	渑池仰韶村遗址、殷墟、安阳后岗、鹤壁辛村遗址、二里头遗址、豫北纱厂考古文旅小镇
7	早期中国·夏商文明主题游	二里头国家考古遗址公园（二里头夏都遗址博物馆）—郑州商城国家考古遗址公园（郑州商代都城遗址博物院）—殷墟国家考古遗址公园
8	“穿越五千年”华夏文明溯源之旅	三门峡仰韶村遗址、虢国博物馆、灵宝函谷关、洛阳二里头夏都遗址博物馆、洛阳博物馆、龙门石窟、隋唐洛阳城国家遗址公园、千唐志斋博物馆、郑州黄河博物馆、商城遗址、黄帝故里、郑韩故城、河南博物院、大河村遗址博物馆、开封古城墙、开封博物馆、安阳殷墟遗址和中国文字博物馆等
9	华夏文明探源之旅	贾湖遗址、仰韶村国家考古遗址公园、庙底沟考古遗址公园、虢国博物馆、崤函古道、灵宝函谷关历史文化旅游区、二里头夏都遗址博物馆、天子驾六、汉魏洛阳城国家考古遗址公园、隋唐洛阳城国家遗址公园、巩义双槐树考古遗址公园、商代都城遗址、大河村国家考古遗址公园、河南博物院、殷墟、中国文字博物馆、州桥及附近汴河遗址、商丘古城、淮阳平粮台古城遗址、戚城遗址

注：表格内容综合了河南省已推出的“行走河南·读懂中国”主题文化线路，文物主题游径和黄河文化特色主题游线路的相关内容。

（四）以创为先

创新是文化发展的第一动力，也是考古文旅文创发展的第一动力。因此说，考古文旅文创要时刻保持创新的姿态和清醒，以创新的方法和手段推动考古文化的传承与弘扬。

一是利用新技术。随着数字技术运用的普及，加上5D演出、3D裸眼文物、AR弹幕等技术的上新，使传统文化再次以别具一格的方式展现在人民面前，给人们以全新的体验，可以说一把数字钥匙开启了创新发展之门，尤其是最新的元宇宙技术与文物和文化遗产的结合，赋予他们“新生命”，使其“活”起来、“火”起来，给人一眼千年的穿越之感，使文化基因“可以通过线上展示，让年轻朋友通过他们喜欢的数字化虚拟空间的方式了解和感知中华文明，感知当时的历史场景”①，这样游客对文化的感受更为深刻。二是创造新业态。在传统旅游业的基础上，进一步对传统文化资源进行活态传承，推进考古文化旅游新业态发展，大力打造诸如音乐舞蹈史诗《黄河》、演艺项目《黄帝千古情》等新业态，做大文创产业，叫响“考古盲盒”河南博物院系列文创品牌，开发更多的文创产品，把考古文化具象化，变成人们能用、能看的实物，能够用双手触摸的文化产品。三是把握新趋势。考古文旅文创要积极注重适应现代文旅融合发展的趋势，把握差异化旅游和文化需求增多的现实，开发出更多的新的旅游模式，针对不同的需求采取订单式的旅游方式，同时在旅游中注入更多的文化元素，将源远流长的中华文化融入旅游和文创产品中，使游客收获有别于日常生活的知识。四是营造新环境。考古文旅文创是使考古走向大众、传播华夏文明的战略性举措，因此要优化发展环境，在政策、资金、人才等方面给予倾斜，投入更多的资金、谋划更多的项目、吸引更多的人才、开发更多的文旅业态，以是否有利于考古文化繁荣为评价标准，营造出保护传承弘扬考古文化的浓厚社会氛围。

---

① 王巍：《利用元宇宙科技让文物和文化遗产“活”起来》，《中国文化报》2023年3月5日，第4版。

后　记

《中华文明探源的河南实践》是2023年河南省社会科学院“习近平中国特色社会主义思想的河南实践”丛书中的一本。

《中华文明探源的河南实践》一书，是在河南省社会科学院历史与考古研究所全体同仁的共同努力下完成的，其间我们还邀请郑州大学历史学院的几位博士加入作者队伍。此书的顺利完稿，标志着历史与考古研究所协同公关能力大为加强。

全书的设计、体例、通稿、统筹以及绪论、后记等，主要由陈建魁负责；师永伟先期预设了全书章节；李龙承担了书稿目录摄取、格式统一及部分章节的通稿。全书内文共分九章，各章作者如下：第一章，杨世利；第二章，李龙；第三章，王建华；第四章，陈习刚；第五章，魏淑民；第六章，李杰；第七章，陈兰兰、郝晓飞；第八章，张佐良；第九章，师永伟。

在撰写中，我们恪守几项原则。其一，把河南的文明探源工作，置于中华文明探源工程的大背景下进行研究，以见河南文明探源的各个节点、特征，及对中华文明探源工程的贡献。其二，深入挖掘河南文明的丰富内容和内涵，力争呈现出河南文明探源工作的全貌。其三，重视对文明探源思想和理论的挖掘和考察，以图探讨其对中华文明探源工作的指导性作用。

这是一部共同完成的作品。在书稿撰写的过程中，我们不仅研读原始文献，而且参考了学界的相关研究，在文中都一一列出。但是在一部集体作品中，各位作者的学术修养和功力不尽相同，书中定会存在这样或那样的问题，尚望读者诸君批评指正。

陈建魁

2023年10月于河南社科基地

图书在版编目(CIP)数据

中华文明探源的河南实践 / 陈建魁主编；李龙，师永伟副主编. -- 北京：社会科学文献出版社，2023.12
ISBN 978-7-5228-2776-6

Ⅰ.①中… Ⅱ.①陈… ②李… ③师… Ⅲ.①考古-研究-河南 Ⅳ.①K872.614

中国国家版本馆 CIP 数据核字(2023)第 218437 号

中华文明探源的河南实践

主　　编 / 陈建魁
副 主 编 / 李　龙　师永伟

出 版 人 / 冀祥德
组稿编辑 / 任文武
责任编辑 / 李　淼
责任印制 / 王京美

出　　版 / 社会科学文献出版社 · 城市和绿色发展分社(010) 59367143
地址：北京市北三环中路甲 29 号院华龙大厦　邮编：100029
网址：www.ssap.com.cn
发　　行 / 社会科学文献出版社 (010) 59367028
印　　装 / 三河市龙林印务有限公司

规　　格 / 开 本：787mm×1092mm　1/16
印 张：17　字 数：277 千字
版　　次 / 2023 年 12 月第 1 版　2023 年 12 月第 1 次印刷
书　　号 / ISBN 978-7-5228-2776-6
定　　价 / 68.00 元

读者服务电话：4008918866